KB097926

문제를
문제로
만드는
사람들

문제를 문제로 만드는 사람들

희정 글
반올림 기획
정택용 사진

우리 아이는
왜 아프게 태어났을까,
그 물음의 답을 찾다

오월의봄

문제가 되지 못한 문제들

1957년 유럽의 임신부들은 희망적인 소식을 듣는다. 그해 출시된 콘테르간이라는 진정제가 입덧을 다스리는 데 효과가 있다는 소문이었다. 동물실험을 거쳐 안전성을 입증받은 무독성 약품이라 했다. 약은 날개 돋친 듯 팔려나갔다. 이 약의 주성분은 탈리도마이드였다. 그러나 5년 후, 독일을 시작으로 유럽 대부분 국가가 탈리도마이드 성분이 들어간 약의 판매를 금지했다. 이 약품을 복용한 임신부에게 팔과 다리 등 신체 일부가 없는 신생아들이 태어난 것이다.

당시에는 동물실험으로 안전성을 입증받은 약품은 인간에게도 안전하다는 맹목적이면서 안일한 믿음이 있었다. 그러나 이것이 곧 햄스터나 닭이 아닌, 실험실에 가둘 수 없는 동물들에게까지 안전하다는 의미는 아니었다. 여기에는 임신부와 태아도 속했다. 또 다른 맹신도 있었다. 당시 의학계는 임신부의 태반이 유해물질로부터 태아를 보호한다고 믿었다. 안일한 믿음의 결과가 무엇인지 확인했을 때는, 이미 적지 않은 나라에 탈리도마이드가 수출된 후였다. 46개국에서 1만 명이 넘는 피해자가 발생했다.

그런데 미국에서는 탈리도마이드에 의한 피해가 미미했다. 이유는 단순했는데 미국식품의약국(FDA)이 콘테르간 약품의 판매 승인을 거부했던 것이다. 당시 심사관이던 프랜시스 올덤 켈시 박사가 승인을 강력히 반대한 것으로 알려졌는데, 약물학자였던 그는 제약사 자체 실험 내용이 태아의 안전성을 확신하기엔 미흡하다고 판단했다. 제약사들이 이미 다른 나라에서 유통되는 약이라며 반발했지만, 결과적으로 켈시 박사가 옳았다.

탈리도마이드 사건 이후 미국과 유럽 정부는 의약품의 판매 허가 절차를 한층 까다롭게 재정비했다. 판매 약품을 개발할 때 임상시험이 필수 절차가 된 것도 이때부터다. 기존 의약품에 대한 검증 절차가 강화되자, 미국에서만 시중에 판매되고 있던 600여 종의 약이 판매 금지됐다. 전체 판매 약품의 40퍼센트를 차지하는 수였다.

이 참사는 의약품 관련 제도 개선에 많은 교훈을 주었지만, 독성물질로 인해 손상된 신체를 되돌릴 순 없었다. 사건이 일어난 후 제도를 정비하는 것은 재발 방지라 불리지만, 한편으론 사후 약방문이었다.

우리 가까이에도 이런 비극이 있다. 2011년 봄, 서울 모 병원에 입원 중이던 임산부 다섯 명이 급성 폐 질환으로 사망을 한다. 이후에도 원인 모를 중증 폐렴 환자가 급증하자, 이를 기이하게 여긴 병원이 질병관리본부에 신고를 하며 '가습기살균제 피해'가 알려진다. 가습기살균제 피해구제위원회가 만들어지고 피해를 신고한 이는 7,500여 명. 이 중 사망자는 1,670여 명이다. 신고되지 않은 피해까지 추산하자면 95만여 명. 이 중 사망자는 2만 명 이상이라 하는데,[1] 이 수는 세계 3대 환경 참사 중 하나로 불리는 인도 보팔 가스 누출 사고[2]와 겨룰 만한 규모다.

비극을 나열할 생각은 아니다. 탈리도마이드 제약사(그뤼넨탈)의 최고경영자가 사건이 일어난 지 반세기가 지난 2012년에야 공식 사과했다는 사실, 가습기살균제 사건으로 옥시 전 대표가 받은 징역 6년(대법원 판결)이 옥시-애경-유공(현 SK케미칼) 등 사건 관련 기업 책임자들을 통틀어 내려진 최고형의 처벌이라는 사실. 이런 점들을 내세워 울분을 토할 수도 있지만, 여기서는 생략하겠다.

내가 하고 싶은 이야기는 모체(母體) 관한 것이다. '신성한 몸'부터 '아기 주머니'까지, 필요에 따라 그때그때 다르게 소환되고 배치되는 몸. 가습기살균제를 판매하는 기업은 제품을 홍보하기 위해 '아기와 엄마'를 소환했다. "내 아기를 위하여!"[3] 이 사회는 아기를 위해 무엇이라도 해야 한다고 쉽게 말하고, 그 무엇이 아기에게 무해하다는 판정도 쉽게 했다. 아기를 위해 무엇이라도 해야 하는 책임자는 양육자(엄마)였고, 그 무엇이 무해하지 않다는 사실이 드러났을 때 책임을 전가받는 것도 양육자였다. 그들 말고는 책임지는 이가 없었다. 안전에 대한 안일한 선언은 그 누구도 책임지지 않기에 가능한 일이었다.

나 역시 대형병원 어린이 병동 앞에 섰을 때, 내가 지닌 안일함을 깨달았다. 반도체 사업장에서 일했던 사람들을 만나 기록을 하던 중이었다. 인터뷰 요청을 하면, 그들은 어린이 병동 인근으로 약속 장소를 잡았다. 그들에겐 아픈 자녀가 있었다.

★
★★

그들이 들려준 일터 이야기는 낯설지 않았다. 오히려 익숙했달까.

이들이 일한 반도체 클린룸(clean room)은 아주 작은 먼지조차 허용하지 않았다. 그 환경을 유지하기 위해 상대적으로 높은 기압에서 일해야 했다. 교대근무로 낮밤이 바뀌었고, 성과 경쟁은 몸을 고단하게 했다. 하얀 방진복 안이 땀으로 축축했다. 그들이 사용한 화학물질 일부는 고약한 냄새를 냈고, 그 때문인지 자주 두통에 시달렸다.

이들의 작업환경이 불러온 것은 두통만이 아니었다. 백혈병, 뇌종양, 다발성 경화증과 같은 중증 질환을 함께 안겨주었다. '글로벌 초일류'를 자신하던 반도체 기업은 이 사실을 극구 부인했고, 직업병 인정 싸움은 긴 시간 계속됐다. 나 또한 '반도체 직업병 문제'로 알려진 이 사건을 취재했다.[4] 10년 전의 일이었다.

당시 20~30대였던 반도체 노동자들이 자신의 일터를 제보했다. 그 공간에서 벌어진 일로 인해 그들의 신경세포와 장기는 제 기능을 하지 못했다. 면역체계가 무너지고 세포 변이가 일어났다. 그들은 병상에서 인터뷰에 응했다. 때로 세상을 떠난 그를 대신해 가족들이 나와 이야기했다.

그런데 10년이 지나, 이번에는 중년의 모습을 한 이들이 반도체 작업장 환경을 설명했다. 내가 익히 알고 있는 그 일터였다. 다만 그들이 이상을 호소하는 것은 자신의 몸이 아니었다. 이번에는 자녀들에게 어떤 일이 벌어지고 있었다. 그들의 자녀는 반도체 제조 과정에서 쓰이는 화학물질과 방사선에 노출됐다. 이들이 수정란, 정자, 태아와 같은 상태로 존재할 때 일어난 일이었다.

반도체 노동자들을 만나 그들의 건강을 묻는 일을 해왔다. 그런데도 임신한 노동자의 건강을 염려해본 적이 없었다. '임신한 몸으로도 열심히 일했다' 같은 이야기를 들려주는 사람들이 있었다. 이 말을 하는 이들에겐 '건강한' 자녀만 있었다. 그래서 의심하지 않았다. 건강한 자녀가 있는 사람만이 지난날을 추억처럼 말해줄 수 있다는 사실을 놓쳤다.

반도체 엔지니어들은 이런 농담을 했다. "여기서 오래 일하면 딸만 낳는다." 그들은 자신이 쓰는 화학물질이 평범하지 않다는 것을 알고 있었다. 농담을 할 수 있는 사람들은 정해져 있었다. 자신에게 아무 일도 일어나지 않은 사람들. 그들의 말을 주워들으며, 나도 모르는 사이 농담 속에 머물고 있었는지도 모르겠다.

**

"생리통이 심했어요."

"다른 동료들은요?"

"많이들 그랬던 것 같아요."

10년 전 내가 만난 이들은 생리통, 불규칙한 생리 주기와 생리혈의 양[5]에 대해 말했다. 이 또한 내게 들리지 않았다. 당시 기업은 물론이고 정부마저 아픈 사람들에게 '증거'를 요구했다. 반도체 같은 청정 산업이 암과 같은 종양 덩어리를 만들어 낸다는 것을 믿을 수 없다고 했다. 업무와 질환의 연관성을 아픈 사람에게 스스로 밝히라 했다. 피해 당사자들이 당장 내놓을 수 있는 증거란, 자신의 아픈 몸밖에 없었다.

"모든 과학적 근거를 얻으려면 도대체 우리가 얼마나 더 죽으면 되나요."[6]

재직 시절 두통이 심했고, 현기증이 자주 일었고, 생리통이 심했다. 그들은 자신의 몸에서 일어난 변화를 열심히 설명했다. 그러나 생리통과 생리불순은 의사가 진단한 다른 질환들에 비해 아주 작은 증거였다.

그들이 말해주지 않은 것도 있었다. 임신 중 아이를 잃었고, 난임으로 오랜 기간 마음고생을 했다. 하지만 말하지 않았다. 자식을 잃거나 어렵사리 낳은 것을 굳이 말할 필요는 없다고 생각했을 것이다. 너무 개인적인 사연이라 여겼다. 그렇게 하지 않은 말과 듣지 않은 말이 섞인 채 시간이 흘렀다.

"그때는 그 말이 잘 안 들렸어요."

반도체 노동자의 건강과 인권 지킴이(이하 반올림) 활동가들도 같은 말을 했다. 반올림은 내게 반도체 산업의 생식독성과 2세 질환 직업병 문제를 기록해보자고 제안한 단체였다.

"아마 길이 보이지 않아 그랬을 거예요. 현실에서 손에 잡히는 것이 없으니까. 해결 방안이 잘 보이지 않는 문제는 더 들리지 않게 마련이거든요." (이상수, 반올림)

일하는 여성의 생식건강과 임신·출산의 권리가 중요하다고 말하는 세상이 아니었다. 아니 그때는 반도체 노동자의 죽음마저 그저 '우연'이라고 불린 시절이었다.

**

2018년 반도체 직업병 피해자들은 삼성으로부터 사과를 받았다("삼성전자는 과거 반도체 및 엘시디(LCD) 사업장에서 건강 유해인자에 의한 위험에 대해 충분하고 완벽하게 관리하지 못했습니다[7]"). 반도체 직업병 인정 싸움의 결과였다. '지원'이라는 이름을 붙이긴 했지만 반도체 전·현직 근무자를 대상으로 한 질환 보상 제도도 마련했다.[8] 반도체 작업환경(과 건강 영향)에 관한 연구도 부족하나마 진행되었고, 정부 기관인 한국산업안전보건공단은 10년간 전·현직 반도체 노동자들을 대상으로 추적 조사를 진행하기도 했다.[9] 2014년 서울고등법원이 황유미씨의 직업병을 인정하는 판결을 내린 이후, 2022년 2월 현재까지 87명의 반도체 전·현직 근무자가 직업병을 인정받았다.

"반도체 사업장에서 일하다가 병에 걸렸다고 하면 주변 사람들로부터 '그거 직업병 아니야?' 이런 이야기를 들을 정도로, 반도체 사업장의 위험은 이제 우리 사회의 상식이 되다시피 했거든요." (이상수)

이제 누구도 반도체 일터가 위험을 안고 있다는 것을 부정할 순 없다. 다만 기업은 그 위험을 과거의 일로 치부하고 싶어 했다. 반도체 생산라인은 자동화되어 유해물질을 뿜어내던 낡은 설비는 사라졌다고 했다. 그렇게 일단락된 줄 알았다. 당사자들은 질병과 장애를 지니고 살아가야 했지만, 그래도 사건은 역사 속으로 흘러가나 보다 했다.

그러나 이 또한 안일한 믿음이었다. 끝난 것이 아니었다. 태아에게 그 영향이 전해졌을 때, '피해'는 다시 등장했다. 우리가 사는 사회는 일하는 사람을 일회용품처럼 취급하지만, 유기적인 몸을 지닌 채 타인과 연결되어 살아가는 인간은 일회성 존재가 될 수 없었다. 피해마저 연결됐다.

*
*

반올림 활동가로부터 들은 이야기다. 이주영(가명)이라는 오퍼레이터가 있었다. 국내 첫 반도체 직업병 제보자이기도 한 황유미와 2인 1조로 일하던 선배였다. 황유미는 2007년 백혈병으로 사망했다. 그보다 1년 전, 이주영도 세상을 떠났다. 그의 사인도 백혈병이었다. 그런데 이주영이 그 자리에 가기까진 사연이 있었다.

두 사람이 한 업무는 불산(플루오린 수소)이 담긴 수조에 반도체 원판을 넣어 세척하는 일이었다('퐁당퐁당' 작업이라 불렸다). 불산은 인체에 접촉하거나 흡입하기만 해도 치명적인 독성을 지닌 물질로 알려져 있다. 이주영이 퐁당퐁당 작업에 배치되기 전에 그 자리에서 일하던 이가 회사를 그만두었는데, 퇴직 사유가 유산이었다. 그보다 앞선 전임자도 병이 생겨 퇴사했다. 그 자리에 이주영이 온 것이다.

이주영은 황유미와 함께 찍은 한 장의 사진을 남겼는데, 사진 속 그는 배가 불러 있었다. 아픈 것은 각자 사정으로 치부됐고, 유산도 개인의 비극으로 여겨졌다. 일터에서 사람만 자꾸 사라졌다. 목숨마저 사라진 후에야 문제가 알려졌다.

"처음, 시작부터 이 문제가 있었어요."

반올림 활동가(이종란)에게 이야기를 전해 들으며 나는 처음부터 그곳에 있던 것들을 떠올려보았다. 그때는 '문제'가 되지 못했던 '문제'들. 문제를 농담으로 치부했던 결과를 어린이 병동 앞에서 확인했다. 더는 뒤늦지 않기 위해 '문제가 되지 못했던 문제'들을 되짚으려 한다.

일러두기

- 본문에 등장하는 인터뷰에는 저자가 인터뷰어로 참여해 진행한 것 외에 반올림 활동가와 법률가, 연구자 등이 진행한 기록도 포함되어 있다.
- 본문에 등장하는 구술 중 많은 부분은 인터뷰이(구술자)의 이름을 표기하지 않거나 가명으로 표기했다.

용어 설명

- 산업재해: 노동과정에서 노동자에게 발생하는 신체적·정신적 피해를 말한다. 줄여서 '산재'라고 부르기도 한다. 행정적 용어로는 '업무상 재해'라고 한다.
- 산업재해보상보험: 산업재해를 당한 노동자의 치료와 요양 비용을 보상해주는 사회보험이다. '업무상 재해'를 입은 노동자는 근로복지공단에 산재 보상 신청을 할 수 있다. 공단의 심사를 거쳐 산재보험급여가 지급된다. 이 책에서는 산업재해보상법안에 따른 요양급여 등의 신청을 '산재 신청'이라 부르고자 한다.

반도체 용어 설명

- 반도체는 웨이퍼 제조, 회로 설계 및 마스크 제작, 웨이퍼 가공, 칩 조립 공정을 거쳐 제조된다. 반도체 제조 공정 대부분은 클린룸에서 이뤄진다. 이 중 웨이퍼 가공은, 디퓨전(Diffusion), 포토(Photo), 식각(Etching), 증착(Deposition), 이온 주입(Ion Implantation), 연마(Polishing) 등으로 이뤄진다.
- 클린룸(Clean room): 일명 먼지 없는 방. 먼지나 미립자(파티클)를 필터로 제거하고, 온도와 습도, 실내 압력 등이 일정하게 유지되도록 제어한 방이다.
- 오퍼레이터: 생산 장비(반도체 설비)를 통한 제조 또는 제조 지원 업무를 담당하는 이들로 보통 여성 생산직을 가리킨다.
- 마스크(Mask): 반도체에는 매우 복잡한 전자회로가 새겨져 있다. 이 회로를 구현하기 위해 패턴을 그리는데, 이 패턴을 새긴 유리판을 포토마스크 또는 마스크라 부른다.
- 웨이퍼(Wafer): 반도체를 만드는 토대가 되는 얇은 판.

마스크

웨이퍼

반도체 칩

1부

목소리들

"고통받고 있는 사람들에게 연민을
느끼는 한, 우리는 우리 자신이 그런
고통을 가져온 원인에 연루되어
있지는 않다고 느끼는 것이다.
우리가 보여주는 연민은 우리의
무능력함뿐만 아니라 우리의
무고함도 증명해주는 셈이다."

—수전 손택,《타인의 고통》

"누가 좀 알려줬으면 좋겠어요"

이혜주 이야기

"저는 회사가 좋았습니다. 누구나 부러워했던 대기업이었습니다. 겉으로는 많은 복지제도도 있었습니다. 공장에서 일하면서도 자부심이 있었습니다. 그래서 처음 입사할 때의 설렘이 아직도 기억납니다.

막상 일을 해보니 교대근무가 쉽지 않았습니다. 충분한 생산량을 확보하도록 압박받았기에 자동설비가 있음에도 불구하고 수동 작업으로 빠르게 진행해야 했습니다. 수십 장의 웨이퍼(wafer)가 담긴 무거운 박스를 들고 이동하는 일이 비일비재했습니다. 차가운 클린룸에서도 땀이 났고 어깨, 다리, 허리, 온몸에서 아프지 않은 곳을 찾는 게 더 어려웠습니다. 반복된 작업으로 손가락 마디마다 굳은살이 가득했습니다. 부끄러워 손을 숨기곤 했습니다.

위험할 것이라고 상상하지 못했습니다. 웨이퍼가 담긴 박스, 수많은 장비에서 냄새가 날 때도 설비의 문이 열리며 열기가 느껴질 때도, 어떠한 이유에서인지 라인에서 대피하였을 때도 그곳에서 사용한 화학물질들이 어떤 영향을 줄지 감히 상상하지 못했습니다.

그곳에서 임신 7개월이 지나도록 같은 일을 했습니다. 특별히 아픈 곳은 없었지만 검사에서 아이에게 기형이 발생할 수 있다는 소견을 받았습니다. 불안했지만 괜찮을 것이라고 믿었습니다. 괜찮아야 했습니다."

—《제주의료원 산재 사건 후속 과제와 대응 토론회》 자료집(2021.5.10.)
에서 이혜주 증언 글 일부

직업병이 잔인한 이유는, 여기에 있다.
좋아하던 대상이 나와 가족을 병들게 한 주범이 된다.
혜주씨도 몰랐다. 자신이 일했던 클린룸에서 나던
약품 냄새와 탄내, 이따금 울리던 경보음, 그리고
일상적으로 덮쳐오던 두통이 아들 지윤의 병과
관계있다는 사실을.

> **이혜주(가명)**: 1977년생. 1995년 삼성반도체 기흥사업장 입사.
> 현장직 디퓨전 공정에서 근무. 2000년 퇴사.
> 2003년 재입사. 2011년 퇴사.
> **김지윤(가명)**: 이혜주의 아들. 2008년생. 선천성 식도폐쇄증,
> 콩팥무발생증 등 증상.

"(산전) 검사에서 기형이 발생할 수 있다는 소견을 받았습니다. 불안했지만 괜찮을 것이라 믿었습니다. 괜찮아야 했습니다."

하지만 태어난 아이는 아팠다.

아니, 이 문장은 고친 것이다. 원래는 이런 문장을 썼다.

'이혜주씨는 아픈 아이를 낳았다.'

'낳았다'라는 단어가 마음에 걸려 지워버렸다. '낳은' 책임을 묻는 세상이었다. 태아의 신장 한쪽이 보이지 않는다는 진단을 받았을 때, 이혜주씨는 반도체 기흥사업장 디퓨전(확산)[1] 공정에서 7년 차 오퍼레이터로 일하고 있었다.

신입사원 이혜주

"고등학교는 여상을 나왔는데요. 솔직히 여상 간 이유가 공부 안 하려고 간 건데. 하하. 인문계 가면 무조건 공부해서 대학 가라고 하잖아요. 상업계를 가면 공부를 덜 해도 된다고 생각했는데, 아니더라고요. 공부는 공부대로 하고 자격증은 자격

증대로 따야 하고."

사실은 하고 싶은 것이 있었다. 미술을 좋아했다. 하지만 고등학교 2학년 때 시작한 미대 입시 준비는 시기적으로 촉박했다. 불합격 통보를 받고 할 일을 찾던 혜주씨에게 사촌 언니가 자신이 다니는 회사에 올 것을 권했다. 삼성반도체에 직원 추천 제도가 있던 시절, 1995년이었다.

반도체 회사라는 곳은 생각보다 일이 많았다. 게다가 기숙사 생활을 해야 했다.

"한 방에 6명씩 자는데, 두 명은 밑에 요를 깔고 자야 해요. 바닥에서 자는 거죠. 그렇게 생활하다가 이건 아닌 것 같더라고요. 그래서 저는 자취하겠다고 나왔죠."

고등학교를 졸업하기도 전에 타지로 온 이들에게 선택지가 많지 않았다. 대부분 기숙사에 들어갔다. 집단생활은 이중 감정이 들게 했다. 복작거려 재미있고 복작거려 피곤했다. 교대 근무를 마치고 들어와 잠들 준비를 하면 옆방은 출근 준비로 부산했다. 게다가 기숙사는 회사 생활의 연장이라 선배가 있고 상사가 있었다. 이를테면 사람은 6명인데 침대는 4개라면, 바닥에서 자야 하는 사람은 정해져 있었다. 기숙사에는 이런 위계가 작동했다. 바닥은 신입 자리였다. 고루한 것, 틀에 박힌 것을 좋아하지 않는 혜주씨의 성향과 맞지 않는 일이었다.

"1년 만에 자취하겠다고 나왔죠."

입사 첫해에 기숙사를 떠나는 신입은 드물었다. 보통은 부모 반대에 주저앉았다. 효율적으로 노동력을 통제하려는 회사의 필요와 타지로 간 딸을 '보호'해줄 공간을 원하는 부모의 바람이 만나 여성 사원들의 기숙사 생활이 유지됐다. 그러나 혜주씨의 부모님 반응은 좀 달랐다.

"네가 원하면 그렇게 하라고. 집이 원래 좀 자유로운 편이에요. 공부 안 하고 싶다고 하니까 실업계 가는 거 허락했고. 대학 지원해달라 했더니 해주고. 하지만 재수는 안 된다. 저도 재수까지는 생각 안 했거든요."

이런 집안 분위기 때문이었을까. 혜주씨는 삼성이 정해놓은 규율과 통제가 잘 '안 먹히는' 사람이었다. 인사고과 경쟁도 남의 일이었다.

"저는 고과 잘 못 받았어요. 간혹 B, 그것도 뭐 불쌍해서 한번 주는 정도랄까? 저는 생산량 이런 데는 관심도 없고, 또 해도 잘 안 되더라고요. 그냥 중간치만 하자."

반도체 오퍼레이터들을 만나면 '물량을 하나라도 더 빼려고' 발을 동동 굴렀다는 이야기를 주로 듣기 마련이다. 그런데 혜주씨는 중간치만 하자, 그런 마음으로 회사를 다녔다고 했다.

"고과에 따라 월급 차이가 크지 않나요?"

"차이가 나죠. 조장 자리에서 컴퓨터를 쳐서 보내주거든요. 거기 보면 재고량이 다 보여요. 조장이 누가 놀고 있냐, 뭐 하고 있냐, 이러죠. 노는 게 아니라 물량이 내 자리엔 안 왔거든요. 안 와서 못 하고 있는 거거든요. 그런데 고과 잘 받는 친구들은 미리 가서 달라고 해서, 나오기도 전에 대기해서 가져오고. 로봇이 보내주는데 그 속도를 못 기다리겠으니까 자기가 챙겨 들고 와요. 그러면 똑같은 작업인데 걔는 빨리하고 나는 늦게 한 게 되는 거죠."

매뉴얼을 지킨 사람은 혜주씨이지만, 그에게 돌아온 것은 낮은 고과 점수였다. 하지만 그것을 크게 억울해하는 사람도 아니었다. 오히려 문제는 지겨움.

"처음에는 좀 적응하기 힘들었는데. 일단 교대근무였거든요. 몸이 힘드니까. 그래도 적응되니 또래들도 많고 해서 재미있게 다녔는데. 갈수록 너무 지겹더라고요. 교대근무도 지겹고. 4년 10개월 다니다가, 너무 오래 다녔다. 과감하게 퇴사했죠."

퇴사하고 1년은 너무 신났단다. "벌어놓은 것 쓴 거죠." 그러다가 교통사고가 났다. 3개월을 입원하고 1년간 재활치료를 받아야 하는 큰 사고였다. 병원을 오가니 통장에서 계속 돈이 빠져나갔다. 마침 친척이 작은 회사 경리 자리를 소개해줬다.

"쉬는 동안 알바도 했는데, 알바 자리도 구하기가 쉽지 않더라고요. 이미 나이가 20대 중반이니까. 그래서 회사에 들어갔는데, 정확히는 경리도 아니에요. 전화 받고, 우체국 심부름해주고. 살충제를 만드는 회사였는데, 회사 같지도 않아요. 제품도 좋은 게 아니에요. 전화가 오면 긴장이 되는 거예요. 효과가 없다고 불만 전화가 계속 오니까."

1년을 채우지 못하고 퇴사했다.

"반도체 (회사) 나와서 현실을 깨우쳤죠. 반도체에서 일하던 거는 나가서 써먹을 데가 없어요. 경력이 4, 5년이 돼도 나와서 아무것도 못 하거든요."

반도체 회사에서만 쓸 수 있는 기술이었다. 사회생활 스킬이 늘었다고 하지만, 그것도 대기업 생산직 '여사원'들 사이의 정치이고 전략이었다. 영세-중소사업장이나 서비스업 판매직원 같은, 그러니까 소위 '여자 일자리'라 불리는 직장엔 면역력이 없었다. 현실을 알아갈 즈음, 삼성반도체에서 재입사사원을 뽑는다는 소식을 들었다.

"얼른 원서 냈죠."

이때가 2003년. 그 이듬해부터 삼성반도체는 국내 생산라인을 축소했기에 경력직은 고사하고 신입사원을 채용하는 규모도 크게 줄었다. 그때는 운이 좋았다고 여겼다. 재입사해 8년을 일했다. 4년도 오래 다녔다고 퇴사해놓고 다시 입사한 후에는 그 두 배의 시간을 다녔다. 세상이 '여자 일자리'를 어떻게 취급하는지 몸으로 겪고 온 참이었다.

"이유야 돈이죠. 그죠? 보통 애사심으로 다니진 않잖아요. 여자 직업 중 돈을 이렇게 주는 데가 없죠. 없으니까. 그리고 나이 먹어가지고 딴 데 가서 할 게 없잖아요."

애사심으로 다니진 않았다고 말은 했지만, 혜주씨는 '회사가 좋았다'고 했다.

"처음 들어갈 때보다 저는 재입사할 때 더 좋았어요. 자부심을 가지고 다녔죠, 진짜."

직업병에 시달리면서도 사람들은 '회사가 좋았다'는 말을 하곤 했다. 자신이 하는 말의 극적 효과를 높이기 위해 하는 소리가 아니었다. 진심으로 회사를 좋아했다. 회사 '덕분'에 남의 눈치 안 보고, 입고 싶은 것 입고, 먹고 싶은 것 먹었다. 대학 간 친구들과 비교하지 않고 살 수 있었고, 회사를 다닌 덕분에 집안에 어려운 일이 생기면 얼마라도 보탤 수 있었다. 회사가 내준 기숙사에 살면서 돈을 모으고 그렇게 모은 돈과 회사 주식을 판 돈을 합쳐 결혼 자금을 만들었다. 그러니 좋아 하지 않을 수 없었다.

직업병이 잔인한 이유는, 여기에 있다. 좋아하던 대상이 나 와 가족을 병들게 한 주범이 된다. 혜주씨도 몰랐다. 자신이 일했던 클린룸에서 나던 약품 냄새와 탄내, 이따금 울리던 경 보음, 그리고 일상적으로 덮쳐오던 두통이 아들 지윤의 병과 관계있다는 사실을.

임신을 하고

2007년 혜주씨는 아이를 갖는다.

"임신해서 7개월까지, 월급도 아쉽고 해서 계속 다녔어요. 교대근무라 힘들긴 했는데. 그렇게 무리한다고 생각은 안 했 거든요. 임산부는 의자 같은 것도 챙겨주긴 했어요. 그런데 일 하다 보면 앉기 힘들잖아요. 동생들한테 피해 주고 싶진 않으 니까 서서 일하고."

혜주씨는 승진이나 인사고과 점수에 연연하는 사람이 아니었다. 한시가 급해 보이는 클린룸에서 매뉴얼에 따라 움직였다. 서두르지도, 게으름 부리지도 않았다.

"노는 사람이 누가 있어요. 회사 가서 다 열심히 일하지. 나는 나대로 열심히 한다고 했는데."

디퓨전 공정에선 열처리 작업을 주로 하기에 고온 기계들이 라인에 빼곡하니 들어차 있었다. 기계가 뱉어내는 열기를 견디며 런 박스²를 하루에 200여 개씩 들고 날랐다. 박스 하나 무게가 10킬로그램에 육박했다. 그렇게 분주하게 일한 사람의 고과는 기본이 'C'였다. 치열한 상대평가 시스템하에서 평범함이 받을 수 있는 점수였다.

"월급 나올 때 살짝 아쉽긴 했는데 괜찮았어요."

무리해서 일하는 사람은 아니었다. 그런 혜주씨마저 임신을 하자 의자에 앉지도 못하고 일했다. 후배들에게 피해를 끼치지 말아야겠다는 생각이었다. 그가 임신한 것은 2000년대 후반. 임신하면 '당연히' 회사를 그만두어야 했던 선배 세대들과는 달랐다. 갈수록 '괜찮은' 일자리를 구하기 힘들어지니 육아휴직을 했던 사람들도 서둘러 돌아오는 추세였다. 임신한 몸으로 출퇴근을 하는 사람도 적지 않았다. 그래서 회사는 의자를 제공했다. 의자 하나가 임신부의 안전과 편의에 큰 도움이 되었을 리 없었다.

아이를 낳고 처음에는 친정어머니의 손을 빌렸다. 그것도 1~2년이지, 결국 일과 육아를 모두 책임져야 했다.

"힘들었어요. 애기 봐줄 사람이 없으니까. 제가 밤에 출근하려면 신랑이 7시에 칼퇴근해서 저랑 교대해야 하는데 퇴근을 못 하고 있는 거예요. 당시엔 신랑 회사도 많이 바빠서. 주변에 친인척도 없고. 저는 8시 몇 분 (통근)버스를 타야 하는데. 진짜 울 것 같았어요, 그땐."

듣기만 해도 긴박한데, 그것이 일상이었다.

"돌봄 도우미를 쓰자니, 그건 월급 반이 나가요. 솔직히 너무 아깝더라고요. 그래서 1년은 어떻게 버티긴 했는데."

병치레 많은 몸으로 태어난 아들은 퇴사를 해야 하는 이유이기도, 직장 생활을 버티게 하는 이유이기도 했다. 서울에 있는 병원으로 오가는 길이 다 돈이었다. 큰 수술이라도 받아야 한다면 아무래도 둘이 버는 것이 나았다. 하지만 더 다닐 수 없었다.

"제가 같이 일하는 애들 중에 최고 언니였거든요. 조장도 저보다 한 살 어렸으니까. 그러니까 눈치가 보이더라고요. 몸은 힘들고, 회사에선 눈치가 보이고. 아, 내가 더 갈 수 없는 상황이구나. 알아서 나가야겠구나. 그때 마침 몸도 되게 아팠고요."

당시가 서른 중반의 나이. 골반과 허리 통증이 심했고, 손마디마다 굳은살이 박혔다. 내내 라인을 돌아다니느라 발바닥은 딱딱했다. 2011년, 혜주씨는 퇴사를 한다.

퇴사, 그리고 양육

아들이 아프게 태어났다는 것은 첫 수유를 하고 알았다. 갓난쟁이 얼굴이 너무 창백하더란다. 오랜 진통 끝에 낳은지라 아기도 힘들어서 그럴 거라고 애써 불안한 마음을 다독였다. 태아 검진에서 신장 한쪽이 보이지 않는다는 이야기를 들었다. 태아가 몸을 옆으로 웅크리고 있어서 보이지 않는 것일 수도 있으니, 일단은 크게 걱정하지 말라고 병원에서 말한 참이었다. "불안했지만 괜찮을 거라고 믿었어요." 그러나 '괜찮아야 한다'던 다독임은 무참히 깨졌다. 수유가 끝난 지 몇 분 되지 않아 신생아실에서 급히 보호자를 찾은 것이다. 모유를 삼키지 못하고 다 게워내고 있다고 했다.

"너무 놀라가지고. 태어난 지 이틀밖에 안 됐는데. 그때가 진짜 힘들었어요. 그 뒤로 병원에 가서 검사하고, 수술하고. 조그만 몸에 바늘이 수도 없이 꽂혀 있고. 먹지도 못하고. 내 아이가 왜 아프게 태어났을까 생각을 했죠."

아이는 응급실에서 수술실로 옮겨졌다. 신장 한쪽이 없다는 판정과 함께 선천성 식도폐쇄증이라는 진단도 내려졌다.

"어릴 적엔 심각한 경우가 서너 번 있었어요."

담담하게 말했지만 밥을 먹다가 호흡곤란이 오는 상황이 언제 닥칠지 모른 채 세끼 밥을 챙겼다. 식도에 음식물이 걸리면 혜주씨가 아이 목구멍에 손가락을 넣어 빼내야 했다. 그렇게 몇 년을 보내니 응급 상황도 점점 줄어갔다. 그러자 다른 증후들이 하나둘 눈에 들어왔다.

"또래보다 아이가 좀 늦은 거 같아요. 장애까진 아니고 그 경계? 좀 또래보다 뒤처진달까."

몸이 약하니 예민해서 그런 건지, 병 때문에 발육이 늦은 건지 감을 잡기가 어려웠다. 놀이 치료도 하고 소아정신과에도 가봤지만, 지금은 지켜보는 단계라 했다.

"성적이나 학업, 이런 기대보다는 친구들하고 잘 어울리고 재미있게만 다녀라. 졸업장만 따자, 이런 마음이죠."

하지만 아들은 학년이 올라갈수록 두통을 자주 호소했다.

"저녁 잘 먹고 잘 놀다 잤는데 밤에 두통이 너무 심한 거예요. 진통제도 소용없어요. 다 토해요. 응급실 가서 수액을 맞는다든지 해야 진정이 되더라고요."

병원에선 스트레스를 주지 말라는 처방을 내릴 뿐 뾰족한 수가 없었다. 초등학교 고학년이 되자 알게 모르게 부담이 커진 모양이었다. 식도에 이상이 있으니 어렸을 적부터 잘 먹질 못해 마르고 체력이 약했다. 몸이 약하니 신경도 같이 예민해지는 것 같았다. 그러나 이 병명들도 설명해주지 못하는 증상이 많았다. 그 증상을 발견하는 일은 언제나 혜주씨의 몫이었다.

"애가 자꾸만 티비를 옆으로 보는 거예요."

세 살 때였다. 안과에 데려가니 한쪽 눈의 시력이 유난히 약하다고 했다. 그래도 일찍 발견해 시력 교정을 할 수 있었다. 또 하루는 귓속 달팽이관이 함몰된 것을 알게 됐다.

"귀에 뭐가 들어갔다고 해서 이비인후과에 데려갔는데 한쪽 달팽이관이 이상하다는 거예요."

이 모든 것이 식도와 신장 '기형'[3] 문제와 관련 있을 것이라 의심하지만, 알 수 없다. 그저 이상을 알아채기 급급했다. 이 급급한 알아챔이 혜주씨에게 "엄마가 돼서 여태까지 몰랐다니" 하는 자책을 남겼다. 너무 무거워서 부당하기까지 한 말을 자기 자신에게 해왔다.

산재 신청을 하며

"아이가 왜 아플까 그런 생각은 종종 했어요. 우리 (부부) 둘 다 건강했으니까. 이쪽에 원인이 있을 거라고는 생각도 못 했고요."

모르고 아이를 키우고, 모르고 퇴사를 하고, 모르고 회사를 좋아했다. 그러다가 회사 후배에게 이야기를 들었다.

"백혈병이든 암이든 아픈 사람들에게 도움을 주는 단체가 있다고 연락해보라고 하더라고요."

아이의 질환도 관계가 있을까 싶어 무작정 연락했다. 그렇게 반올림 사람들을 알게 됐다.

"자녀 질환 문제를 겪는 부모들의 모임이 있다고, 한번 오시겠냐고 해서 갔어요. 저는 굳이 숨길 필요가 있냐 싶어서 갔어요. 아들에게 도움이 될 수도 있고, 한 사람이라도 더 가는

이혜주씨와 아들 김지윤씨.

게 좋지 않나 싶어서. 가서 다른 분들 이야기 들으면서 충격을
먹었어요. 나는 좀 나은 경우인가도 싶고.”

　그날 모임에 온 사람(부모)들은 서로 ‘내가 좀 나은 상황인
가’ 했다. 나는 그래도 이만큼 키워놨으니까. 내 아이는 그래
도 일상생활이 가능하니까. 그래도 겉으로는 티가 나지 않으
니까. 다들 그렇게 위안을 찾았다. 내 눈에는 그게 어쩐지 엄
살 부리지 말아야 할 이유를 찾는 사람들 같았다. 혜주씨를 포
함해, 자리를 함께한 사람들이 이 말을 했기 때문이다.

　“한 사람이라도 더 힘을 보태야 좋은 일 아니겠어요?”

　당시는 자녀(태아)도 직업병의 당사자가 될 수 있다는 사실

조차 알려지지 않은 때였다.

선택과 이주

혜주씨는 선택에 따른 미련이 없는 사람처럼 보였다. 미대 입시에 낙방한 후 재수를 하지 않고 취업한 일을 두고 어차피 그림 실력도 별로 없었다며 웃어넘겼다. 반도체 회사를 처음 퇴사하고 마땅한 일자리를 못 구하던 시절에도 덕분에 재미있게 놀았다고 했고, 재입사한 후 조장이나 상사가 되어 있는 동기들을 보고도 조장 하면 골치만 아프다며 신경 쓰지 않았다. 자신이 해온 선택에 아쉬움마저 표하지 않던 혜주씨였다. 그러나 아들 지윤씨 문제에는 종종 후회를 드러냈다. 이것을 했다면, 아니 이것을 하지 않았다면. 도통 어떻게 해야 할지 모르겠는 경우가 많았다고 했다.

아들 지윤씨는 중학생이 되고 사춘기로 접어들고 있었다. 스트레스를 받지 않아야 한다는 의사의 말에 태안으로 이사를 했다. 학교도 작고, 사람도 적은 곳. 좋아하는 외할머니도, 바다도 가까이 있으니 지윤의 마음이 좀 편해지지 않을까 하는 기대를 품었다. 남편은 회사 때문에 함께 올 수 없었다. 아들만 데리고 태안으로 온 것이다. 쉽지 않은 선택이었다. 이젠 정말 혼자 판단하고 혼자 결정할 수밖에 없었다.

태안으로 온 지 얼마 되지 않아 코로나19가 덮쳤다. 한동안

수업은 온라인으로 대체되고, 과제 검사로 학습 진도를 확인했다. 그 과제를 성사시키는 몫은 부모에게 있었다. 혜주씨는 줄넘기 50번, 윗몸일으키기 30번 같은 체육 숙제까지 챙겨야 했다. 그렇게 두 번째 선생님 몫까지 하자니, 집에 갇힌 일상은 크고 작은 전쟁으로 메워졌다.

"요즘은 진짜 많이 싸워요."

무엇 때문에 주로 싸우냐고 물으니, '게임'이라고 했다. 역시, 게임.

"게임 그만해라. 유튜브 그만 봐라. 공부 잘하라는 게 아니라 선생님이 내주는 과제라도 하자. 제발 기본만 하자."

"기본이 얼마나 어려운데요."

매뉴얼대로 기본에 충실했던 오퍼레이터 이혜주에게 삼성은 고과점수 C를 주었다. 상대평가와 경쟁이 일상이 된 세상에서 기본은 그런 취급을 받았다. 아들이 살아갈 세상 역시 A·B·C·D등급으로 나뉘어 있다. 이 사회에서 어떤 점수를 받고 살아갈까. 혜주씨는 천천히 자라나는 아들의 내일을 염려한다.

그의 고민을 지켜보며 나는 다른 걱정을 했다. 혜주씨의 걱정과 후회를 전하려다가, 미련 같은 것은 툴툴 털어버리던 어제의 그 발랄하던 사람이 지워지는 글을 쓸까봐. 그러니까 그가 너무 엄마처럼'만' 보일까 하는 우려였다. 걱정을 전하자 혜주씨는 고개를 갸웃했다.

"그런데 모든 엄마는 다 그렇지 않을까요?"

책임질 일이 많으니까.

"애가 건강한 상태였다면 덜 했겠죠. 그런데 건강하더라도, 아이 키우는 일 자체가 진짜 힘든 거 같아요."

늘 부딪치는 어려움이 자신을 '엄마'라는 역할로 묶어둔다고 했다.

"애 키우는 거 너무 힘들어요, 사실. 누가 좀 알려줬으면 좋겠어요. 이 방법이 최선이라고 알려줬으면 좋겠는데. 저도 이랬다가 저랬다가. 그게 아이를 헷갈리게 하는 건 아닐까. 키우면서 힘이 드니까. 계속 제가 잘하는 게 없다고 생각하게 되고. 괜히 제 잘못 같고. 어쩌면 아이가 아팠던 것은 잠깐이었어요. 그런데 이후에 키우는 과정이 더 쉽지 않은 거 같아요."

젊은 시절의 혜주씨라고 모든 결정이 후회가 없었던 것은 아니다. 다만 후회를 하느라 마음을 어지럽히고 싶지 않았다. 어차피 지나갈 일이니 미련 갖지 말자고 다짐했을 뿐이다. 그런데 육아는 지나가질 않는다. 자신의 말 한마디가 자녀의 행동을 결정짓는 것만 같다. 그러니 조심스럽다. 이 무거운 판단과 결정은 자연스레 '엄마'의 몫이 되었다. 그 무게를 지고 양육을 한다.

그런데 혜주씨는 모든 것을 혼자 판단해야 하는 일이 막막하다고 해놓고, 사는 터전을 옮기는 일마저 망설이지 않았다. 산재 신청도 마찬가지였다.

"대단한 그런 마음은 없고, 돈으로 보상이 된다니까. 되면 좋지 않을까 하는 마음이에요."

2021년 5월, 혜주씨는 근로복지공단에 산재요양급여를 신청했다. 급여 수급인은 아들 김지윤씨였다. 아들에게 일어난 손상이 자신이 일했던 회사의 근무환경과 연관이 있다며, 그에 따른 보상을 요구한 것이다. 대단한 그런 마음은 없다지만, 쉽게 한 결정이 아니었다. 10년 전, 제주의 한 병원에서 심장질환을 지닌 자녀를 출산한 간호사들이 산재신청을 했으나 근로복지공단은 이를 기각했다. 현행법상 태아는 직업병 당사자(산재보험 적용 대상자)가 될 수 없다는 이유였다. 이 문제를 둘러싼 오랜 법정 싸움이 있었다. 2020년이 되어서야, 법원은 '업무상 재해로 인한 태아의 선천적 장애를 산업재해로 인정한다'는 최종 판결을 내렸다. 이 같은 10년 공방을 알고 있음에도 혜주씨는 산재 신청을 하기로 했다.

클린룸 교대근무라는 쉽지 않은 일을 12년 동안 한 사람이었다. 발바닥이 딱딱해지도록 일했다. 틀린 선택을 할까봐 곤혹스럽고 불안하다 했지만, 그는 이미 무수한 선택의 결과를 감당해왔다. 책임지고 감당했던 경험이 쌓여 저력이 됐다.

"대기업 상대로 하는 게 쉬운 일은 아니잖아요. 힘 약한 사람들이 원하는 게 쉽게 이뤄지는 세상은 아니니까요."

"그런데도 왜 하신 거예요?"

"저보다 더 안 좋은 상황에 계신 분들도 많을 텐데. 한 사람이라도 보태야죠. 여러 사람이 하면 좋지 않나요?"

그저 좋은 마음으로만 하는 소리가 아님을 안다. 감당해야겠다고 마음먹은 사람이 가는 길이다.

"그럼 넌 내 마음을 아니?"

혜주씨와 지윤씨의 대화를 건너 듣다

혜주씨를 세 번째 만난 날, 인사처럼 물었다. 4개월 만에 보는
게였다.

"어떻게 지내셨어요?"

"맨날 똑같죠. 뭐 재미없이 애랑 싸우면서, 일하면서."

"요즘도 싸우시는구나. 기사로 봤을 때는 완전 순둥이였
는데."

모 언론사에서 아들 지윤씨를 촬영했다. 그 기사[4]를 본 참이
었다. 그곳에서 지윤씨는 바다를 좋아하는 엉뚱한 소년의 모
습으로 나왔다.

"밖에선 순둥이예요. 저한테만 그러죠."

"저희 엄마도 딸들한테 그랬어요. 밖에선 얌전한 척하고 집
에 와서 엄마만 잡아먹으려 한다고."

"얘도 저랑 같이 안 살겠대요. 그럼 독립해라."

위에 언급한 언론 촬영을 할 당시, 두 사람은 싸웠다고 했다. 기분이 안 좋았지만 약속된 촬영이라는 말에 지윤씨는 꾸역꾸역 따라나섰다고 했다.

"다 하기 싫잖아요. 엄마랑 대화하기도 싫은데. 자꾸 뭘 하라고 옆에서 시키니까. 내가 쫓아가면, 더 멀리 떨어져 가고."

그래도 약속한 일이니 감정과 무관하게 촬영에 임했다. 책임이라는 것을 알 만큼은 컸다고 했다. 촬영은 태안 바닷가에서 이뤄졌다. 지윤씨가 좋아하는 장소였다. 바다생물에도 관심이 많은 소년이다. 아들 소개를 해달라고 했을 때 혜주씨는 이리 말했다. 천진난만 순진무구 개구쟁이. 감정이 풍부하고 마음이 여리다는 설명이 덧붙는다.

"지난번에는 새 학기라 긴장을 좀 한다고 했는데, 이제 적응이 좀 됐나요?"

"적응은 됐는데, 아침마다 전쟁이에요."

"학교 가기 싫다고?"

"가기 싫으면 가지 마라. 대신 네가 직접 선생님한테 말씀드려라. 학교를 왜 다니는지 모르겠대요. 부모님이 학교 안 다니는 거 허락하신다고 직접 말씀드려 그러면, 아들이 또 그건 아닌 거 같대요. 학교는 다녀야 한다고 생각한대요. 그런데 아침에 일어나기도 힘들고 그러니까. 체력이 안 되니 힘들긴 힘들겠죠. 워낙 말랐거든요. 키가 166센티 정도 되는데 몸무게가 40킬로예요. 사람들이 밥 안 먹이는 줄 알잖아요. 어렸을 때 식도에 문제가 있게 태어났기 때문에 잘 못 먹었어요. 그래서인지 요즘도 먹는 양이 많지 않거든요."

"체력 안 되고 스트레스받고, 이런 게 겹치니까."

"그게 아니래도 키 크는 시기에 많이들 피곤해한다네요. 웬만하면 피곤하지 않게 해주라는데. 한의원 가서 한약을 지었어요. 효과가 있는지 며칠 지나더니 잘 일어나더라고요. 몸이 좀 괜찮은지, 지금은 응급실 안 간 지도 좀 됐어요."

"그때는 고민이 많으셨을 텐데, 그래도 시간을 좀 지나오면서 새로운 환경에 적응도 하고. 서로 방법을 찾으신 것 같아 다행이다 싶어요."

"얘가 그사이에 컸어요. 말하는 거 보면 그래요. 저를 이해해주더라고요."

"이제 수월할 일만 남았나 봐요."

"그렇지도 않아요. 이제 시작인 거죠. 아시잖아요. 지금도 게임할 때면 방에 들어오지 말라고. 잔소리하면, 내가 알아서 한다고. 알아서 뭘 해요."

"내가 알아서 할게, 이건 온 집안 단골 멘트인데."

"왜 자기 마음을 모르내요. 그럼 넌 내 마음을 아니? 맨날 어떻게 네 마음만 알아줘."

출산과 양육의 경험은커녕 그럴 계획조차 없는 내가 모자의 대화를 건너 듣는다. 듣는다고 알 수 있는 것은 없다.

육아 경험을 웹툰으로 그리는 한 작가[5]는 이렇게 말했다. 막상 아이를 키우기 전에는 "아이들은 다 그렇게 크는 줄 알았다"고. 보통 드라마나 영화 속 주인공들은 갑작스러운 입덧과 함께 임신을 확인한다. '10개월 후'라는 자막과 함께 아이가 가족의 축복 속에서 태어나고, 다시 '몇 년 후'라는 자막 뒤로 다섯 살 정도 된 아이가 나온다. 아이는 영리하고 예쁠 뿐 아니라, 부모의 상황까지 이해해주는 어른스러움을 지니고 있다. "아이들은 다 그렇게 크는 거구나" 생각했다고 한다. 반면 나는 겁을 내는 편이었다. 어린이가 그리 수월하게 클 리가 없다고 의심했다. 수학이나 물리 과목처럼 어렵고 틀린 답만 써 내려갈 것 같은 영역. 육아란 나에게 그러했고, 관심 두고 싶지 않았다. 하지만 인터뷰를 하러 간 자리에서 나는 내가 모르는 영역의 이야기를 들어야 했다.

"애가 한창 아플 때보다 지금이 더 어려운 것 같아요."

혜주씨의 이 말에 대꾸하지 못한 채 눈만 껌벅이다가 나는 돌봄의 자리를 두고 "던져도 던져도 제자리에 돌아오는 공"을 가진 것만 같다던 어떤 글을 떠올렸다.[6] 한숨이라도 편히 내쉴 여유 없이 돌봄이라는 공이 자꾸 돌아온다. 공이 늦게 돌아온다고 숨 크게 쉴 수 있는 것도 아니다. 어디 바람이라도 빠지지 않았는지 걱정이 커진다.

나에게 온전히 의존하는 존재가 생긴다니. 상상만으로도 무겁다. 그런데 양육자들의 말을 들어보면, 또 아니란다. 그 연약한 의존성이 버겁다가도 어느새 보면 자기 힘으로 공갈 젖꼭지마저 뱉어내고 있단다. 오롯한 의존이란 것은 없다. 거부가 있고 보챔이 있고 요구가 있다. 그 요구는 부당하기도,

당연하기도 하다. 그러다가 어느 날엔 자신이 기댔던 어깨를 내주며 세상 무엇보다도 다정한 위로를 건네다가, 또다시 왜 내 마음을 몰라주냐 묻는다. 그게 자녀와의 관계라고 했다.

그래서 나는 혜주씨가 아들에게 했다는 이 말이 좋았다.

"너는 내 마음을 아니?"

양육도 사람과 사람이 맺는 관계라면, 관계는 서로에게 내 마음을 아느냐고 묻는 것이고, 알려고 하는 것이고, 알 수 없음을 인정하는 것이고, 서로가 다르면서도 연결된 존재임을 아는 과정이라 배웠다. 자녀와 함께 지내는 일 역시 내가 그간 겪어 아는 어떤 관계들의 자장 속에서 이뤄지는 일이라면, 그러면 나도 정답은 아닐지라도 혜주씨의 말에 대꾸할 무언가를 찾을 수 있을지도 모르니.

"이제 그 답을 하고자 합니다"

김수정 이야기

"기흥사업장에서는 한 9년 정도 일했고요. 사무실에서 한 11년 정도 일했다가 2015년도 11월에 퇴사했어요. 임신해서 거의 애 낳을 때까지 현장(클린룸)에서 일을 했고 보통 마스크(포토 공정) 쪽에 있었거든요. 임신했을 때부터 기형인 걸 알았어요. 아이가 콩팥이 하나 없고, 소변 역류가 있었고, 태어나서 보니 또 머리에 지방이 몰려가지고 이게 나중에 암이 된다고 해서 돌 전에 그거 떼어내는 수술하고. 그거 하고 나서 요로 역류 수술도 하고. 수술하고 나서 좀 괜찮더니 초등학교 가면서 갑자기 소변이 흘러, 소변이 정말 탄산수처럼 빵 나와가지고 병원 갔더니 병명을 모른다고 했거든요. 초등학교 3학년 때까지 병명을 모르다가 너무 오래 지속이 되는 것 같아서 안 되겠다 싶어서 처음에는 아주대를 다니다가 서울대병원으로 갔어요. 애가 여름만 되면 열도 너무 심하게 나고 일주일씩 입원을 해야 해서 서울대병원을 갔더니, 조직검사를 해야 하는데 다른 아이들처럼 주사로 할 수는 없고 개복을 해야 한다고 해서. 왜냐하면 콩팥이 하나밖에 없으니까. 지금까지 쭉 3년 동안 지켜봤으니 더 기다릴 것 없이 바로 조직검사를 했어요. 그때서야 희귀질환인 걸 알아서. 이거는 완치가 없다고 하더라고요. IgA신증이라고. 그래서 지금 매달 병원 가고 있고, 그래도 지금은 사람들이 보면 아픈 아이인지는 모르니까……"

—김수정, 반올림 자녀 2세 질환 피해 당사자 첫 모임에서 한 발언 일부

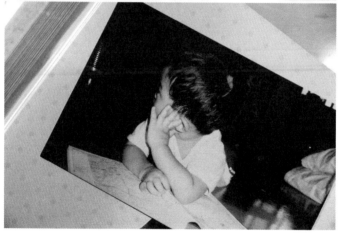

"아이가 굉장히 밝아요. 엄청 애교가 많거든요.
잘 웃고. 백일 사진 찍을 때도 너무 활짝 웃어서
사진관에서 모델로 쓰겠다고 큰 액자에 사진을
걸어두었다가 나중에 돌려주기도 했어요."

김수정(가명): 1977년생. 1995년 삼성반도체 기흥공장 입사. 2015년 퇴사. 포토 공정 11년 7개월 근무. 사무직 8년 근무.
이주환(가명): 김수정의 아들. 2004년생. 콩팥무발생증, 방광요관역류, IgA신증 증상.

"아이가 굉장히 밝아요. 엄청 애교가 많거든요. 잘 웃고. 백일 사진 찍을 때도 너무 활짝 웃어서 사진관에서 모델로 쓰겠다고 큰 액자에 사진을 걸어두었다가 나중에 돌려주기도 했어요."

잘 웃고 유순하다는 수정씨의 아들(이주환)은 2004년에 태어났다.

"배 속에 있을 때부터 알고 있었어요."

아이가 아프다는 사실을 임신 4개월 차에 알았다. 산부인과에서 초음파 검사를 하는 날이었다. 화면을 보던 의사가 고개를 갸웃거렸다.

"콩팥(신장)이 하나 보이지 않네요."

큰 병원에 가보라 했다. 그 길로 서울로 향했다. 병원을 오가는 삶이 그렇게 시작됐다. 아이는 태어나자마자 각종 검사를 받아야 했다. 신장이 기능을 못 하니 소변이 역류했다. 생식기에 관을 넣어 살피는 검사를 받을 때면 갓난쟁이가 자지러지게 울었다. "그 소리 진짜 못 듣죠." 요로가 역류해 백일잔치보다 요관 수술을 먼저 했다. 돌잔치를 하고 얼마 안 되어

선 정수리의 지방종 제거 수술을 했다. 그대로 두면 암이 될 수 있다고 했다. 아들 주환씨의 어릴 적 사진을 보면 정수리에 '땜방'이 있는 아이가 환하게 웃고 있었다.

그래도 종종 물었다.

"얘가 지금은 커서 이야기를 안 하는데, 아기 때는 이 말을 진짜 많이 했어요. '나는 왜 아프게 태어났어?'"

'왜'라고 묻고 싶은 마음은 수정씨도 마찬가지였다. 원인은 고사하고 병명을 알기까지 10년이 걸렸다. 개복까지 해서 얻은 병명은 콩팥무발생증과 방광요관역류증, 그리고 IgA신증. 신부전으로 이어질 가능성이 있다는 IgA신증[7]은 10만 명 중 2명이 걸린다는 희귀질환이었다. 왜 아들이 이 적디적은 확률에 들어갔는지 알 수 없었다.

어느 날부터 '나는 왜 아픈 건지?' 묻지 않더란다. 물어도 소용없다는 것을 알 만큼, 그러니까 체념을 배울 만큼 자란 것이다. 주환씨는 고등학생이 됐다. 축구선수를 동경하는 덩치 좋은 소년이다. 운동을 좋아한다고 했다. 코로나19 때문에 주짓수 학원을 못 다니게 했더니 부쩍 살이 붙어 걱정이라고 수정씨는 무심히 말했는데, 진짜 걱정은 그 뒤에 따라붙었다. "운동을 해도 걱정이고." 피곤하면 얼굴이 까맣게 된다고 했다. 신장이 10퍼센트만 기능한다. 감기라도 걸리면 큰 병이 따라오고, 맵고 짠 음식도 신장에 무리를 준다. 라면도, 탄산음료도 안 된다. 또래들이 좋아하는 음식 대부분이 주환씨에겐 금지 식품이다.

그래도 수정씨에게 위안인 것은, 겉으로 보기에는 아픈 것이 티 나지 않는 아들의 '건장한' 몸이었다. 겉모습만 봐서는 주환씨의 질환을 눈치챌 수 없다. 아픈 몸이 약점이 되는 세상이니 '아픈 티' 나지 않는 몸을 위안 삼았다. 그러나 아들의 질환을 세상에 알리는 일은 그 위안마저 내려놓는 일. 수정씨가 언론사와 직업병 문제로 인터뷰를 하자 지인들이 연락을 해왔다. 그들은 위로의 말을 건네며 아이가 아픈 줄 전혀 몰랐다고 했다. 걱정 끼치기도 싫고, 걱정 어린 시선을 받고 싶지도 않았다. 그런데도 마이크 앞에 선 까닭은, 아들이 어렸을 적 묻던 말에 답하기 위해서였다.

"나는 왜 아프게 태어났어?"

신입사원 김수정

섬 출신이라고 했다. 하의도라는 작은 섬. 김대중 대통령의 고향으로 알려진 곳이었다. 하의도 출신 수정씨가 삼성반도체로부터 취업 합격 통보를 받은 것은 고3 여름방학 때. 1995년이었다.

"부모님들이 좋아하셨죠. 못난이가 (취업)됐다며."

배 타고 목포까지 나와 입사 동기가 될 다른 학교 학생들과 함께 버스에 몸을 실었다.

"그때는 취업 나가면 버스에까지 부모님들이 배웅 나가서

울고. 애들도 울고. 모르겠어요. 처음 집 떠나서인지 그냥 눈물이 나는 거겠죠. 저 같은 경우는, 고등학교 때 부모님들이 다 목포로 나와서 저만 섬에 혼자 있었거든요. 혼자 많이 떨어져 있어서 그런지. 애들은 입사해서도 집에 전화해서 막 울고 그랬거든요. 저는 그런 거 없었던 것 같아요."

가족과 떨어져 혼자 섬에 남았다. 용감해 보였는데, 오히려 숫기가 없어서 한 결정이라고 했다. 전학을 가고 새 친구를 사귀고 하는 일이 버겁게 느껴졌다고 했다.

"짝꿍하고 말 트는 것도 진짜 오래 걸렸거든요."

그런 이가 취업을 해 멀리 떨어진 타지로 왔다. 직장에서는 팀으로 묶여 일했고, 퇴근 후에는 6명이 한 조가 되어 기숙사 생활을 했다. 외우기 바빴던 반도체 용어들처럼 사람들도 낯설었다. 낯을 가리는 성격 때문에 선배들과 대화하는 것도 수월하지 않았다.

"지금은 안 그런데, 옛날에는 말수가 없어서. 언니들한테도 먼저 말을 못 걸었어요. 그러다가 9월 10월에도 또래(신입)들이 계속 들어오는 거예요. 언니들이 쟤네를 더 예뻐하면 어떡하지 하는 생각이 들었나. 좀 질투가 있었나 봐요. 그때부터 언니들한테 조금씩 말을 걸기 시작했어요."

적응했다. 아니 애쓴 게다. 친구도, 가족도, 도와줄 사람도 없는 곳에서 자기 자리를 만들어야 했다. 세상은 그것을 두고 '사회생활'이라 불렀다. 애썼기에 시간은 차곡차곡 쌓여 그 자신이 선배 '언니'가 되고 조장도 되었다. 그래도 명절에 집에 가면 엄마를 붙잡고 무슨 결심처럼 말했다. "내년에는 퇴사한다." 하지만 퇴사는 말처럼 쉬운 일이 아니었다. 외환위기를 지나고 있었다. 누구도 섣불리 회사를 그만둘 수 없는 시기였다.

그사이 결혼도 했다. 신랑은 다정한 사람이었다. 이때도 퇴사를 향한 갈망은 놓지 않았다.

"회사 그만두려고 결혼을 서두른 것도 있어요."

농담처럼 말했지만, 선택지가 얼마 없는 사람이 꾸는 꿈이란 그런 것이었다. 결혼하려면 '백수'보다는 삼성에 근무하고 있다는 타이틀이 더 나을 것 같아 버텼고, 결혼하고 시부모와 함께 사는 집에서 신랑도 없는 낮 시간을 보내는 것이 쉬워 보이지 않아 버텼다. 무엇보다 명분이 없었다. 명분이 있어야 '일을 멈출 수 있는' 것이 평범한 사람들의 삶이었다. 수정씨에겐 마땅한 명분이 주어지지 않았다. 삼성이라는 '큰' 회사를 그만두어도 될 만한 이유는 더더욱 없었다. 임신도 그에겐 명분이 되지 않았다.

시부모와 함께 사는 생활은 그에게 육아 부담을 덜어주었지만, 동시에 육아휴직 한번 사용할 수 없게 했다. 출산휴가 석 달이 전부였다. 임신했을 때는 자신이 팀원 중 처음으로 만삭까지 클린룸에서 일한 케이스가 됐다.

"그때는 결혼한다 그러면 퇴사하는 거예요. 임신하면 무조건 퇴사."

2000년대 초였다.

"친한 언니가 라인에서 처음으로 결혼하고 임신했는데도

계속 다닌 거예요. 모르는 사람들은 그렇게 욕을 했어요. 뭘 임신하고까지 다니냐. 이때까지 그런 사람이 없었으니까. 회사가 임신 4개월부터 그 언니를 현장(클린룸 생산라인)에서 빼줬어요. 그리고 제가 딱 두 번째. 저는 안 빼주더라고요. 8개월까지 다녔어요. 저 때부터 방진복이 임부복으로도 나왔어요. 그전까진 배가 나오니까 방진복 큰 거 XL 사이즈 옆을 다 터서 입었거든요. 그런데 어느 날인가 임부용 방진복 만들었다고. 입어봐라, 편하지, 하더라고요."

임신과 출산

임신하면 회사를 그만두는 것이 당연했던 시절이었다. 그 '당연한' 일을 하지 않으면 눈총이 따라왔다. 관리자만 보내는 시선이 아니었다. 동료들도 불편해했다. 하지만 그가 임신을 한 2000년대 초반은 외환위기를 갓 벗어난 무렵이었다. 회사 밖에선 일자리가 없다는 이야기가 들려오는데 대기업 정규직 일자리를 '임신'을 이유로 그만둘 순 없었다. 적은 수지만 하나둘 버티는 여성들이 생겨났다. 수정씨도 마찬가지였다.

시대 변화에 발맞추어, 회사는 그에게 임부용 방진복을 주었다. 그걸 제공하고 '편하지?' 물었다고 했다. 그 물음이 얼마나 잔인한 것이었는지, 그때는 말한 이도 듣는 이도 몰랐다. 훗날 수정씨와 같은 공정에서 일하다가 백혈병, 비호지킨림프종 같은 희귀질환에 걸렸다는 반도체 노동자들의 제보가 잇따랐다.

이런 일이 벌어질 거라 상상조차 못 했던 당시, 수정씨의 고민은 태아 검진을 받는 날 써야 하는 연차휴가였다. 팀원들 눈치가 보였다. 선배가 되어 힘든 일에서 빠지려니 부른 배보다 뒤통수가 더 당겼다. 연차를 쓰면 자신의 빈 자리를 후배가 메워야 했다. 선배들은 결혼이다 임신이다 해서 줄줄이 퇴사했다. 자신의 처지를 이해해줄 사람은 없고, 어느새 맏언니가 되어 있었다.

그날도 태아 검진을 받으러 가야 한다며 연차를 썼다. 검사 끝나고 외출한 김에 남편과 외식이라도 하고 들어갈 계획이었을까. 아니면 집에 가서 얼른 눕고 싶다고 생각한 날이었을까. 오래되어 기억도 나지 않는 날이었으나, 의사가 한 말은 분명히 기억했다. "콩팥이 하나 보이지 않네요." 그렇게 배 속 아이에게 '이상'이 있다는 진단을 받았다.

태어나지도 않은 자녀가 병에 걸렸다는 사실을 알게 되면 다음 날 어떤 일이 일어날까. 아무 일도 일어나지 않는다. 그날은 울었겠지만, 수정씨는 다음 날 여느 회사원처럼 출근했다. 임신도 눈치가 보이는데, 동료들에게 안 좋은 개인사까지 이야기하는 것은 힘들었다. '뭐 좋은 일이라고.' 이 한마디 속에 마음을 숨겼다. 이상 증후일 뿐 아직 확실한 건 없다고 마음을 다잡기도 했다. 설마 그런 일이 나에게 일어날 리가 있을까. '설마'로 버티던 시간이었다.

"큰애가 배 속에 있을 때부터 아픈 걸 알아서. 그것도 숨기며 계속 다녔어요. 4~5개월부터. 그냥 내색 안 하고. 회사만 가면 울었던 것 같아요. 집에는 시부모님이랑 같이 사니까 티를 낼 수도 없고."

시부모님과 시동생까지 있는 집도, 직장도 마음 편히 감정을 쏟아낼 공간이 아니었다. 그래도 울기는 직장에서 울었다. 눈만 보인 채 온몸을 가린 방진복이 그럴 땐 도움이 됐다. 특히 임신한 후배를 볼 때면 눈물이 터졌다.

"저 임신하고 얼마 안 돼서 후배가 임신을 한 거예요. 그 후배를 미워한 건 아닌데 늘 보다 보니까. 그런 게 있잖아요. 왜 하필 내가. 다른 사람은 다 잘 사는데, 나만 왜. 이런 생각이 드는 거예요."

왜 내게 이런 일이. 많은 피해 당사자들이 품고 사는 질문이다. 이유를 모르니, 엉뚱한 곳에 원망을 잠시 가져다 둔다. 내게 왜 이런 일이 생겼는지 답을 구할 수 없으면, 타인의 '행운'과 자신의 '불운'을 비교하게 마련이다. 애꿎게 원망을 전가한 일이 마음에 남아 15년이 지난 후에도 수정씨는 그때 그 후배 이야기를 꺼낸다. 누군가의 안온을 미워한 것이 아니다. 자신도 괜찮고 싶었을 뿐이다.

괜찮음을 바라던 수정씨의 기대는 무너졌지만, 대신 일터가 조금씩 변해갔다. 회사를 떠나지 않는 여성이 늘어난 것이다.

"자기들이 결혼하고 임신하고 애 낳고 보니까. 나중에, 언니 나 이랬었다고. 미안하다고. 괜찮아, 알고 있었어. 그러고 말았죠. 자기들도 겪기 전엔 몰랐던 거지."

그 시절 이야기를 들으면 어느 직장이건 마찬가지였다. 임신해도 그만두지 않던 선배를 원망하다가 정작 본인이 임신을 하면 저 선배가 눈칫밥 먹으며 버텨준 덕에 자신도 그만두지 않을 수 있음을 깨닫게 되는 일이 반복됐다. 이들이 '임신하고도' 회사를 계속 다닌 이유는 각기 다르겠지만, '다닐 수 있는 조건'을 만든 것은 바로 앞서 버텨준 여성들이었다.

그땐 그랬다. 잘 버텼다고. 가끔 꺼내어 더듬어보는 지난 추억으로 삼으면 좋으련만, 수정씨에게 그때 일은 옛날 일이 될 수 없었다. 태아의 몸에 들어온 화학물질은 모든 날을 '현재'로 만들었다. 2004년, 이주환은 한쪽 신장이 없는 채로 태어났다.

퇴사

"병원은 무서워했는데 이상하게 약은 잘 먹었어요. 주환아, 약 먹자 이러면. 별 투정 없이 와서 먹고. 아주 어릴 적부터 약을 먹어서 그런지, 아무렇지 않게 약을 먹는 걸 보면 그게 더 마음이 아프죠."

어린 주환씨에게 약과 병원이 생활의 일부가 된 것처럼, 수정씨에게도 아픈 자녀와 함께 사는 일이 일상이 되어갔다. 갓난쟁이를 안고 병원으로 뛰어가는 날은 있어도, 생활이 멈추는 날은 없었다.

몇 년 후 수정씨는 사무직으로 자리를 옮겼고, 둘째를 낳았다. 그의 회사는 '삼성답게' 업무량이 많았다. 자율근무제를 활용해서 병원을 가고, 배우자가 내는 품과 시간에 양육을 의존하기도 했다. 양육과 벌이를 모두 감당하느라 마음에 맺힌 일도 많았다. 돌이 지나지도 않아 아이는 서울 병원에서 수술을 해야 했다. 아들과 남편을 먼저 병원으로 보내고, 교대근무를 마치자마자 서울행 열차를 타고 쫓아갔다. 수술실로 들어가기 전에 아이 얼굴이라도 보려고. 몇 시간을 거쳐 서울로 간유일한 이유였다. 간발의 차로 아이를 보지 못했다. 그것뿐일까. 유치원에서 또래 친구들이 신기하다는 듯 아들 머리에 생긴 종양을 콕콕 찔렀다는 이야기를 듣고도 선생님에게 당부를 해두는 것밖에 별도리가 없었다. '워킹 맘'이어서 그랬다. 바쁠 때는 새벽 6시 출근도 일상이었다.

"의료보험이 안 될 때가 있어요. 그러면 약값만 거의 150~200만 원인데. 남편 월급으론 생활비를 써야 했으니까. 제가 그만둘 엄두를 못 낸 거죠."

그때는 내가 삼성에라도 다니니, 아들 치료비라도 무리 없이 댈 수 있다고 생각했을 테다. 월급 통장에 들어온 돈을 병원 계좌로 넣으며 살았다. 남편은 살림을 말없이 챙겼고, 자녀들은 순했다. "올 때 '엄마, 아빠' 하고 오는 게 아니라, '아빠 아빠' 하면서 와요. 신랑이 애들 케어를 많이 했죠." 그 덕분에 회사를 오래 다녔다.

수정씨는 20년 근속 트로피 하나 받고 회사를 나왔다.
"한 회사를 진짜 오래 다녔으니까. 어떨 땐 대단하다
싶어요. 한편으로는 내가 오래 참았지, 이런 생각.
집에 있으면서 신랑한테 그랬어요. 나 요즘 너무
행복해. 왜? 삼성이 돈은 많이 줬을 수 있어. 그런데
지금 다시 삼성 가라 하면, 아니 안 가."

집에 한 발을 두고 오긴 해도, 회사에 가면 그가 처리해야 하는 업무가 있었다. 그 일이 피로와 긴장 사이에서도 안정감을 주었다. 성과급이 나오는 달에는 능력을 인정받은 것 같고, 팀별 프로젝트가 주는 유대감이 있었다. 자신과 비슷한 처지의 상사를 '언니'라 부르며 위안도 받았다. 그쪽도 아픈 자녀가 있었다. 그런 수정씨에게 그만둘 명분을 준 것은 자녀의 질환이 아닌 명예퇴직 압박이었다.

"저희 또래 육아휴직 간 사람들한테 연락이 왔다고 하더라고요. 명예퇴직하는 게 어떻겠냐고. 그때 위에서 쪼는 건지 어쩐 건지 저한테 한동안 이 일을 줬다, 저 일을 줬다 하더라고요. 이미 9월에 한 번 내보낼 사람들은 다 쳐내서. 동기들도 그때 많이 나가서 도움받을 곳도 없잖아요. 그래서 나가자, 오래 다녔다."

열아홉 살에 첫발을 들였으니 꼬박 스무 해를 다녔다. "아쉽고 섭섭하고 시원했죠." 20년 근속 트로피 하나 받고 회사를 나왔다. 이후 무엇을 했냐고 하니, 집에서 놀았다고 한다.

"놀았을 리가 없을 텐데요."

살림이 무슨 '노는 일'이냐는 반문이었으나, 수정씨는 이후 자신이 다녔던 회사를 나열한다. 학습지 교사를 잠시 하다가, 아는 언니 따라서 집 근처 작은 회사에 다녔다고 했다. 중소기업 현실은 예상한 대로 무법지대. "연차, 퇴직금 이런 것도 없다 그러더라고요. 없긴 뭘 없어." 1년을 기다려서 퇴직금이 나올 즈음에 동료들과 단체로 퇴사했다. 고용노동부를 찾아가

체불임금을 신고해 퇴직금은 물론 연차수당도 다 받아냈다고 한다. 수정씨가 지닌 강단이자, 연차수당을 받아본 사람의 깜냥이기도 했다. "이럴 때는 큰 회사에 다닌 게 도움이 되나 봐요" 하니 끄덕인다. "아무래도." 한때는 큰 회사에 다닌다는 것이 자부심이었다.

자녀가 아픈 원인이 그 큰 회사에 있진 않을까. 그 생각을 전혀 안 해본 것은 아니었다.

"솔직히 아이가 아프고, '설마 아니겠지?' 그런 생각을 했어요. (클린룸) 냄새가 너무 독한데. 그 생각을 하긴 했어요. 아플 리가 없는데 애가 아프니까. 하지만 다른 사람들에겐 저 같은 경우가 없으니까. 선뜻 물어볼 사람도 없고. 그냥 아니겠지 한 거죠."

25년 전, 목포에서 출발한 버스는 경기도 용인에 그와 친구들을 내려놓았다. 몇 주간 교육을 받았다. 먼지 한 톨 없는 클린룸에 채울 것은 자부심밖에 없다고 했다. 화학물질의 존재는 말해주지 않았다. 그런 회사를 오래 다녔다.

미안한 일

"한 회사를 진짜 오래 다녔으니까. 어떨 땐 대단하다 싶어요. 한편으로는 내가 오래 참았지, 이런 생각. 집에 있으면서 신랑한테 그랬어요. 나 요즘 너무 행복해. 왜? 삼성이 돈은 많이 줬

'이걸 했다면' '저걸 하지 않았다면' 사이에서
오가는 추는 자녀가 아픈 일 앞에서
마구잡이로 흔들린다. "아픈 건 엄마 아빠가
잘못한 것도 아니고, 네가 잘못한 것도 아니야.
아프고 싶어서 아픈 사람은 없어."

을 수 있어. 그런데 지금 다시 삼성 가라 하면, 아니 안 가. 회사 다닐 때는 애들한테 스트레스를 많이 풀었던 것 같아요. 소리 지르고 미안하다고 하고. 또 하고. 회사 가서 같이 애 키우는 사람들끼리 그래요. '언니 나 그러면 안 되는데.' '좀만 참지.' '그러게, 그게 잘 안 돼.' 그런데 퇴사 후에는 확 줄었어요."

관계란 미진함과 죄책감을 동반하는 일이긴 하지만, 돌봄은 그 감정을 더 증폭시킨다. '이걸 했다면' '저걸 하지 않았다면' 사이에서 오가는 추는 자녀가 아픈 일 앞에서 마구잡이로 흔들린다. 그럼에도 수정씨는 아이가 자신은 왜 다른 애들하고 다르게 태어났냐고 물을 때마다 이 태도를 잃지 않으려 했다.

"아픈 건 엄마 아빠가 잘못한 것도 아니고, 네가 잘못한 것도 아니야. 아프고 싶어서 아픈 사람은 없어."

하지만 미안하다는 말이 입 안에서 맴돌았다. 하루는 이리 말했단다.

"주환아, 네가 자꾸 물어보면 엄마가 자꾸 미안해져."

아들은 그 후 묻는 일이 점점 줄었다. 그게 더 미안했다.

하지만 단호하지 않았다면, 그는 지금 내 앞에 마주 앉지도 못했을 것이다. 2020년, 수정씨는 삼성반도체가 근무자들에게 질병 보상을 한다는 이야기를 옛 동료에게 듣는다. 퇴사한 직원도 해당된다고 했다. 반올림은 1,023일 동안 삼성전자 본사 앞에서 농성[8]을 한 끝에 직업병 당사자들에 대한 사과와 보상을 약속받았다. 수정씨가 소식을 들은 것은 삼성전자와 반올림 사이에 보상 합의가 있은 지 2년이 지난 뒤였다. 중재위원회까지 동원되어 이룬 합의 중 하나가 전·현직 근무자에 대한 지원보상위원회 설립이었다.

수정씨도 이따금 뉴스에서 삼성반도체 직업병 이야기를 듣긴 했다. 자신은 아픈 곳이 없으니 지나쳤다. 그러나 이번엔 보상지원 목록에 자녀 질환이 있다는 이야기를 들었다. 하지만 콩팥무발생증, 방광요관역류, IgA신증 등 아들이 겪는 병은 보상 목록에서 보이지 않았다. 이리저리 알아보다가, 반올림 소속 노무사(조승규)와 연락이 닿았다. 노무사는 아들의 증상이 '직업병'일 가능성이 있다며 산재 신청을 해보자고 했다.

수정씨는 일하며 맡은 독한 냄새를 떠올렸다. 머리가 자주 아팠다. 미세한 먼지나 정전기조차 마스크(웨이퍼)에 영향을 줄 수 있다며 하얀 방진복을 갖춰 입고 들어갔다. 에어샤워까지 마치고 들어간 곳에는 먼지는 없지만 코를 찌르는 냄새와 후끈거리는 열기가 있었다.

코는 적응이 빠른 신체 부위였다. 인사고과와 조장 눈치 사이를 발 빠르게 오가다 보면 하루가 금세 지나갔다. 냄새도, 일상도 그에 따라 익숙해졌다. 시간이 지나도 적응되지 않는 것은 가려움증이었다. 수정씨는 내내 피부과 약을 달고 살았다. 그때도 통풍이 안 되는 방진복 탓만 했다. 고온을 내는 기계가 즐비한 탓에 방진복 안은 늘 땀투성이였다. 임신을 준비하며 하는 수 없이 피부과 약을 끊었다. 약 한 알조차 염려했으나 하루 8시간 10시간 지내는 작업 공간은 의심하지 않았다.

삼성반도체가 처음 시작된 기흥사업장은 1999년에 세계 최고 안전 사업장으로 기네스북에 올랐다.[9] 1991년 11월부터 1998년 8월까지 단 한 건의 재해도 발생하지 않았다고 했다. 무재해 30배, 40배, 50배[10] 몇 년 주기로 무재해 목표 달성을 이뤘다. 수정씨가 결혼해 가정을 이룰 즈음, 기업은 전 세계 어느 사업장도 하지 못한 무재해 기록 60배를 목표로 외쳤다. 그러니 의심은 무의미했다.

이 무재해 사업장에서 일한 사람 중 한 명이 고(故) 황유미 씨다. 무재해 세계 기록마저 보유한 이 사업장에서, 지금까지 직업병 산재 판정을 받은 이는 27명이다. 이 중 12명이 세상을 떠났다.

가려지지 않고

뇌종양, 심장 질환, 선천성 구순기형, 선천성 거대결장, 재생 불량성 빈혈, 면역결핍증후군 등. 반올림이 제보를 받은 자녀 질환의 병명이다. 반올림에서 수정씨는 자신과 비슷한 시기 삼성반도체를 다녔고, 아픈 자녀를 둔 이들을 만났다.

반올림 활동가들은 수정씨를 비롯해 당사자들에게 산재 신청을 권했다. 그러면서 승산 없는 일일지도 모른다고 했다. 당시 법은 '근로자'와 그 유족만을 산재요양급여 수급권자로 정해두었기에, 산재 신청을 한다고 한들 근로복지공단이 이들의 신청을 받아들이지 않을 거였다. 그런데도 신청을 해보자고 했다. 산업재해보상보험법 자체를 바꾸기 위함이었다.

법을 개정하려면 여론을 만들어야 하는데, 자녀 질환 문제는 알려진 바가 거의 없기에 우선 사안을 알리는 일부터 시작해야 했다. 산재 신청을 통해 여론을 만들자. 이것은 당사자들이 자신의 존재를 드러내야 한다는 의미였다.

"저희가 기자회견을 하면 와주시라 요청할 수도 있어요. 예전에는 언론들이 정말 이런 문제를 안 다뤘어요. 그런데 최근 몇 년간 언론 환경이 많이 바뀌어서. 노동안전보건 문제를 이제는 뉴스를 통해 많이 접하실 거예요." (조승규, 반올림)

수정씨도 카메라 앞에 섰다.

"케미칼 통에 붓는 거였거든요. 튀는 경우도 있고 그랬어요. 냄새도 굉장히 독했어요."[11]

영상에 '전 삼성반도체 공장 노동자'라는 자막이 붙었다. 수정씨는 한 번도 자신을 그리 지칭해본 적이 없을 텐데. 그런 생각을 하며 그가 쓴 글을 읽었다. 2세 질환 산재 신청을 알리는 기자회견을 앞두고 보내온 발언문이었다. (당일 글은 대리 낭독됐다.)

"…… 저희 아이는 활달하고 운동을 좋아하고, 동물도 좋아합니다. 제가 근무할 때 노출된 유해물질 때문에 아이가 약간 아프지만, 이후에 큰 걱정 없이 하고 싶은 일을 하면서 지낼 수 있으면 좋겠습니다. 그리고 저와 같이 일하다가 아이가 아픈 가족들의 존재가 더 가려지지 않고 드러날 수 있으면 좋겠습니다. 이를 위해서 하루빨리 아이의 직업병을 인정하는 법이 통과되기를 바랍니다."

2021년 5월, 수정씨는 근로복지공단을 상대로 산재 신청을 한다. '나는 왜 아프게 태어났어?'라는 아들 주환씨의 물음에 제대로 된 답을 하기까지 16년이 걸렸다.

산재 신청을 하기까지

김수정씨와 노무사의 상담 내용을 살펴보다

수정씨는 2007년 3월 사무직으로 전환되기 전까지 약 12년 동안 삼성반도체 기흥사업장 반도체연구소 R라인에서 근무했다. R라인은 크게 포토 공정과 식각 공정으로 구성되어 있다. 포토 공정은 반도체 웨이퍼나 마스크에 회로를 새기는 과정으로, 이때 감광액이라는 화학물질이 필요하다. 감광액에는 벤젠 등 유해물질이 포함된다는 의혹이 있다. 벤젠은 1군 발암물질이다.[12] 이외에도 서비스 에어리어에서 '케미칼 체인지'라고 불리는 화학물질 공급 업무를 했다.[13]

수정씨가 한 일을 간략히 설명하면 이 정도쯤 되겠다. 하지만 이리 설명한다고 그의 업무가 그려지거나 이해되진 않는다. 반도체 직업병 피해자들의 업무 대부분이 그렇다. 산화, 증착, 연마, 세정, 포토, 식각 등. 반도체가 만들어지는 과정 자체가 첨단기술이라 할 만큼 복잡하고 생소한 분야다.

직업병을 인정받기 위해서는 이 생소한 업무와 질환의 연관성을 근로복지공단 질병판정위원회 위원들에게 설명하고 납득시켜야 한다. 애초 위험 정보를 제대로 제공받지 못했기에 병에 걸렸다. 그런데 병에 걸린 후, 자신이 의심 없이 해온 일을 복기하고 위험 요소를 헤아려 타인을 설득해야 한다. 개인이 감당하기에 어렵고 불합리한 일이다.

다행히 이들을 조력하는 의학자, 법률가, 활동가 들이 있다. 이 조력자들은 작업환경을 파악하기 위해 몇 차례씩 당사자를 만났다. 이 면담 결과는 '재해발생경위서'나 '업무관련성평가서'와 같은 건조한 서류가 되어 나온다. 서류를 들춰보면 간결하고 딱딱한 문장의 나열이지만, 실제 면담 자리는 무수한 쉼표와 줄임표로 채워져 있다. 가장 많은 것은 물음표. 이 물음표들이 답을 찾아가는 과정을 종종 옆에서 지켜봤다. 여기에 그 과정을 일부 옮겨본다. 수정씨와 산재 신청 대리인을 맡은 노무사와의 상담 내용이다.

노무사: 노광(exposure, 자외선을 이용한 반도체 회로 형성 작업)에서 식각(etching, 에칭)까지 담당하셨다고 들었어요. 그 작업을 다 하신 거예요?

김수정: 네. 다 했어요, 제가. (회로) 그리기부터 해서 에칭까지 해서 넘기는 거까지.

노무사: 각각 공정에서 어떤 작업을 했는지 짚어서 말씀해주실

수 있나요?

김수정: 노광 같은 경우는 말 그대로 전자빔을 쏴서 원판에 그림을 그리는 거거든요. 그림을 그리고 나면 마스크를 꺼내와서 디벨로퍼 설비 안에 넣어요. 디벨로퍼는 말 그대로 전자빔 쏜 곳을 깎아내는 작업이에요. 깎아내고 나서 플라즈마(plasma, 광선)를 이용해서 엣지(식각) 쪽에서 덜 깎인 부분들을 깎아내는 작업을 하고…… (작업 설명이 한참 이어진다.)

……

노무사: 베이크(bake, 고온 설비) 작업도 하셨나요?

김수정: 했어요.

노무사: 그때 몇 도까지 올라갔는지 기억나세요?

김수정: 150도 정도 되었던 거 같아요.

노무사: 베이크는 수동 작업이었나요? 런 박스를 직접 넣었다 뺐다 하는.

김수정: 다 수동이었어요.

노무사: 그러면 항상 열어서 꺼냈던 건가요?

김수정: 네. 투입구에 넣어서 기계가 돌아가는 게 아니라. 멈추면 꺼내고, 다시 새 박스를 넣는 거예요. 원래는 시간이 한참 지나서 냄새가 빠진 다음에 넣도록 되어 있긴 한데. 실제로는 그런 게 없었어요.

노무사: 왜 없었나요?

김수정: 바빠서. 작업 끝났다고 알림이 울리면 바로 꺼내는 거예요.

노무사: 그러면 냄새나 약품이 다 안 빠진 상태?

김수정: 네. 그런데 몸에 나쁘다 그런 건 생각을 못 해봤어요. 중간에 온도를 잘못 설정했다 싶으면 그것도 그냥 열었던 것 같아요.

노무사: 그리고 또 생각나는 것이 있으신가요?

김수정: 플라즈마 작업을 할 때는, 설비를 눈으로 보지 말라 이런 말을 했었고요.

노무사: 섬광 때문에? 설비 안에 있는데도 보이나요?

김수정: 조금씩. 엔지니어들은 저거 자주 보면 둘째는 못 갖는다고 그러곤 했어요.

......

노무사: 혹시 무거운 것을 들거나 육체적으로 어려운 일은 안 하셨나요?

김희정: 케미칼을 나를 때 두 통 세 통 같이 옮겼던 거 같은데. 그게 좀 무겁긴 하거든요. 임신했을 때도 그걸 했고. 케미칼 체인지(화학약품 교체)까지 다 하고. 작업자들끼리 냄새가 진짜 독하다. 항상 말하긴 했어요. 그래서 다들 많이 하기 싫어라 했고요.

노무사: 아. 그건 엔지니어들이 하는 작업인데.

김희정: 제가 입사했을 때부터 언니들이 해서 당연히 우리가 하는 걸로 알고 있었어요.

노무사: 교체할 때는 직접 하셨나요? 아니면 호스 같은 것을 사용하셨나요?

김희정: 통을 들어서 투입구에 부었어요.

노무사: 그 과정에서 약품이 튀기도 했겠어요.

김희정: 튀기도 하고 쏟아지기도 하고.

노무사: 그 냄새가 어땠나요?

김희정: 다들 신나 냄새 같다고 그랬던 것 같아요.

노무사: 어떤 물질을 사용했는지 기억나시는 거는 있나요?

김수정: 정확히 기억은 안 나는데…… 냄새가 독했다는 것은 기억해요. 에칭 작업할 때는 냄새가 특히 독했어요.

……

노무사: 무거운 것을 임신 중에 들기도 하셨나요?

김희정: 네. 마스크 자체를 옮겨야 하는데, 그게 크기는 안 커도 유리라 꽤 두껍고 무거웠거든요. 다섯 개씩 한 박스에 들어있는데, 꽤 무거웠어요. 그걸 옮기고. 그리고 서 있는 건…… 노광 쪽에서는 많이 서서 일하지는 않았어요. 그런데 계속 왔다 갔다 해야 하는 그런 건 있었죠.

노무사: 많이 걷나요?

김희정: 그렇죠. 다른 라인으로 (마스크를) 갖다주기도 해야 하니까. 자동 장비가 없어서. 그때는 미는 거 그런 게 없어서. 항상 (박스) 들고 끝에서 끝으로 이동을 했어요.

질의응답이 끝날 즈음에는 마지막 수순처럼 묻는 말이 있다. 다른 아픈 동료는 없는지.

노무사: 혹시 같이 일하신 분 중에 아픈 동료는 있나요?

김수정: 우리 조원은 아니고. 저희 다음 작업을 하는 조에 있는 사람이었는데, 많이 아프다고 했어요. 스트립(strip, 박리) 공정이었고. 암이라 들었어요.

노무사: 그 조가 일하는 곳은 선생님 일하는 곳과 분리되어 있었나요?

김수정: 아니요. 같은 공간이었어요. 우리가 항상 지나는 길에 있었어요.

이날의 면담 내용은 재해발생경위서에 담겨 2021년 5월 근로복지공단에 제출됐다. 30여 쪽의 문서 형태로 작성된 애씀과 마음이 '문제'에 책임을 느껴야 하는 이들에게 제대로 전달되길 바랄 뿐이다.

신청인은 생식독성물질 수십 종이 사용되는 클린룸에서 마스크 생산 업무를 담당하면서 업무 과정에서 해당 물질들에 노출되었고, 또 장시간 근무, 중량물 취급 및 이동 작업, 야간 교대근무, 직무 스트레스 등 생식 보건 건강 영향이 있는 여러 유해인자에 노출되었습니다. 이렇게 아이에게 닥친 신체 기관 손상과 장해는 반도체 업무에 기인한 건강손상이라고 인과관계를 추정해보기에 충분합니다. 따라서 신속하게 산업재해를 인정하여 주시기 바랍니다.

—김수정, 재해발생경위서 일부

"그 마음은 아무도 모를 거예요"

정미선 이야기

"안녕하세요. 저는 삼성반도체 온양공장에서 8년 동안 일을 했어요. 제가 임신 7주에 퇴사했는데 그 당시 태어난 아들이 대장 전체를 들어내야 하는, 선천성 거대결장을 가지고 태어났습니다. 저도 퇴사 이후 갑상선 이상과 갑상선암이 오고 류머티즘, 그리고 상피내암, 뇌수막염까지 와서 통증이 너무 심한 상태입니다.

몰드(mold) 라인이라고 패키치 칩을 까맣게 입히는 공정이었어요. 그게 엄청 까만 먼지였는데 회사에서는 분진용 마스크를 제공하거나 그런 건 전혀 없었고, 단지 의사 가운처럼 생긴 그 옷은 몸을 보호하는 기능이 있는 것이 아니고 정전기를 방지하는 옷이라고 하더라구요. 그 가운하고 제품을 만지기 위해 정전기를 방지하는 장갑을 제공받아 끼었습니다. 몰드 공정에서 180도가 넘는 온도에서 에폭시 수지를 녹여서 칩을 몰딩합니다. 그런데 냄새와 열기가 굉장히 심했습니다. 그런데 그에 대한 교육은 한 번도 받은 적이 없었습니다."

—2015년 10월 유엔특보[14]가 삼성전자 본사 앞 반올림 농성장을 찾았을 때, 정미선 발언 일부

"그렇게 서울대병원에 13년을 다녔어요. 6학년
겨울방학에 선생님이 이제 그만 와도 된다고.
장 전체를 들어낸 경우가 서울대병원에서도
처음이래요. 부모님 고생하셨다고. '이 녀석아,
어머니한테 고맙다고 해.' 그 말까지 들었어요."

정미선(가명): 1972년생. 1991년 삼성반도체 기흥사업장 입사.
온양사업장으로 이동. 1998년 퇴사. 8년 근무.
2010년 갑상선암 진단, 2011년 류머티즘 진단,
2013년 뇌전증 발병. 2014년 자궁경부 이형성증
절제 수술.

박동진(가명): 정미선의 아들. 1999년생. 선천성거대결장증.
대장 제거.

"저희 애는 대장 전체를 다 들어냈어요."

누가 아들의 상태를 물으면, 미선씨는 이 말로 시작했다.
1999년, 태어난 지 3일째 된 아기가 황달이 온 듯 얼굴이 노래
졌다. 그것이 시작이었다.

"임신하고 아무렇지도 않게 애를 낳았는데. 애가 갑자기 아
프니까 어떻게 해야 되나."

이날부터 검사, 입원, 수술, 퇴원을 반복했다.

"'여보, 애가 변을 안 봐. 보건소에서 주사 맞힐 때 한번 물어
보고 와.' 그랬는데 보건소에서 당장 큰 병원을 가래요. 순천향
대 병원을 갔어요. 심각하다고 당장 입원을 하래요. 어떻게든
변을 보게 만들었나 봐요. 퇴원하고 6개월 후에 열이 끓고 배
가 부풀어 오르고. 정신없이 병원에 갔더니 수술하자는 거예
요. 장에 복수가 가득 차 있다고. 뭔지 모르겠더라고요. 그냥
애가 죽을 것 같잖아요. 배를 갈랐어요. 장중첩이라고. 장하고
장 사이가 실타래처럼 얽혀 있다고. 그거 풀고 봉합했는데도

낫질 않아서. 다시 수술을 하는데, 의사가 중간에 나오면 애가 죽은 걸로 알고 있으라고 그러는 거예요. 마음이 얼마나 그래요. 수술 마치고 의사가 장을 밖에 빼놓겠다고 그러더라고요. 장 한쪽이 너무 부풀었다고. 빼놨어요. 무슨 대장암 환자처럼. 그런데 한 달 뒤에 다시 애가 경기를 해요. 병원에서도 이젠 원인을 모르겠다는 말만 하고. 그 길로 사설 응급차 불러가지고 서울대병원에 갔어요. 그곳에서 하는 말이 선천성 거대결장이래요."

긴 이야기 끝에 아들의 병명이 나왔다. 선천성 거대결장. 장 속 세포의 이상으로 장운동을 하지 못하고 대장 끝부분인 결장이 비대해지는 병이다. 장운동을 하지 못하니 변을 보지 못한 것이다. 심각한 경우는 제거 수술을 하지만, 대장을 다 절제하는 경우는 극히 드물었다. 그러나 아이의 대장은 이미 기능을 멈췄다고 했다.

"시멘트처럼 이미 다 굳어버렸대요. 대장을 다 없애버리고 직장 가기 전 부분만 조금 남겨놨다고. 한 달 넘게 입원을 했어요. 수술하고 집에 왔지만 불안하잖아요. 애가 이상하면 다시 사설 응급차 타고 서울을 보름 만에도 올라가고. 그렇게 몇 번을 하다가. 의사 선생님이 어느 순간 '괜찮네요' 해서. 한 달에 한 번이 두 달에 한 번으로. 그러다가 다시 석 달에 한 번, 이렇게 다니다가 나중에는 6개월에 한 번. 그렇게 서울대병원에 13년을 다녔어요. 6학년 겨울방학에 선생님이 이제 그만 와도 된다고. 장 전체를 들어낸 경우가 서울대병원에서도 처음이래요. 부모님 고생하셨다고. '이 녀석아, 어머니한테 고맙다고 해.' 그 말까지 들었어요."

갑작스럽게 찾아온 불행이지만, 할 수 있는 만큼 대처하고 견뎌왔다고 생각했다. 아들이 6학년 때 받은 진단은 마치 졸업 선물 같았다.

"그랬는데, 나중에 저 때문이란 걸 알고 너무 충격받았어요. 제가 거기 다녀서 우리 애가 그렇게 된 거라는 걸 알고."

이 또한 미선씨가 자주 하는 말. 그럴 때마다 '그게 무슨 본인 탓이에요' 하고 말하고 싶은 마음을 누른다. 부채감을 이고 사는 사람에게 '회사 때문이죠'라는 말이 얼마나 가벼운 추임새인지 어렴풋이 안다. 그는 아침이면 화장실로 직행하는 아들 이야기를 종종 했다.

"일어나면 무조건 화장실이에요. 병원에서 무조건 일어나면 변기에 앉히라는 거예요. 반복하라고. 무조건 5~6년을 그렇게 하래요."

변을 조절할 수 없으니 습관을 만들어야 했다. 기저귀를 막 뗀 갓난쟁이였다. 아침마다 아이는 울고불고 북새통이었다. 그래도 그 순간을 견디니 몇 년 지나자 자기가 알아서 변기에 앉더란다. 한두 문장으로 듣는 이야기지만, 한두 해 이야기가 아니다. 앞으로 겪어내야 할 시간이 또 기다리고 있었다. 평생의 숙제 같은 몸이었다.

"지금도 아침에 일어나자마자 화장실로 가요. 그러면 변이 착, 나와요. 완전 변기통이 넘쳐나듯이 착. 소리가 거실에 앉아 있으면 다 들려요, 지금 스무 살이 넘었는데도 그 소리가 어렸을 때랑 똑같거든요. 그러니까 평생 갈 거다, 병원에선 그러더라고요."

매일 아침 부채감을 확인한다. 그조차 일상이 됐다.

동진씨의 질환에 어떤 이유가 있을 거라 생각한 것은 2016년 즈음. 그때 반올림은 삼성전자 본사 앞에서 직업병 인정과 보상을 요구하며 농성을 하고 있었다. 미선씨도 가끔 농성장을 찾아갔는데, 그곳에서 반도체 회사에 근무했던 이들이 유산을 하거나 불임인 경우가 많다는 것을 알게 되었다. 자녀가 아픈 경우도 있다고 했다. 그가 물었다.

"우리 아들도 관련이 있을까요?"

이렇게 물으면서도 처음 반올림을 만났을 때처럼 미선씨는 어리둥절하기만 했다. 첫 만남에서 반올림 소속 노무사 이종란은 안 그래도 몰드 라인에 아픈 사람이 없는지 찾고 있었다고 했다.

"왜 그러는 거냐고 했죠. 왜? 우리 너무 재미있게 일했는데, 왜 그러느냐고."

노무사는 물었다. 아픈 곳은 없느냐고. 퇴사 직후 미선씨는 갑상선 기능저하증 진단을 받았다. 10년간 차도가 없어 갑상선암 수술을 했다. 류머티즘까지 발병했다. 손발이 굽고 거동이 불편해졌다. 2013년에는 뇌수막염 진단까지 받았다. 아픈 곳이 많았다.

"몰드 라인이 위험한 물질을 쓰는 공정이었는데, 몰랐냐고 그러더라고요."

알 리 없었다. 1991년 그가 삼성반도체에 입사했을 때, 그는 "학교의 자랑이자 우리 섬의 자랑"이었다. 그것 외엔 없었다.

신입사원 정미선

1991년 1월 14일, 그의 입사일이다. 30년이 지났건만 미선씨는 입사한 날짜를 기억했다. 후에 보니 삼성반도체 전직 사원 중에 입사일을 통장이나 현관 비밀번호로 지금껏 쓰는 사람들이 적지 않았다. 그만큼 기억에 남을 날이다. 첫 직장. 심지어 대기업 취업이었다.

미선씨는 고3 여름방학에 삼성으로부터 합격 통보를 받았다. 교장 추천에 성적증명서까지 올려보내고 받은 취업 합격 소식이었다. 그런데 반년이 지나도록 안 부르더란다. 합격이 무산된 것은 아닐까 마음을 졸였다.

당시 반도체는 성장세였다. 1988년, 삼성반도체를 흡수 합병한 삼성전자[15]는 반도체 분야에 대규모 투자를 선언했다. 기흥사업장에 이어 온양에도 신설 공장이 세워졌다. 64K D램 반도체의 국제적 품귀현상으로 인해 국내 반도체 산업이 호황을 누려, 현대전자(SK하이닉스), 럭키금성(엘지전자) 등도 주력사업으로 반도체 산업을 지목했다. 일할 사람이 모자라 인사 담당 직원이 고등학교를 찾아다니는 상황이었다.[16]

사정을 모르는 고3 학생은 걱정만 했다. 1월 14일, 기다리던 입사일이 되자 미선씨는 기꺼운 마음으로 배를 타고 완도로 간 뒤, 다시 배를 타고 목포로 나와 버스에 올랐다. 그가 도착한 곳은 기흥사업장이었다.

"온양사업장 1기로 뽑혔는데, 처음에는 기흥(사업장)으로 간 거예요. 아직 온양(사업장)이 세워지질 않아서. 가서 보니까 지방에서 온 애들이 엄청 많았어요. 완도, 부산, 충청도, 전라도. 특히 전라도 애들이 되게 많았어요. 수원 애들도 한두 명 있었고. 전국에서 온 애들. 서울 애들은 없었고요."

온양사업장은 신설 라인이기 때문에, 1기인 자신들이 다른 사업장에서 기술을 배워와야 했다. 6개월 뒤, 온양사업장으로 정식 출근했을 때 신입사원들은 허허벌판과 마주했다.

"아무것도 없는 거예요. 공장이랑 딸랑 식당 하나. 1층은 식당이고 2층은 사무 보는 데. 기숙사도 없고. 천안에 아파트 한 채 얻어서 숙소로 쓰는데 사람은 너무 많고. 기흥(사업장)에서는 8시간 3조 3교대였는데 여기는 12시간 맞교대 근무인 거예요. 한 달에 한두 번 쉬고. 그러니까 정말 잠만 자고 나갔다가 다시 들어오고."

다음 해 신입사원이 충원될 때까지 그 생활이 계속됐다.

"기흥하고 설비들이 똑같지도 않은 거예요. 같은 몰드 라인이라고 해도 조금씩 다른 거예요. 그러니까 다시 다 배워야 하는데, 일본 엔지니어들이 와 있곤 했어요. 일본에서 들여온 기계라고. 손에 익지도 않은 기계를 하루 12시간을 보는 거예요.

기계 온도는 높지, 뛰어다니며 일하지. 등이 늘 땀으로 축축한 거죠."

일한 것을 듣고 있자면, 젊었으니까 몸이 버텼을 거라는 말이 절로 나온다. 열아홉, 스무 살 위주로 직원을 뽑은 이유일 테다. 게다가 몰드 공정의 주자재인 EMC[17]는 무거웠다. 그래서 몰드 공정에 키가 크고 체력이 좋아 보이는 사원을 부러 뽑아간 거라고 미선씨는 말했다.

"일이 힘드니까 살이 빠지더라고요. 그때는 뭘 모르고 살 빠진다고 좋다고만 했죠."

그가 일하던 몰드 공정은 사람들이 일반적으로 생각하는 반도체 클린룸이 아니었다. 반도체 칩을 조립하는 라인으로 늘 열기가 가득했다. 그가 한 업무는 완성된 반도체에 EMC라는 보호 봉지재를 덧씌우는 일인데, 이 EMC를 섭씨 180도가 넘는 고온에서 녹여야 했다. 설비에서 EMC를 꺼낼 때면 검은 분진이 날렸다.

"작업복이 흰색이었거든요. 금방 까매지는 거예요. 결국 나중에는 앞치마를 주더라고요. 앞치마만 계속 빨아 입는 거예요."

분진이 날리는데도 자주 마스크를 벗었다.

"한 대는 무조건 청소를 해야 했거든요. 그러면 문을 열고 머리를 처박고 닦는 거예요. 마스크를 쓰면 냄새도 냄새지만, 땀이 비 오듯 나니까. 열기가 남아 있으니까, 마스크 안 쓰고 할 때도 많았죠."

냄새나 땀이 문제가 아니라고 했다. 고온 기계를 다루니 화상을 자주 입었다. 그래서 라인에 화상약을 항상 구비해두고 있었다. 기계 가동을 멈추고, 기계의 열을 식혀 청소하는 일은 없었다.

반올림과 만나다

하지만 그 시절을 떠올리는 미선씨의 반응은 "우리 너무 재미있게 일했는데"였다. 힘들어도 즐거웠다. 온양사업장 1기 사원으로, 선배도 극히 드물었다. 또래들끼리 모여 있으니 더 재미났다. 교대근무를 하면서도 열심히 놀러 다녔다. 자주 가던 곳은, 에버랜드. 삼성 계열사인지라 직원용 할인 티켓이 나왔다. 회식도 많이 했다. '성인'이 되어 (눈치 안 보고) 누리는 술과 연애, 이 모든 걸 동기들과 함께 나눴다. 지금도 입사 동기들끼리 연락을 하고 지낸다. 반올림을 만난 이후 미선씨는 옛 동료들에게 안부가 아닌 다른 것을 묻게 됐다.

"너 어디 아픈 데 없니?"

유방암에 걸린 후배가 있었다. 몰드 공정에서는 엑스레이(전리방사선)를 사용하는 검사 장비가 있었다. 전리방사선은 갑상선암과 유방암의 주요 원인 중 하나로 지목된다. 미선씨의 기억엔, 급할 때는 엑스레이 검사 기계의 문을 열고 그 앞에서 불량을 가르기도 했다. 보호구는 없었다. 정전기 방지 가

그 시절을 떠올리는 미선씨의 반응은 "우리 너무
재미있게 일했는데"였다. 힘들어도 즐거웠다.
온양사업장 1기 사원으로, 선배도 극히 드물었다.
또래들끼리 모여 있으니 더 재미났다. 교대근무를
하면서도 열심히 놀러 다녔다.

운이 지급된 작업복의 전부였다.

"몰랐거든요. 안전이라든지, 전리방사선이라든지, EMC라든지. 설명해준 적이 없었거든요. 그분(관리자)들도 몰라서 그랬을까요? 우리 상사 연락이 되면, 한번 물어보고 싶어요. 진짜 몰랐냐고."

그는 산재 신청을 했으나, 근로복지공단은 그의 질병이 업무와 무관하다고 판단했다.

"에이, (산재 인정) 안 받아도 그만이지. 나보다 심한 사람이 엄청 많은데 내가 받겠어, 하는 마음이 강했거든요. 그런데 막상 안 되니까, 그 실망감이…… 기대를 안 했는데도 그렇더라구요. 신랑도 그거 됐냐고 자꾸 물어보니까. '여보 안 됐어. 나 어떡해? 자기한테 또 짐만 되네. 나 이제 나이 50도 안 됐는데 오래 살면 어떻게 하지?' 그랬어요."

가족들에게 짐이 될 것을 염려한다. 뇌수막염을 약물로 치료하고 있던 중에 갑자기 쓰러져 수술을 하게 됐다. "그때는 걷지도 못했는데, 지금은 많이 좋아진 거예요." 서울로 일주일에 두 번씩 재활치료를 받으러 간다. 의사 권유로 운전도 금지. 지하철과 버스를 갈아타고 2시간이 넘는 길을 오간다. 왕복 4시간. 아니다. 이건 '아프지 않은' 사람들의 속도. 류머티즘으로 인해 걸음이 불편한 그는 천천히 걷는다. 택시를 타고 이동하라 해도 돈이 아깝다며 고개를 젓는다.

언젠가 절대 포기 못 하는 것이 뭐냐고 물었을 때 미선씨는 '가정'이라고 했다.

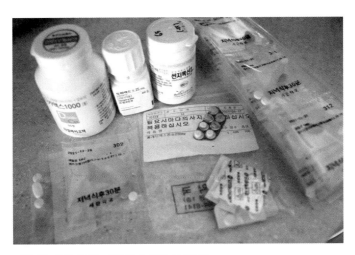

미선씨는 엄살이 없는 사람이다. 힘든 이야기를
감추는 성격도 아니고, 자신의 감정을 숨기는 사람도
아니었다. 그런데 정작 자신이 감수하는 것을
이야기할 때는 대수롭지 않은 듯 굴었다. 반나절을
거리에서 보내야 하는 병원행과 그가 돌아오기만을
기다리고 있을 집안일. 이런 것들을 설명할 때는
설거지를 하듯 빨래를 하듯 동네 슈퍼를 다녀오듯
다소 심드렁한 태도로 말을 아꼈다.

"그리고 이 다리요."

다리마저 못 쓰게 되면 가족들 부담이 더 커진다는 생각 때
문이다. 가족들에게 더 큰 부담을 주지 않기 위해 그 먼 길을
오가며 재활치료를 받는다. 그런데 오고 가는 길에 드는 비용
때문에 미안함이 한층 커진다.[18] 이 헤어나올 길 없는 애정과
마음 빚의 상관관계를 듣는다.

엄살과 평생

미선씨는 엄살이 없는 사람이다. 힘든 이야기를 감추는 성격도 아니고, 자신의 감정을 숨기는 사람도 아니었다. 그런데 정작 자신이 감수하는 것을 이야기할 때는 대수롭지 않은 듯 굴었다. 반나절을 거리에서 보내야 하는 병원행과 그가 돌아오기만을 기다리고 있을 집안일. 이런 것들을 설명할 때는 설거지를 하듯 빨래를 하듯 동네 슈퍼를 다녀오듯 다소 심드렁한 태도로 말을 아꼈다.

엄살이 없는 성격은 다음에서도 드러난다. 반도체 회사를 그만두고도 갑상선암 수술을 하기 전까지, 그는 일을 쉬어본 적이 없다고 했다. 갑상선 기능저하증으로 내내 고생을 하면서도 출근을 했다. 수술한 몸으로 폐업 투쟁 농성장도 지켰다. 당시 그가 일하던 화장품 회사가 폐업을 한 것이다. 잘 운영해오던 회사가 이권 다툼으로 문을 닫는다고 했을 때, 직원들은 회사 앞에 천막을 쳤다. 그 농성에 미선씨도 함께했다. '몸도 아픈데 파업 농성까지 하느라 얼마나 고생이었는지' 이 말 한마디가 듣고 싶어 자꾸 묻는데도, 미선씨는 "싸워야 하니까 싸운 거죠"라고만 했다.

"처음에는 현관 앞에서 하다가 나중에는 회사 안으로 들어가서 했어요. 이길 수 있었어요. 처음에는 전 직원이 다 같이 했거든요. 그런데 중간에 사람들이 빠져나가면서 실패했어요. 그게 아니면 이겼을 수도 있죠."

회사가 억지 이유를 대며 폐업을 하니 싸워야 하고, 이기려니 중간에 포기하지 않고 같이해야 한다. 해야 하는 걸 하는 사람. 미선씨는 그런 사람이었다. 삼성반도체에서도, 아들이 입원한 병동에서도 해야 할 것을 했다.

그러니 12시간 맞교대 근무를 하면서 20대 초반을 보냈어도 너무 재미있게 지냈다고 추억했고, 아산에서 서울까지 사설 구급차를 타고 이동하는 것을 반복하면서도 어릴 적 웃고 있는 아이의 사진을 연도별로 차곡차곡 모아두는 일을 놓치지 않았다. 아들 동진씨의 사진을 보여준다며 가져온 사진첩이 여러 권이었다.

"병원에서도 대장을 다 제거한 건 우리 아들이 첫 케이스라고 했어요."

치료 사례로 기록될 만큼 예후가 좋은 아들이 자랑스럽다고 했다. 그런 그에게 아들의 장애가 자신이 다닌 회사 때문일 수도 있다는 소리는, 그야말로 충격이었다.

"나 때문이라는 생각을 안 해봤거든요. 며칠 동안은 잠도 안 오고 정말 먹지도 못하겠더라고요. 처음에는 신랑한테도 말을 못 했어요. 도저히 못 하겠더라고요. 혼자 속으로만 삭이고. 어떻게 할 줄을 모르겠더라구요. 진짜 그 마음은 아무도 모를 거예요."

반도체 회사를 그만둘 때, 미선씨는 임신 3개월에 접어들고 있었다. 외환위기가 닥치자, 회사는 연차가 높은 여자 직원들에게 퇴사를 강권했다. 그래봤자 20대 후반. 미선씨는 8년

차 직원이었다. 위로금(6개월 치 임금 상당액)을 챙겨줄 테니 나가는 게 어떻겠느냐는 소리를 듣고 나니, 더는 다닐 수 없었다. 퇴사 날이 잡힌 상황에서 임신 사실을 알았다. 8주였다. 유독 더 조심해야 하는 임신 초기에 퇴사하게 돼서 다행이라는 생각을 했다. 하지만 임신 8주 안에 태아의 주요 장기가 형성된다.

응답들

"지금도 내가 몸이 힘들고 우리 아들도 힘들기 때문에, 나 혼자의 문제였으면 아마 중간에 '아휴, 이거 안 되는구나' 하고 포기했을 거예요. 근데 계속 내 아들은, 평생을 그 장애를 안고 살아야 하잖아요."

정미선씨는 2021년 5월, 산재 신청을 했다. 이번에는 자신이 아니라, 아들이 수급자였다.

"며칠 전에 아들이 친구들하고 술 약속이 있다고 하더라고요. 자기도 친구랑 술 한잔 먹고 싶을 때가 있을 거 아니에요. 의사 선생님이 그랬거든요. 담배는 절대 안 되고 술도 안 된다. 그래서 제가 술을 아예 안 먹고 사회생활을 어떻게 하냐고 했더니, 그럼 조금만 먹여보라고 하더라고요."

동진씨가 술자리에 간 날 미선씨는 불안한 마음으로 아들을 기다렸다. 어릴 적처럼 음식을 조심할 필요는 없었지만, 그래도 술은 장에 부담을 줄 것 같았다. 미선씨는 애써 걱정되는 마음을 다독였다. 아들은 언젠가 취업을 하고 독립을 할 것이다. 혼자 살고 스스로 몸을 돌봐야 한다.

"저희 신랑은 그래요. 멀리 보내고 싶어 해요. 지방에만 있음 뭐 하냐고."

30년 전 미선씨도 그런 마음을 품고 반도체 회사에 입사했다. 큰 도시로 가서 다양한 사람을 만나고 싶었다. 그래서 술 한번 마셔보고 싶다는 아들에게 별말을 안 했는지도 모른다. 차차 연습해야 한다고 생각했다. 그날 밤 집에 온 아들은 밤새 토했다. 그 뒤로는 술자리에서 먹는 시늉만 하며 자리를 지킨다고 했다.

"술을 권할 것 같으면 전화가 왔다면서 밖으로 나간대요. 그렇게까지 한다는 자체가. 장이 나쁘니까, 그렇게 토하고 설사하는 걸 거 아니에요. 참, 너도 나 때문에 고생이 많다."

동진씨의 생각은 달랐다.

"제가 말했거든요, 결국. 동진아, 엄마가 어려서 삼성을 다니게 돼서 너를 이렇게 낳았고, 아프게 됐다고. '정말 미안하다'고 했더니, 애가 '아니에요. 엄마, 낳아준 것만으로도 고마워요' 하더라고요."

다른 대화

한 사람 몫을 요구하는 세상에서

정미선씨의 아들 박동진씨와 이야기를 나누다

"아버지는 나가라고 하죠."

독립에 대한 이야기다. 동진씨는 2022년에 스물네 살이 됐다. 대학을 갓 졸업했다. 그러나 진로를 확정하진 못했다. 전공에 맞춰 취업하는 사람이 얼마나 된다고. 특이할 것 없는 일이다. 그러나 나는 그의 취업 걱정에 '독립'이라는 말을 끼워넣는다.

"독립부터 취업까지. 머리가 아프겠어요."

아버지가 독립을 권한다고 그는 말한다.

"큰 도시로 나가 사는 거, 이런 걸 원하시는 것 같긴 해요."

먼 타지로 직장을 다니지 않는 이상, 취업해도 부모님과 사는 것이 이상할 것 없는 분위기인데 아버지도, 심지어 인터뷰를 온 나 또한 그의 독립 여부를 염려한다.

"독립이나 진로를 선택할 때, 본인 건강도 고려가 되지요."

그는 다소 영문을 모르겠다는 듯 나를 본다.

"저는 이제 건강한데."

질환을 가지고 태어났고, 그로 인해 돌봄을 받으며 살아온 이다. 하지만 '이제 건강한데'라고 말할 수 있게 됐다. 그러나 혼자 사는 일이란, (대부분 어머니인 정미선씨의 몫이었던) 돌봄을 스스로 감당해야 하는, 좋게 말하자면 내가 나를 돌봐야 하는 일이다. 그러니까 그의 독립을 묻는 것은, 그가 자기 자신을 돌보며 혼자 살아갈 수 있을까 하는 의심이다.

"듣기로는 음식 조절을 해야 한다고. 기름진 거 인스턴트 음식은 자제해야 한다고 들어서요."

"아무래도 술이나 자극적인 건 먹고 마시면 안 되죠."

"독립하면 그런 걸 안 먹기가 쉽지 않잖아요."

"그렇죠, 자기가 해 먹지 않는 이상은. 그래도 요즘은 반조리 식품도 잘 나오니까요."

"그것도 다 돈인데."

인터뷰가 1인 가구에 대한 염려로 전개된다. 그래, 혼자 사는 일은 원래 다 돈이고, 시간과 품이 든다.

"솔직히 엄마가 좀 편찮으시니까, 나갈 수 있어도 저는 좀 더 있고 싶어요."

그의 아버지가 자꾸 독립을 이야기하는 것도 같은 이유일 테다. 괜히 부모가 짐이 될까봐. 그에게 자유롭게 살라는 마음 으로 하는 재촉일 것이다.

"어머니가 건강이 안 좋아지시니 부양에 대한 고민이 있는 건가요?"

특유의 순함으로 성실히 답변을 해주던 그가 말을 멈춘다. 한참 뒤에 나온 답변이 이것이다.

"잘 모르겠어요."

안방에서 본 가족사진. 어린 동진씨와 젊었을 적 부모님 모습이 담긴 사진이 불과 몇 달 전 찍은 가족사진 옆에 같이 놓여 있다.

"부모님은 똑같고, 동진씨만 컸네요."

말은 이리 했지만, 늙지 않는 사람은 없다. 그의 부모도 나이가 들어간다. 졸업을 하고 취업을 하고 가정을 이루고 자식을 낳고 부모를 부양하는 것을 두고, 한 사람 몫을 했다고 말하는 사회이다. 그 몫은 온전히 개인에게만 맡겨져 자원 없는 이들을 힘겹게 한다. 물질적 자원만이 아니다. (사회적 기준에서) 몸의 자원이 부족한 이들도 '잘 살고 있지 못하다'는 생각을 지울 수 없다.

"지금은 많이 나아졌지만, 어렸을 적 기억은 잘 안 나지만, 그래도 엄청 힘들었어요. 병원을 왔다 갔다 하고. 솔직히, 내가 왜 아플까. 왜 아플까."

"그런 생각을……"

"나는 왜 아플까."

"묻는다고 답이 구해지는 물음이 아니잖아요."

"내가 다른 사람이랑 좀 다르지만, 그냥 그런가 보다 한 거

"저는 이제 건강한데."
질환을 가지고 태어났고, 그로 인해
돌봄을 받으며 살아온 이다. 하지만 '이제
건강한데'라고 말할 수 있게 됐다.

죠. 그리고 부모님이 잘해주시니까."

위로가 되었다고 했다. 약한 몸으로 밖을 자주 나갈 수 없는 대신 집에는 가족이 있었다. 의존했고 의지했다. 지금도 부모는 그의 친구 역할을 한다. 내가 힘들 때 위로를 준 사람이니, 나 또한 잘해주고 싶다. 그것을 이 사회가 부르는 말로 '부양'이라고 한다면, 그에겐 부양의 자원이 있을까. 동진씨의 어머니는 그가 혼자 살아갈 자원마저 부족할까봐 산재 신청을 했다.

동진씨는 어릴 적 품어왔던 질문의 답을 수십 년 후에 들었다. 어머니가 일한 직장은 사람도, 여성도, 임신부도, 몸속 태아도 고려하지 않았다. 그 결과가 자신의 아픈 몸이라는 이야기를 들었을 때 그는 덤덤히 받아들였다. "그때는 이미 고등학생이었고. 몸도 많이 나아지기도 했고요." 그 자신과 같은 경험을 할, 자녀 질환 직업병 피해자라 불릴 사람들에게 해주고 싶은 이야기가 없느냐고 물었다. 그는 이번에도 망설이다가 대답했다.

"그 순간을 각자 어떻게 받아들일지 모르는 거니까…… 지금은 아니더라도 나중에 들을 거잖아요. 이런 일 때문에 자신이 아픈 거다. 그랬을 때, 잘 받아들였으면 좋겠어요. 아무래도, 힘들겠지만, 부모님 의견을 따랐으면 좋겠어요."

"따랐으면?"

"이해했으면 좋겠다? 그런 말. 부모님도 모르신 거잖아요. 그런데 그것 때문에, 뭐라고 해야 하나, 싸움이라고 해야 할까요. 싸움을 해야 하는 거고, 그건 노력을 하는 거잖아요. 되게 힘든 선택을 하신 거니까."

함께 간 사진작가가 동진씨의 웃는 모습을 보며 말한 적이 있다. "웃는 모습이 참 좋네요." 선하고 밝은 사람이라는 것이 잔뜩 묻어나는 웃음. 아들 자랑을 티 나지 않게 하던 미선씨마저 "잘 키웠지요?"라고 내세울 만한 선함이었다. 그 웃음을 보며, 나는 궁금한 것이 생겼다. 왜 직업병 문제를 겪는 자녀들은 저리 선할까. 내가 본 이들은 그랬다.

"생각해보면 엄마가 참 멋있는 것 같아요."

동진씨는 삼성이라는 대기업에 맞서 산재 신청을 한 엄마가 대단하다고 했다. 나는 그 대단함에 동의하면서도 사람이 자기 꿋꿋함을 드러낼 수 있는 조건을 만들어주는 '곁'을 생각했다. 아무리 생각해도 사람이 병환(역경이건 불운이건 빈곤이건 사고건)을 겪으면서도 선함을 유지하는 힘은 잘 모르겠다. 다만 내가 아는 건 그들의 자녀가 유순한 마음으로 부모를 품어주지 않았다면, 부모들은 산재 신청이건 다른 무엇이건 시도해볼 엄두조차 내지 못했을 것이라는 사실이다. 힘들어서 조금도 움직일 수 없었을 것이다. 부양과 돌봄의 무게가 가볍진 않다. 그러나 그 책임이 너무 무겁지 않도록 서로가 서로를 돕고 이해하기에 (가족이라는) 공동체가 유지된다.

동진씨의 말을 빌려 나 또한 바람을 드러내본다. 2세 질환 당사자들이 자신을 대신해서, 때론 앞세워서 '싸움'을 시작한 부모들을 이해하고 지지해주었으면 좋겠다는 바람. 물론 자신이 가능한 만큼만. 그것이 세상이 말하는 '제 몫'과는 다른, 곁에 선 사람이 서로에게 해줄 수 있는 제 몫이 아닐까 싶다.

선택지와 직업병

'엄마'들에게는 수많은 고민이 있다고 했다.

"아기가 모유를 '얼마만큼 그리고 얼마 동안 먹어야 적당한지, 아기 소화에 좋은 자세는 무엇인지, 모유 수유에 성공하는 방법은 무엇인지, 모유 수유를 한다면 엄마가 어떤 음식을 먹어야 좋은지, 트림할 때는 어떻게 안아서 얼마나 토닥여줘야 하는지."[19]

《엄마의 탄생》이라는 책에서 인용한 문장인데, 책에선 고민과 선택이 한참 더 이어진다. 그것만으로도 숨이 찬데, 내가 만난 인터뷰이들은 여기에 질문을 더했다.

지금 응급실에 데려가는 것이 맞는지, 응급실로 간다면 가까이 있는 인근 중형병원으로 가는 게 맞는지, 사설 응급차를 타더라도 서울에 있는 대학병원으로 가는 것이 맞는지, 바로 수술에 들어가는 게 맞는지, 경과를 지켜봐야 하는지, 뇌에 생긴 종양을 제거해야 하는지, 혈관에 관을 주입해야 하는지, 대장을 꺼내야 하는지, 수혈을 해야 하는지……

위급한 순간이 지나면 다른 고민이 시작된다. 누가 오늘 밤 병실에서 아이 곁을 지켜야 하는지, 회사에는 어떤 사유를 대며 연차를 써야 하는지, 시댁과 친정 어느 쪽 부모에게 연락을 하고 아기를 봐달라 부탁해야 하는지, 회사는 계속 다녀도 되는지, 이대로 괜찮은지……

아픈 자녀를 둔 부모는 실시간 수많은 선택의 갈림길에 서게 된다. 그 선택에는 늘 결과가 따라온다. 이들은 위급한 순간 제시간에 병원에 도착하거나, 때마침 의료진으로부터 적절한 치료를 받은 일을 두고, 심지어 수술 후 호전을 보인 일을 두고 '다행'이라는 말을 했다.

"코에 이렇게 혹이 났거든요. 뇌종양이라고 하더라고요. 돌도 안 됐는데 머리를 열어야 한다고. 그런데 다행히도 캐나다에서 새로 의사 선생님이 오셨는데, 그분이 이 수술을 해봤대요. 그래서 머리 안 열고 다행히 코로 삽입해서…… 이제는 건강하죠."

이 '다행'이라는 말이 처음에는 기뻤으나 차츰 안도만 할 순 없게 됐다. 이 다행한 결과를 가져온 우연과 행운, 적절한 선택과 판단이 자칫 어긋났다면 지금 이 사람은 내 앞에서 전혀 다른 얼굴로 다른 말을 할 것이다. '운이 나빴다'는 말을 하는 인터뷰이들도 있었다. 아픈 자녀를 둔 이들은 늘 크고 작은 선택을 해야 했고, 언제나 그 선택이 다행스러울 리 없었다. 다행스럽지 않은 무수한 결정에 후회가 따랐다.

"내가 왜 그랬을까요?"

바로 증상을 발견하지 못하거나, 멀리 있는 병원까지 가느라 시간을 지체했거나, 적절한 응급처지를 못 했거나, 심지어 의사가 오진을 하거나, 의료사고로 여겨지는 일이 발생할 때조차 그들은 말했다.

"내가 왜 그랬을까요? 왜 그 병원에 갔을까요? 왜 병원을 옮길 생각을 안 했을까요? 왜 의사 말을 그대로 따랐을까요?"

보통 '선천성 기형'은 태어나자마자 발견되기 때문에 이들의 후회는 길게는 20년 전의 일이었다. 그런데도 마치 어제

일을 말하듯 했다. 자신의 선택이 가져온 결과인 (실은 그렇게 생각하는) 몸을 매일같이 보는 사람들에겐 그 무엇도 지난 일일 수 없다.

선택이 '틀리고' 싶지 않아 애를 쓴다만, 무엇이 틀리고 무엇이 옳은 선택인지 알 리 없다. 그럴수록 이들은 더 면밀하게 관찰하고 정확하게 판단해 더 나은 선택을 했어야 했다고 후회한다. 이 가능치 않아 보이는 일을 가능하게 하는 단어는 '부모'였다. 몇 년 전 혜주씨가 아들의 달팽이관 함몰을 뒤늦게 알아차린 사실을 자책했을 때, 그 끝말은 "엄마가 되어서"였다. 엄마는 자녀의 귓속까지 놓치지 않고 잘 살펴야 하는 사람이었다.

고립과 고됨

"애 키우는 거 너무 힘들어요, 사실. 키우면서 힘이 드니까, 계속 제가 잘하는 게 없다고 생각하게 되고, 괜히 제 잘못 같고. 어쩌면 아이가 아팠던 것은 잠깐이었어요. 그런데 이후에 키우는 과정이 더 쉽지 않은 거 같아요."

'독박육아'를 하는 혜주씨는 버겁다고 했다.

'한 아이를 키우려면 온 마을이 필요하다'는 좋은 이야기도 있던데, 현실에선 찾아보기 힘들다. 아픈 아이를 키우는 일은 더 외롭다. 아픈 자녀를 둔 부모들은 자신의 사정을 주변에 잘 알리지 않기 때문이다.

"아픈 거 티 나는 게 뭐가 좋나요. 사람들이 배려하고 이런 것도 한두 번이지."

또래보다 약하거나 더디거나 외양이 다르다. 그런 아이는 어린이집에서 놀림을 당하는 것이 일상이다("애가 수술 자국이 있다 보니, 애들이 수술 자국 있는 데를 펜으로 찌른 거예요"). 차라리 눈에 보이는 아이들의 괴롭힘은 낫다. 몸을 평가하는 시선은 어디에나 존재한다. 겉으로 티가 안 날 경우, 적어도 주변의 동정 어린 시선이나 가벼운 참견은 피할 수 있다. 더구나 자녀가 체하기만 해도 옆에서 "엄마가 뭘 잘못 먹였길래"라는 말이 나오는 세상이다. 배 속에서부터 제대로 '관리'하지 못한 엄마를 탓하기 바쁘다. 그러니 "아이가 아픈 게 겉으로 티가 나지 않아서 다행"이라고 말한다. 비난과 참견보다는 고립이 낫다고 판단한 것이다.

아픈 자녀들도 외로웠다. 조심해야 하는 것, 하면 안 된다는 것이 많았다. 병원에서 지치도록 검사를 받고 쓴 약을 먹으며 나이를 먹었다.

"어릴 땐 엑스레이 기계만 봐도 울더라고요. 병원 가는 걸 두려워했어요. 그런데 이상하게 약은 잘 먹었어요. 아주 어릴 적부터 약을 먹어서 그런지 아무렇지도 않게 약을 먹는 걸 보면 그게 더 마음이 아플 때가 있죠."

그러다 보면 아이가 묻게 되는 말이 있다. "나는 왜 다른 아이들과 달라?" 다른 친구들은 학교에 있는데 자신은 병원에 있다. 아파서 그렇단다, 하면 또 묻는다.

"나는 왜 아프게 태어났어?"

이 물음에 답하는 것마저 부모의 역할이 되었다.

예쁜 것만 보라더니

아이가 배 속에 있을 때, 아이를 위해 좋은 것 예쁜 것만 보라는 이야기가 있다. 반대로 좋지 않은 것, 예쁘지 않은 것을 보면 아이에게 나쁜 일을 초래한다는 말로 들리기도 한다. 이들은 자신이 한 '좋지 않은 행동'을 더듬었다. 세상 살면서 좋은 것만 볼 수 없다는 것을 알아도, 늘 '내가 무엇을 잘못해서 아이가 아픈 걸까?' 하고 자신에게 되묻곤 했다.

"엄마, 아빠가 다 건강한데 왜 우리 애는 아픈 걸까. 이상하다 생각했죠."

이 말을 하기까지 그들은 자신의 '건강함'을 확신하기 위해 번번이 몸 상태를 살폈을 것이다. 정말 건강한가? 평소에 뭘 잘못 먹진 않았나? 임신 중에 무리를 하진 않았나? 집안에 병력은 없나? 수정란이 자궁에 착상하기 전의 몸 상태까지 더듬는다.

하지만 이런 고민도 부부가 모두 건강할 때나 하는 것이다. 한 명이라도 건강하지 않다면 통하지 않을 말이다. '모체'라 불리는 임신부가 건강하지 못할 경우에는 의심의 시선이 몰렸다. 이쯤 되면 자신의 죄책감이 문제가 아니다. "집안에 사람이 잘못 들어와서"라는 꼬리표를 달고 살아야 한다. 여기에 '병든 몸'으로 돌봄의 책임을 다하지 못했다는 자책이 더해진다.

"아이가 아직 어렸을 때였는데, 제대로 안아주지도 돌봐주지도 못했어요. 일주일에 세 번씩 투석을 받으러 가야 했거든요. 돌아오면 완전히 지쳐서 쓰러져 있었어요."

어떤 이들은 아픈 몸으로 육아를 했다. 손을 보태줄 가족이나 지인들도 멀리 있었기에 홀로 문지방을 기어 넘어가서 아이 입에 젖병을 물렸다. 그렇게 애를 쓰고도 안타까워했다.

씩씩하고 넘치게 육아를 하면 문제가 해결되나. 정미선씨가 아들 이야기를 할 때 가장 기운차게 회상하는 부분이 있다. 아들의 서울대병원 '졸업'이었다. 미선씨는 "엄마가 신경 안 쓰면 (대장 질환을 가진 자녀가) 화장실 문제가 생긴다"라는 말을 병원에서 들었다. 그때부터 그의 과제는 아침마다 아이에게 화장실 훈련을 시키는 것이었다. 입에 들어가는 것 하나나 '엄마가 신경 쓰는 삶'을 살아야 했다. 아들이 초등학교 6학년이 되었을 때, 의사는 이제 검진을 받으러 오지 않아도 된다고 했다. 조심하고 살면 큰 지장은 없을 거라고 했다. 그 말은 미선씨가 자책과 불안감을 내려놓고 받은 성적표였다. 그 성적표가 찢어진 것은 화학물질의 정체를 안 후였다.

아들이 아픈 원인이 자신이 다녔던 회사에 있을지도 모른다는 사실은 그간의 애씀을 무너트렸다. 직업병이라는 단어에는, 이 질환의 원인을 제공하고 책임을 져야 할 주체가 누구인지를 가리는 의미가 담겨 있다. 하지만 사건의 당사자에게 그런 산뜻한 해석을 기대할 순 없었다. 그는 자녀의 '직업병'을 자신이 그 회사를 다닌 탓으로 받아들였다.

대단하지 않은 일

괴로움은 여기서 그치지 않았다.

"사람들은 제 말을 들으면 '임신해놓고도 바보처럼 거기를 다니고 있냐'라고 먼저 생각하지 않을까요? '그만뒀어야지. 회사를 그만두는 게 먼저 아니냐.' 그렇게 생각하는 사람이 많은 거 같아요."

정미선씨는 인터뷰를 하기 싫다고 했다. 기사에 달린 댓글을 본 것이다. 회사가 알려주지 않은 환경의 유해성을 개인이 알아서 파악하고, 위험이 감지됐다면 당장 직장을 그만두는 결단력을 보여야 했다고 말하는 사람들이 있다. 이 현실성 없는 품평에 힘을 실어주는 관용어는 이것이었다. '엄마가 되어서.' 엄마가 되어서 그것도 몰랐냐, 그것도 판단 못 했냐, 쉽게 말한다.

'신은 모든 곳에 있을 수 없기에 어머니를 만들었다'는 말이 각광받는 사회에서 어머니들의 자리는 좁디좁았다. 몸가짐이 검열되는 자리이며, 헌신이 당연시되는 자리이며, 누구에게도 피해를 주어서는 안 되는 자리이다('맘충'이라는 말을 생각해보자). 실수도 실패도 없어야 한다. 자신의 실패와 오점이 자녀의 몸과 마음에 새겨진다고 학습되는 자리이다. 그런 자리에서 아픈 자녀의 문제를 드러내는 것은 타인들 앞에서 '오점과 실패'를 펼쳐 보이는 일이다. 자녀의 '선천성 기형'은 물론, 배 속에서 아이가 사라지는 슬픈 일조차 말하기 어려운 이유이다.

미선씨도 말하기 싫다고 했다. 나는 이 말을 그의 집 거실에서 들었다. 인터뷰를 하던 중이었다. 하기 싫은 인터뷰를 하는 이유가 무엇이냐고 물었다.

"누군가는 해야 하잖아요. 나는 어차피 몇 번 해봤잖아요. 내가 안 하면, 또 다른 누군가가 말을 해야 하지 않나요? 그 사람은 이런 일을 처음 겪을 거잖아요. 그러면 내가 겪었던 어려움을 그 사람도 겪을 거잖아요."

다른 사람은 나같이 슬픈 일을 겪지 않았으면 한다. 이 정도의 답변은 예상했다. 많은 당사자들이 하는 이야기니까. 하지만 나와 비슷한 일을 겪은 이가 사람들 앞에서 이야기를 해야 하는 그 순간이 얼마나 힘든지 아니까, 이마저 먼저 아파본 자신이 하려 한다는 답은 예상하지 못했다. 인터뷰를 하며 종종 꺼내는 첫인사, "어려운 자리에 나와주셔서 감사하다"는 말이 아무것도 모르고 한 소리였음을 깨닫는다. 다른 사람들은 나와 같은 일을 당하지 않았으면 좋겠다. 진심이다. 어떤 이는 "이것보다 숭고한 인간의 마음은 없다"[20]고 했다.

앞서 겪은 사람으로서 자기 책임을 다하려는 마음이 이런 숭고함을 가져온다. 사람이 자신의 자리를 지키고, 그 자리에서 책임을 다하려는 애씀이 다른 누군가를 살게 하는 동력이 된다. '어머니'도 '어머니'의 역할을 다하(려)는 사람이다. 그뿐인 일이고 동시에 대단한 일이다.

여기에 이르러서야, 나는 양육의 짐을 짊어진 지인들이 '대단하다'는 소리를 듣고 싶지 않다고 한 말을 이해한다. 직장과 살림, 양육을 모두 감당하는 그들이 대단하게만 보였는데, 정작 그 '대단한' 일을 하고 있는 이들은 도리질 쳤다. 동료 시민들에게 듣는 대단하다는 말이 자꾸만 자신을 사회 구성원들과는 다른 자리로 옮기는 것 같다고 했다. '시민들의 사회'는 돌보는 사람도 돌봄을 받아야 하는 사람도 없는 듯 군다. 누구나 서로를 돌봐야 한다는 사실을 지운 채 이들을 그 대단한 자리에 유폐시킨다. 그들이 누군가를 돌보고 공존하는 과정에서 깨달은 성찰과 사유에는 관심이 없다. 오직 손쉽게 칭송할 뿐이다.

감탄도 비난도 손쉽기만 하다. 오직 함께 책임지는 일만이 어렵다. 책임지지 않는 사회는 '남의 일'처럼 보고 듣는다. 어렵게 입을 연 당사자들을 위축시킨다. 수많은 검열("이런 건 누구 말이 맞는지 양쪽 다 들어봐야 한다")부터 발화 방식에 대한 품평까지("떼쓴다고 될 일이 아니다") 겪고 나면 억울해서 말하고자 했는데, 말하다 보니 더 억울하다. 이런 일을 한두 번 겪으면 다시 입을 열기가 쉽지 않다. 그래서 인터뷰를 요청하는 사람도 인터뷰를 연결하는 사람도 조심스럽기만 하다. 인터뷰 초반, 반올림 활동가와 내가 "자리에 나와주셔서 감사하다"는 말을 거듭하자 김수정씨는 이리 말했다.

"너무 그러면 못 나올 자리에 나왔나 싶어져요."

수정씨는 "나는 왜 아프게 태어났어?"를 묻던 아들에게 했던, "아픈 건 엄마 아빠가 잘못한 것도 아니고, 네가 잘못한 것도 아니야. 아프고 싶어서 아픈 사람은 없어"라는 말을 우리에게 돌려주었다.

"우리가 잘못한 게 아니잖아요."

그 지점에서 수정씨는 단호한 사람이었다.

"솔직히 아이가 아픈 게 창피한 일은 아니잖아요. 죄지은 것도 아니고. 내가 잘못해서 그런 것도 아니고. 엄마 아빠가 아이 상태를 숨기면, 다른 사람들은 더 이 아이를 어떤 시선으로 볼까. 우리가 앞장서서 이 아이를 세상 밖으로 내보내면 좋겠다는 생각을 했어요."

오답만 있는 선택지

그리고 이들에게 일어난 일을 들은 사람들은 물었다.

"대체 어떻게 해야 하는 거죠?"

아이를 낳지 않으면 이기적이라고 하면서 정작 임신을 하면 직장과 주변에 민폐가 되는, 애는 엄마가 키워야 한다면서도 육아 때문에 직장을 그만두면 이래서 여자는 안 뽑는다고 하는, 경력단절 끝에 다시 일터로 가면 저임금 '아줌마' 노동이 기다리는 현실. 그 길에 들어섰거나 목전에 둔 이들은 직장과 임신의 조합이 자녀의 질환으로 이어질 수도 있다는 사실을 뜨악하게 바라봤다. 그리고 막막하다는 듯 물었다. 어떻게 해야 하죠? 무엇을 고르든 오답만 있는 선택지 앞에 선 것 같다고 했다.

나와 인터뷰를 한 이들도 끝없이 놓인 선택지 앞에서 허덕였다. 아픈 자녀 병간호와 회사 생활을 병행하면서, 다른 가족 구성원들도 돌봤다. 그들도 같은 의구심을 품었을 것이다. 자신이 꿈꿔온 삶을 지키려 애쓰지만 자꾸만 오답을 고르는 것은 무슨 연유인지.

우리 앞에 놓인 이 의문투성이 선택지를 찬찬히 들여다본다. 세상이 오답 가득한 선택지를 내놓는 데는 이유가 있을 것이다. 우리에게 무슨 일이 일어나고 있는지 알기 위해서 그 선택지가 숨기고 있는 이야기를 들춰보려 한다.

2부

무지와 증명

"사람이 하는 일을 무능력으로 나눠
말하는 일을 가급적 피하고 싶지만
이런 '없음'엔 무능력이라는 딱지를
붙이고 싶다. 우리 종종 무능력해.
이 무능력의 원인은 무지일까.
기어코 모르겠다는 의지일까?"

—황정은, 《일기》

무지의 이유

누가 생식독성물질을 알까

여자 도장공 여럿이 모인 자리에 껴든 적이 있다. 도장'공'이라는 말이 맞는지 모르겠다. 누구도 그들을 장인(工)이라 여기지 않으니. 남성 도장공들이 커다란 붓을 들고 건물이나 커다란 설비를 칠하고 떠나면, 큰 붓이 닿지 않는 작은 틈새를 채우는 것이 그네들 역할이다. 현장 용어로 터치업이라고 하나, 실제로는 '도장 아줌마' 정도로나 불릴까.

　누가 기술을 알아주지 않아도, 이들이 일을 얻기까지 경쟁은 치열하다. 여자가 일할 만한 자리가 부족한 남초-공업 도시였다. 남들은 아르바이트나 임시직으로 취급하는 일도 여기에서는 귀하다. 인맥과 처세를 동원해서 일을 얻는다. 그날 자리에 모인 여성 도장공들의 걱정도 줄어만 가는 일자리였다. 경기불황으로 건설 현장이 줄어들자 도장 일도 영향을 받았다. 게다가 자꾸 '젊은 사람'들이 들어온다고 했다. 이전까지 도장 '알바'는 50대 여성들이나 하는 일이었는데, 요즘은 '새댁'들마저 일을 찾는다고 했다.

　"이 일은 젊은 사람들이 하면 안 되는데. 몸에 안 좋아."

　일자리를 뺏긴다는 불안이 깔린 대화이긴 해도 저 순간은 진심 어린 걱정이었다. 애를 두엇은 낳고 나서나 이 일을 해야 한다고 했다. "우리야 다 늙었으니 상관없지만" 젊은 사람들이 뭘 모르고, 그러니까 몸 상하는 줄도 모르고, 돈만 보고 일을 찾아온다고 걱정했다.

이들이 다루는 것은 페인트. 기업이 공장 설비에 칠하는 페인트를 천연이나 친환경으로 구매했을 리 없다. 예전보다 사용량이 크게 줄었다고 하나, 여전히 페인트 주성분으로 사용되는 납과 솔벤트는 널리 알려진 독성물질이다. 또 다른 성분인 톨루엔, 2-메톡시에탄올 등은 생식 장해를 일으키기도 한다. 이런 물질에 노출되면 유산·난임, 선천성 질환을 지닌 자녀를 낳을 가능성이 커진다. 이를 '생식독성물질'[1]이라 부른다.

생식독성물질에 노출된 가임기 여성이 국내에 최소 10만 명이라 했다.[2] 이들 대부분이 생식독성이 무엇인지도 모르고 쓴다. 한 연구조사[3]에 따르면, 생식독성이라는 말 자체를 들어본 적 있다는 노동자는 20퍼센트 정도에 불과했다. 직장 내 생식독성 관련 자료나 정보를 제공받았다고 응답한 수도 이와 비슷했다.[4]

10명 중 2명만이 생식독성에 대해 알고 있다지만, 어쩐지 믿을 수 없다. 아이 둘 이상은 낳아야 이 일을 할 수 있다고 말하는 노동자가 생식독성의 존재를 모를 리 없어 보인다. 물론 그의 회사(원청이건 용역·파견업체이건)는 결코 작업자들에게 생식독성 엇비슷한 것도 알려준 일이 없을 것이다. 그러나 기업이 아무리 숨겨도 일하는 사람에게 유해물질이란 알 듯 모를 듯 아는 비밀이다. 과로가 몸에 나쁜 것을 몰라서 퇴근을 안 하는 것이 아니듯, 알고도 일할 뿐이다.

알려주지 않은 정보

만약 어떤 노동자가 '회사가 알려주지 않은' 생식독성물질을 알려고 한다면, 어떤 일이 벌어질까?

한 노동자가 생식독성물질에 대해 들었다. 그는 이제 생식독성이라는 말을 들어본 적 있는 소수의 노동자에 속하게 된다. 하지만 그것이 어떤 종류의 물질인지는 모른다. 당연한 일이다. 지금 이 글을 읽고 있는 사람 중에, 생식독성물질 이름을 몇 개라도 댈 수 있는 사람이 얼마나 될까. 국내에는 고용노동부가 정한 44종의 생식독성물질이 관리되고 있다. 이 44종이 무엇인지 찾으려면 인터넷 검색을 한참 해야 하는데, '산업안전보건기준에 관한 규칙'을 찾으면 반 정도 온 것이다. 조금 더 찾아보면 납 및 그 무기화학물, 2-브로모프로판, 일산화탄소 같은 이름이 보일 것이다. 생식독성물질이다.

이 44종 물질의 관리 방식은 제각기 달랐다. 아예 제조 자체가 금지된 것(제조 금지 물질)도 있고, 허가를 받으면 사용할 수 있는 물질(허가 대상 물질)도 있으며, 교육이나 일지 작성 등의 관리를 전제로 사용을 허락한 물질(특별관리 물질)도 있다.[5] 그 외 종류에 따라 노출 기준과 제한 기준도 모두 다르다. 여기에 혼합물질과 부산물까지 있다. 개인이 외운다고 될 일이 아니다.

그래도 이 노동자는 포기하지 않고, 국내에서 많이 쓰인다는 생식독성 이름 몇 개를 외워간다. 톨루엔, 일산화탄소, 노

○ 생식독성물질은 생식기능, 생식능력 또는 태아의 발생·발육에 유해한 영향을 주는 물질을 의미합니다.

생식독성 물질의 종류

▪ 납 및 그 무기화합물	▪ 디(2-에틸헥실)프탈레이트	▪ 붕소산 사나트륨염(십수화물)	▪ 아세네이트 연	▪ 일산화탄소
▪ 니켈카르보닐	▪ 린데인	▪ 붕소산 사나트륨염(오수화물)	▪ 아크릴아미드	▪ 카드뮴 및 그 화합물
▪ 니트로벤젠	▪ 메틸 노말-부틸케톤	▪ 1-브로모프로판	▪ 알릴글리시딜에테르	▪ 크롬산 연
▪ 니트로톨루엔	▪ 메틸이소시아네이트	▪ 2-브로모프로판	▪ 2-에톡시에탄올	▪ 톨루엔
▪ 노말-헥산	▪ 2-메톡시에탄올	▪ 산화 붕소	▪ 2-에톡시에틸아세테이트	▪ 트리클로로메탄
▪ 디니트로톨루엔	▪ 2-메톡시에틸아세테이트	▪ 수은 및 무기형태 (아릴 및 알킬 화합물 제외)	▪ 2,3-에폭시-1-프로판올	▪ 1,2,3-트리클로로프로판
▪ N,N-디메틸아세트아미드	▪ 배노밀	▪ 스티렌	▪ 오산화바나듐	▪ 포름아미드
▪ 디메틸포름아미드	▪ 벤조 피렌	▪ 사클로헥실아민	▪ 와파린	▪ 피페라진 디하이드로클로라이드
▪ 디부틸프탈레이트	▪ 붕소산 사나트륨(무수물)	▪ 3-아미노-1,2,4-트리아졸 (또는 아미트롤)	▪ 이황화탄소	▪ 휘발성 콜타르피치 (벤젠에 가용물)

※ 출처 : 고용노동부 고시 제2018-62호(화학물질 및 물리적인자의 노출기준)
※ 각 화학물질별 세부정보는 화학물질 정보시스템(msds.kosha.or.kr)에서 확인하세요.

〈생식독성물질 취급 근로자 직업건강
가이드라인〉(산업보건부, 2019) 중
생식독성물질의 종류.

말-헥산, 니트로벤젠, 이황화탄소 등. 톨루엔의 경우, 국내에
서 가장 많이 사용되는 생식독성물질이라고 한다. 5인 이상
제조업 사업장 17.2퍼센트, 5인 미만인 작은 사업장에서는 8.4
퍼센트가 취급하는 물질이라 하니, 국내에만 2만 곳 넘는 사
업장에서 사용하는 물질이라고 보면 된다. 톨루엔을 취급하
는 노동자 수만 9만여 명. 한 해 사용량은 150만 톤이다.[6]

톨루엔이라는 물질이 어디에 쓰이나 봤더니, 페인트 희석
제·염료·접착제·니스·도료 그리고 본드의 용매까지 폭넓게
사용되고 있다. 벤젠보다 독성이 약하다고 하여 벤젠 대체품
으로 많이 쓰였다. 그러나 톨루엔은 두통과 어지럼증, 기억력

장애 등을 일으키는 신경독성물질이자 생식독성물질이다. 생식기능을 저하시키며 심할 경우 태아를 사망에 이르게 한다.

그는 직장으로 가서 물질안전보건자료(MSDS)를 찾아보기로 한다. 유해화학물질을 취급하는 사업장은 그 물질의 취급·저장 방법, 적절한 보호구, 사고 시 응급조치 등이 적힌 설명자료를 직장 내에 비치해야 한다. 그런 법이 있다고 했다.[7] 그런데 어디에 있나? 작업장을 둘러봐도 없다. 다른 부서를 어슬렁거려봐도 소용없다. 분명 시행규칙에는 사업장에서 잘 보이는 곳에 게시해놓으라고 했는데, 법은 잘 지켜지지 않는다. 사무직원들이 있는 본사 사무실에 있나 싶지만, 그곳까지 갈 용기는 나지 않는다. 예전 취재 때 만난 중년 여성 노동자는 작업장 바로 옆 건물에 있는 본사를 가리키며 말했다. "저기는 혼날 때 가는 곳이야." 아니면 "월급이 잘못 나와, 이건 못 참지 하고 큰마음 먹고 확인하러 가는 곳"이었다.

그가 용기 내어 본사 사무실 문을 연다고 치자. 사무직 직원들이 고개를 빼꼼 내밀고 "무슨 일이에요?" 묻는다면 뭐라고 해야 할까. "화학물질관리대장[8]을 보러 왔는데요" 그러면 "그게 뭔데요?"라는 말이 돌아올까, "그런 걸 왜 찾아요?"라는 반응이 올까. 그가 파견-하청-용역-외주 등 간접고용 노동자라고 한다면, '다른' 회사 관리자에게 '법으로 보장한 하청 노동자 알 권리'를 내놓아라 할 수 있을 것인가. 그는 무엇이건 제대로 말할 자신이 없다. 내일도 이곳으로 출근해야 한다.

알고 있었지만 몰랐다

이것은 짓궂은 상상일 뿐이다. 굳이 겪지 않아도 아는 일이다. 그래서 내가 만난 반도체 엔지니어는 이렇게 말했다.

"위험한 줄 알고 있었지만, 위험한 줄 몰랐어요."

그는 자신이 사용하는 물질이 위험하다는 것을 모르지 않았다. 어디에 근거해 나온 말인지는 모르지만, 반도체 사업장에서 근무하는 엔지니어들끼리 하는 흔한 농담이 있었다.

"여기서 오래 일하면 딸만 낳는다."

'고자 된다'고 하는 사람도 있었다.

"그게 무섭다는 건 아는데, 그 상황에서 안 쓸 수는 없거든요. 황산이나 불산 같은 거는 '저거 가까이하면 고자 된다' 식으로 엔지니어들끼리 이야기하고 그랬거든요."

그렇다면 이들은 생식독성에 대해 알고 있었던 것이 아닌가. 엔지니어들은 가장 앞서 설비를 파악하고 개선하는 사람들이다. 화학물질을 직접 취급하는 사람들. 이들이야말로 유해물질의 존재를 잘 알고 있을 것 같지만 또 그렇지만도 않다. 물질의 위험성을 인지하지 않아도 설비의 이상 원인을 찾는 데엔 무리가 없었다. 인체에 미치는 영향을 세세히 알지 않아도 독성물질의 누출을 막을 수 있었다. "화재나 독성이 위험한 물질이니까 요거는 노출이 안 되게 해라, 요 정도지."[9] 제대로 된 정보가 주어지지 않았다.

그런데 1990년대 후반, 삼성반도체 공정에서 사용하는 50

여 종의 물질(공정별 환경영향 인자)을 적은 수첩이 엔지니어들에게 배포된 적이 있다. 일명 '환경수첩'이라 불렸다. 영업기밀이라는 이유로 회사 밖으로 가지고 나가는 것조차 금지되었으나 수년 후인 2010년, 한 언론사의 손에 이 수첩이 들어갔다. 그때까지만 해도 삼성은 너무도 완강하게 반도체 클린룸의 무해함을 주장하고 있었다. 이렇게 청정하고 안전한 곳에서 암에 걸리는 일은 있을 수 없다고 일축했다. 그러나 환경수첩에 적힌 물질을 분석한 결과, 6종의 발암물질이 나왔다. 40여 종은 자극성 위험물질로 밝혀졌다.[10]

언론 보도 후 삼성은 바로 반박 입장을 냈다. 각 물질마다 법으로 정해진 사용 기준치(농도)가 있고, 그 기준에 맞춰 2중 3중 잠금장치로 안전하게 사용했다는 주장이었다. 하지만 그건 언론홍보 부서 펜대에서 나온 이야기. 현장에서 직접 화학물질을 취급했던 엔지니어들은 지켜지지 않는 매뉴얼에 대해 증언했다.

"화학물질이 누출되면 경보음이 울려야 하는데, 경보음이 울리지 않고 엔지니어들끼리만 문자메시지를 통해 알고 넘어가는 경우가 많았다."[11]

매뉴얼을 완벽히 지킨다고 해도 위험이 사라지는 것은 아니다. 반도체 제조 과정에서는 수많은 화학물질 혼합물과 부산물이 생겨난다. 불량이 날 시에는 흄(fume, 연기 같은 기체 상태의 유기물질)도 발생하는데, 이것들이 인체에 어떤 영향을 끼치는지 알려지지 않았다.[12] 엔지니어들은 환경수첩에 적힌 물질들을 '주의'해야 한다는 것을 알았다. 누출되면 큰일 나는 물질이고, 그 큰일이 안전사고라는 것도 알았다. 하지만 거기까지였다. 그 이상의 정보를 받지 못했다. 특정 화학물질이 인체에 미치는 영향은 물론이고 노출 허용 기준치와 작업자가 착용해야 할 적절한 보호구, 사고 시 응급조치 방법 등 물질을 다루는 사람의 안전과 관련된 정보는 주어지지 않았다. 일하는 사람들은 정보를 요구하는 대신 안전에 관한 다른 방안을 찾았다. 회사를 믿은 것이다.

"설비를 바꾸는 데 돈이 한두 푼 드는 게 아니니까요. 회사에서 쓰는 거니까 안전하겠지, 뭐 이런 식으로 생각한 거죠."[13]

수천, 수억 원이 드는 설비 변경을 '안전'을 위해 건의할 수 있는 월급쟁이 용자는 없다. 어느 회사든 그렇다. 조장·팀장 같은 중간 관리자 비위를 건드려도 작게는 다음 달 연차 쓰는 일부터 신경이 쓰인다. 크게는 재계약 문제가 있고, 인사고과가 있고, 연봉협상이 있다. 문제제기할 수 없는 형편이라면, 회사가 알아서 할 것이라 믿는 편이 마음은 편하다.

"위험할 수 있는데 여기 사람들이 쓰고 있으니까, 괜찮은가 보다, 이런 식으로 생각한 거지. …… 자연히 사용하는 것 보니까. 위험하지도 않을 수 있다는 생각이 들고 무시한 거죠."[14]

사람들은 안전을 믿어버렸다. 그편이 유난스럽지도, 예민하지도, 치기 어리지도 않아 보였다. 이것은 일하는 사람의 처세다. 머리를 감싸 쥔다고 해결될 것 없는 문제는 애당초 문제라 여기지 않는 편이 나았다. 동시에 무기력이기도 하다. 무기력의 원인 중 하나가 통제권 상실이라 알려져 있다. 자신이 할 수 있는 것이 없을 때 사람들은 무기력함을 선택한다.

정말로, 몰랐던

그리고 정말로, 몰랐던 사람들이 있다. 최소한의 정보마저 주어지지 않은 사람들. 인터뷰 자리에 나온 (전직) 반도체 오퍼레이터들은 말했다.

"왜 몰랐죠? 몰랐던 게 너무 바보 같은데."

이들은 여성 생산직원들이다.

"되게 어린 학생들이라 무지하기도 무지했어요. 왜 이걸 모르고 그냥 했을까. 이제 와서 생각해보면, 딱 봐도 위험해 보이는데. 좀 더 알아볼걸. 부서 빼달라고 할걸. 이 후회가 들더라고요, 이제 와서."

왜 몰랐나. 스스로 찾은 답은 이것이었다. 너무 어려서. 첫 직장 생활이라. 의심하기에는 너무 큰 회사여서. 사원을 '가족'이라 말하는 회사였고, 일이 많고 분주해 생각할 시간을 주지 않는 회사였다. 반도체 기업의 오퍼레이터 입사 나이는 대체로 열아홉. 고3 여름방학이 지나 타지로 와서 3주간의 신입 교육을 받은 후 근무지로 배치됐다.

"입사해서 교육을 받으러 가요. 가면 너희는 선택받은 아이들이다, 그렇게 자긍심을 심어주고, 여기서 떨어지면 사회에서 낙오된 애들이다."

반도체 직업병 피해자들의 고향을 보면, 부러 서울에서 최대한 멀리 떨어진 곳에서 사람을 구해온 기분이 들 정도다. 그만큼 '지역' 출신이 많았다. 이제 와 "시골 출신의 아무것도 모르는 애들 뽑아다가"라고 이야기하지만, 취직할 곳이 마땅치 않은 지역에서 정규직 사원을 뽑아가는 고마운 회사였다. 이들이 졸업한 상업계 고등학교도, 지역 지자체도 오로지 '고용' 해주었다는 사실만으로 반도체 대기업을 은혜로운 존재로 여겼을 것이다. 1990년대 최대 수출품은 반도체와 자동차였다. 반도체는 선진기술의 총체로 불렸고, 기업이 내놓는 높은 연봉과 성과금이 자주 회자됐다. "우리 못난이가 취업이 됐다"며 주변에서 다들 좋아했다.

정식 근무가 시작되면 선배들에게 의지해 낯선 용어와 작동법을 익혔다. 팀으로 작업이 이뤄지고 공정·라인이 컨베이어벨트처럼 이어졌다. 그러니 개별 성과(인사고과)가 강조된 것과 별개로 팀 협력이 필요했다. 애초 신입사원 연수 때부터 멘토-멘티의 관계로 선후배를 설정했다. 타지에 와서 대부분 기숙사 생활을 했으니, 회사 사람들 말고는 친한 이도 없었다. 고등학교 졸업하고 바로 입사한 회사에서 동기들과 즐거웠고 선후배에게 의지했다. 그런 회사에서 의심은 소용없었다.

회사를 믿었다. 믿었다는 말이 이들이 지닌 순수함을 강조하기 위해서 하는 소리가 아니다. 믿는 일은 자연스러웠다. 사실, 일하는 이들은 의심할 필요가 없다. 애당초 의심을 해야 하는 주체는 물질을 사용하는 기업과 그 물질을 규제·관리감독할 책임이 있는 정부다. 그러니 '왜 몰랐냐'라는 질문의 답으로 가장 근접한 말은 '회사가 알려주지 않아서'이다.

앞서 언급한 환경수첩은 외부 유출이 금지됐다. 그러나 이 환경수첩을 받지 못한 것은 외부인만이 아니었다. 회사에서 함께 일하는데도 환경수첩의 존재를 모르고 있는 직군이 있었다. 삼성반도체에서 근무하고 있던 수만 명의 오퍼레이터였다.

반도체 기업은 말단 생산직 오퍼레이터는 주로 고졸 여성으로, 설비를 다루는 엔지니어는 주로 초대졸이나 고졸 남성으로 채용했다. 이러한 성별 분업은 변화의 속도가 빠른 반도체 기업에서 거의 유일하게 달라지지 않은 지점이다. 2010년대 들어 기업들이 인력을 줄이면서 기존 오퍼레이터를 엔지니어(설비) 팀으로 배치하기도 했지만, 이때도 여성 사원은 엔지니어가 아니라 엔지니어 보조 직급을 맡았다.

삼성, 엘지 등 몇몇 대기업 이야기가 아니다. 전자산업 대부분이 말단 생산직 직원의 성별을 '여성'으로 맞춰놓았다.[15] 한국에 외국자본을 가지고 들어온 글로벌 전자산업 기업들이 그랬고, 동(남)아시아에 진출한 한국 기업들도 마찬가지였다. 기업은 '무지할 수밖에 없는 조건'의 사람을 뽑았다. 특정 정보를 알려주지 않았다는 사실조차 모를 집단. 나이가 어리고, 소위 '사회 경험'이 없고, 지역사회와 분리된 여성들.

젠더와 편견

환경수첩은 엔지니어들에게 제공됐다. 오퍼레이터들에겐 지급되지 않았다. 오퍼레이터들은 유해물질의 존재조차 모르고 일했다. 남자에게는 정보를 주고 여자에게는 주지 않았다는 말을 하려는 것이 아니다. 그보다 주목할 것은 '왜 오퍼레이터들에게 환경수첩을 제공하지 않았느냐'는 질문에 대한 기업의 답변이다.

"화학물질은 취급자와 작업자가 분리돼 있다. …… 관리직에 있는 엔지니어들이 직접 이 물질들을 관리하기 때문에 따라서 생산직 직원들에게 지급할 필요가 없었다."[16]

한 언론을 통해 삼성전자 관계자가 밝힌 입장이다. 기업은 화학물질을 취급하는 사람과 작업하는 사람으로 엔지니어와 오퍼레이터를 구분했다. 법이 유해화학물질 취급자의 보호를 말했기 때문일 텐데, 이런 구분은 자의적이다. 엔지니어는 화학물질을 취급한다. 그러면 오퍼레이터는 화학물질을 다루지 않은 사람인가? 황유미씨는 화학물질 액체질(불산)이 담긴 통에 반도체 칩을 담갔다 빼는 일명 '퐁당퐁당' 작업을 하다가 백혈병에 걸렸다. 용액이 모자라면 가져와서 설비에 채워 넣는 사람도, 누출된 유해물질을 닦아 뒤처리하는 사람도 오퍼레이터이다. 취급과 이것은 얼마나 다르다는 것인가. 사고가 난다면 오퍼레이터가 먼저 노출될 가능성도 크다.

그러나 기업은 안전교육이나 정보 제공의 대상을 화학물질에 '노출되는' 이로 정해두지 않았다. 기업에 중요한 것은 작업자가 화학물질에 노출되어 받을 피해가 아니었을지도 모르겠다. 엔지니어에게 정보 제공과 안전교육이 더 필요하다 여긴 까닭마저 그들이 화학물질에 더 많이 노출될 가능성이 있기 때문은 아닐 것이다. 애초 엔지니어들에게 정보를 제공한 이유는 이들이 화학물질을 취급, 아니 관리하기 때문이다. 화학물질이 인체에 미치는 영향을 몰라도 누출은 막을 수 있다. 그러니 사고를 방지하는 데 필요한 최소한의 정보가 주어진다. "위험한지 알았지만" 동시에 "몰랐다"는 말이 나오는 연유이다.

물론 환경수첩을 받은 자와 받지 못한 자를 분류하는 데 '성별'이 관여하지 않았을 리 없다. 오퍼레이터가 엔지니어보다 덜 위험한 환경에서 일한다는 인식이 강하다. 기계를 작동시키는 사람(오퍼레이터)과 설비를 정비하는 사람(엔지니어). 여성 오퍼레이터는 작동법 몇 개를 익히면 할 수 있는 단순·반복 작업에 종사하고, 남성 엔지니어는 특정한 기술을 가지고 개선하고 정비하는 일을 한다고 여겨진다. 그래서 여성의 일이 상대적으로 덜 힘들고 덜 위험하다고 말한다. 실제 그러한가.

연구자들의 말을 빌리자면, 그렇지 않다. 엔지니어와 마찬가지로 오퍼레이터도 순간적인 직접 노출 가능성(사고)이 존재하는 동시에 "낮은 농도의 복합적인 유해인자에 지속적으로 노출될 가능성이 높다."[17] 실제 수행하는 업무가 무엇이건 특정 성별의 일이 덜 위험하다는 근거 없는 믿음이 오랫동안 유지됐다. 이러한 편견은 "위험물질에 대한 위계적인 정보 제공을 가능하게 했다".[18] 말단-여성-생산직인 오퍼레이터들에겐 위험 정보가 주어지지 않았다.

무지와 책임

"몰랐거든요. 안전이라든지, 전리방사선이라든지, EMC라든지. 설명해준 적이 없었거든요. 그분(관리자)들도 몰라서 그랬을까요? 우리 상사 연락이 되면, 한번 물어보고 싶어요. 진짜 몰랐냐고."

10년 전 처음, 반도체 직업병 피해자들을 인터뷰했을 때도 똑같은 이야기를 들었다. "회사는 위험을 몰랐을까요?"

달라진 것이라고는 없었다. 기업은 이 물음에 답한 적이 없다. 사용하는 물질의 정보를 알리고, 공개하고, 교육하고, 관리하고, 통제하고, 사고를 예방하는 일은 그걸 사용해 이윤을 얻는 사업주의 의무이다. 법이 그렇게 정하고 있다. 그런데 사업주가 그 의무를 다하지 않았다. 일하는 사람들은 '몰랐음'을 한탄하지만, 정확히 말하자면 사업주가 '모르게' 만들었다.

일하는 사람은 알고도 몰랐을 수 있다. 몰라야 하기에 몰랐을 수도 있고, 진정 몰랐을 수도 있다. 기업은 모를 만한 사람을 뽑아 일을 시키고, 알아도 어찌할 수 없는 조건을 만들고, 알면서도 모른 척하도록 길들인다. 기업은 일하는 사람의 무지를 조장하는 수많은 장치를 가졌다. 장치는 작동했고, 사람들은 그 장치 위에서 성실히 일했다.

증명의 곤혹

"가방 공장엘 갔습니다. 여러분들 수첩 쓰시고 핸드폰 케이스 이런 게 전부 화공약품 처리한 레자 인조가죽이거든요. 그 가방 공장엘 가면은 가공부가 있어요. 가공부에 있는 아이들이 톨루엔, 신나 이런 거를 막 물처럼 막 조물락거려요. 가공부과 에 있는 아이들이 생리를 안 하는 거야. 그런데 우리가 그때 얼마나 무식했냐 하면요. 반장한테 옥수수식빵 사다 주고 뇌물을 쓰는 거예요. 가공과 보내달라고. 저기 가면 생리 안 하니까 거기 가고 싶다고. 그땐 그게 유기용제에 의한 산업재해라는 얘기를 아무도 안 해줬습니다."

김진숙 민주노총 지도위원(그는 2022년 2월, 한진중공업에서 해고된 지 35년 만에 복직했다)이 해준 이야기를 빌려온 것이다. 그때 나는 이렇게 적었다. "지금도 마찬가지다. 아무도 이야기 해주지 않는다."[19] 그는 1970년대 이야기를 하고 있었는데, 요즘과 별다른 것 없다고 생각했다. 당시 나는 삼성전자 근무자였던 한혜경을 만났었는데, 그 또한 월경이 멈춘 적이 있었다.

처음에는 편하다고 동기들끼리 깔깔거렸다. 몇 개월이 지나자 불안해져 선배 언니에게 말했더니 인근 산부인과를 알려주더라. 가서 호르몬 주사를 맞으면 된다고 했다.

"얼굴에 뭐가 막 나 있어서, 야 너 얼굴 치료받아야지 그랬더니, '엄마 나 사실은 생리가 없다. 처음에는 있다 없다 해서 엄마한테 얘기를 안 했는데 이제는 아예 안 한다'고 얘기를 하는 거예요. 있다 없다 하다가 8개월 지나고 나니까 완전히 생리를 안 한다는 거예요. 그래서 얘가 그때 당시에 같은 동료들끼리 얘기를 했었나 봐요. 그랬더니 '야, 그거 산부인과 가서 호르몬제 약 먹거나 주사 한 방 맞으면 금방 나온다' 했다는 거예요. 그러니까 얘네들은 그게, 선배의 선배에게서 흘러 내려온 거니 아무것도 아닌 것처럼 얘기를 한 거에요." (김시녀, 한혜경의 어머니)

한혜경만이 아니었다. 많은 이가 말했다.

"삼성 앞 산부인과는 우리가 다 먹여 살렸지."

그 말을 들으며 이 무지는 언제 끝나는 건가 싶었지만, 나역시 무지했다. 시대가 변해도 달라지지 않는 노동의 풍경은 알고 있었지만, 그 증상을 명확히 가리키는 말이 '생식독성'이라는 것은 몰랐다. 월경이 멈추는 일도, 생리통이 심해지는 일도, 아이가 생기지 않는 일도, 유산이 되는 일도, 내게는 독성물질에 의한 '피해'일 뿐이었다.

몇 년 후, 내가 지금 '남의 생리'나 한가로이 걱정할 때가 아니라는 걸 알게 되는 날이 왔다. 생리통의 원인이 설마 이것일까? 하얀 타원형 인조섬유(폴리에틸렌 필름과 미세 플라스틱)를 들여다보며 생각했다. 일명 생리대 사태. 2017년 생리대에서 발암성 물질이 검출되었다는 폭로가 있었다. 검출된 유해물질에는 스타이렌과 톨루엔도 있었다. 생식독성물질이다.

근거 없는 믿음

생리대의 진실 앞에서 나는 그간 인터뷰해온 이들과 내가 같은 생각을 하고 있었다는 사실을 깨달았다. 직업병 당사자들은 말했다. 몰랐다고. 나도 몰랐다. 설마 그럴까 싶었다. 믿었다. 무엇을 믿었단 말일까. 생리대 한 팩을 1만 원 가까운 가격에 파는 기업을 믿었단 말인가. 아니면 식약처를 믿었단 말인가. 내가 국가와 정부를 그렇게나 신뢰했다고? 믿을 만하지 못했다는 것을 깨닫고서야 내가 무엇을 믿었는지 의심했다. 그것은 내가 만난 인터뷰이들과 같은 반응이었다.

"지금 생각하면 바보 같은데, 그때는 믿었어요."

몸이 아픈데도 하루 8시간, 많게는 12시간 일했던 일터의 환경은 의심하지 않았다. 의심하지 않는 그들이 나는 이상하기만 했다. 그런데 여기, 생리통을 호소하면서도 생리대는 한 번도 의심해본 적 없는 내가 있었다. 클린룸이 '클린'해질수록 작업자들은 첨단기술을 믿었다. 이 첨단기술이 일하는 사람의 몸을 상하게 할 것이란 사실은 그 누구도 의심하지 않았다.

생리대가 얇아질수록 불편함은 줄어갔다. 생리대 두께를 얇게 하느라 흡수제에 투입되는 화학물질과 미세 플라스틱이 증가한다는 사실은 들어본 적도, 관심 가져본 적도 없었다. 생리는 원래 아프고 불편한 것이라고 여겼다. 일터도 원래 힘들고 골병드는 곳이니 의심하지 않고 지나쳤다. 그제야 나는 내가 만난 인터뷰이들을 이해할 수 있었다.

제대로 분노하지 못하던 인터뷰이들도 이해할 수 있었다. 나 또한 화가 나는데 '화를 내도 마땅하다'는 증거가 없었다. 생리대 발암물질 논란이 일자, 식약처는 666개의 제품을 전수조사했다. 얼마 뒤 위해성이 높은 휘발성유기화합물(VOCs) 10종의 검출량이 인체에 거의 영향을 미치지 않는 낮은 수준이라는 결과가 나왔다. 연구진들과 여성단체는 생리대에는 다수의 유해물질이 교차하고, 여성의 성기 표피는 다른 피부와는 다르기에 물질 흡수율에 기초한 노출량 위험 기준이 더 엄격해져야 한다고 주장하며 식약처의 결과에 반발했다.

피해가 드러나고, 그것이 과학과 통계의 영역에서 공방한다. 이를 판단할 근거인 기준과 수치, 광범위한 조사의 권한을 가진 것은 국가이다. 그리고 국가는 기업이 제공한 정보를 기반으로 조사를 하게 마련이다. 어디서 많이 본 풍경이다. 반도체 노동자들이 죽어가자, 아니 그 죽음이 알려지자 정부는 역학조사를 실시했다.[20] 2009년에 있던 9개월짜리 짧은 역학조사는 '반도체 근무자의 백혈병 발병 위험성이 없다'는 결론을 내렸다. 문제를 제기한 사회단체가 수긍할 리 없었다.

생리대 전수조사 결과도 마찬가지였다. 들끓은 불안이 정부의 단기 조사로 잠재워질 리 없었다. 심지어 조사 주체인 식약처는 이번 사태의 원인이라 지목되는 공공기관이었다. 여론에 밀린 정부는 2018년 15~45세 여성 1만 6,000여 명을 대상으로 생리대 사용과 이상 반응의 연관 가능성을 조사하겠다는 계획을 발표했다. 그사이 생리대 제조·판매 기업인 깨끗

한나라가 사건을 폭로한 여성환경연대에 10억 원의 손해배상을 청구했다. 국내 기업이 시민단체에 이러한 고액의 청구 소송을 한 것은 처음이었다. 4년여의 재판 끝에 여성환경연대는 청구 소송을 무효화하며 승소했다. 그러나 환경부의 조사 결과는 4년이 지난 후에도 공개되지 않고 있다.

다만 2018년 환경부가 국회에 제출한 조사 결과 요약본이 있는데, 이를 살펴보면 일회용 생리대 사용 후 생리통이 증가했다고 응답한 이가 54.3퍼센트였다. 더불어 덩어리혈 증가(44.8퍼센트), 생리량 감소(38.9퍼센트), 가려움증 증가(33.8퍼센트), 생리혈색 변화(31.3퍼센트) 증상이 있다고 응답했다.

의심당하는 통증

월경 용품을 전부 교체한 후 통증이 크게 줄었다. 정말 그러했다. 하지만 나는 나를 의심했다. 그저 기분 탓 아닐까. 비슷한 증상과 경험을 말하는 사람이 이토록 많은데도 '믿어줄까' 의구심을 가졌다. 학창 시절 생리통 때문에 책상에 엎드려 있을 때 자주 들은 소리가 꾀병과 엄살이었다. 반복해서 의심당한 경험이 여성에게 자신의 몸을 경험하고 감각하는 많은 일을 타인의 시선으로 바라보게 만들었다.

최근 코로나19 백신으로 인한 부작용으로 생리불순이나 생리혈 변화를 언급하는 여성들이 많아졌다. 이들이 병원에 가서 겪은 반응은 비슷했다. "백신 때문에"라고 말문을 열면 의사들은 경계하거나 거북스럽다는 표정을 짓는다고 했다. (아마 백신 부작용에 대한 반응은 다 비슷하지 않을까 싶다. 과학적으로 입증되지 않은 질환에 전문가들이 보이는 반응은 비슷하다. 이것은 생소한 분야에서 직업병 피해를 호소하는 이들이 겪는 반응이기도 했다.)

단순한 피해의식이 아니다.

"특히 여성에 발병하며 의학이 아직 관찰하거나 설명하지 못하는 증상은 잘 알려지지 않은 '무의식' 탓으로 돌렸다. 의학이 지식의 한계에 도달할 때 아무렇게나 갖다 둘러댈 수 있는 이론이었다. 이는 객관적인 증거로 입증되기 전까지 여성의 주관적인 증상에 대한 보고를 의사가 계속 불신하게 했다."[21]

500여 쪽이라는 방대한 분량을 통해 여자의 통증 호소가 어떤 식으로 의심당해왔는지를 증명한《의사는 왜 여자의 말을 믿지 않는가》에선 의사와 여성 환자 사이의 '신뢰의 간극'이 언급된다. 일터의 작업환경을 연구해온 캐런 메싱이 '공감 격차'를 말했듯[22] 잘 믿어지지 않는 목소리가 있다.

"노동자들에겐 자신의 경험을 공론화할 방법이 없었다. 공감 격차는 노동, 과학, 사회의 모든 면에서 막대한 비용을 발생시킨다. 산재 보상 여부를 결정하는 판사들이 조립라인의 노동조건을 상상하지 못하며, 그들은 작업 관련성 질환에 대한 보상 요청을 기각한다."[23]

아픈 노동자와 그 노동자의 통증을 '공식화'하는 이들 사이의 간극이 있다. 1988년 스위치를 생산하는 회사에서 여성 노동자가 두통과 식욕부진을 호소하고 말을 더듬을 때, 관리자가 의심한 것은 톨루엔 성분이 가득 담긴 접착 본드가 아니라 노동자의 나약한 정신 상태였다(대성전기 집단 톨루엔 중독 사태). 1990년 수은을 다루는 업체에서 노동자들이 만성 통증과 불면증에 시달렸지만 회사가 떠올린 단어는 '엄살'이었다(오리엔트전자 수은 중독 사태).

믿을 수 없는 통증이 있고, 믿어지지 않는 목소리를 가진 집단이 있다. 골프를 치다가 생기는 손목 통증은 쉬이 인정되지만, 하루 수천여 개의 핸드폰 케이스를 조립하는 노동자의 통증은 진실 여부를 가려야 한다. 겨우 통증이 '진짜'라고 믿어진 후에도, 그 원인이 과연 일터 때문인지를 다시 밝혀야 한다. (이것이 걸레의 물기를 짜다가 생긴 통증인지, 여자는 원래 뼈가 약해서 자연발생적으로 아픈 것인지, 늙어서 뼈에 바람이 들어 그런 것인지, 일터에서 하루 수백 번씩 반복하는 동작 때문인지 일일이 가려야 한다.)

근골격계만 놓고 보더라도, 1980년대 말까지 국제적으로 노동자의 목과 어깨 통증은 '스트레스' 때문으로 여겨졌다. 그러니 작업환경을 바꾸는 것이 아니라 스트레스를 관리해야 하는 문제가 되어버렸다. 국내에서도 1990년대 중후반 사무직 노동자들이 어깨와 손목 부위 등의 통증을 호소했을 때, 관리자들은 믿지 않았다. 고작 타자 두들기는 일이 무슨 병까지 일으킨단 말인가. 게다가 통증을 호소하는 사람 대부분은 여성이었다.

"회사는 지금도 비슷하겠지만, 여자들이 퇴근하고 집에 가서 살림하고 나이 들고 그래서 아픈 거지, 이게 뭐 직업병이냐, 그랬어요. 우리가 말을 해도 도저히 먹히지도 않았어. 병원을 가도 뭐 때문에 이래서 아프다고는 말을 안 해주잖아요."[24]

국내 최초로 근골격계 직업병 인정 투쟁을 한 114번호 안내원의 이야기다. 의사라고 다른 말을 하는 것은 아니었다. 자신의 통증을 설명해줄 의사를 찾기 위해 114번호 안내원들은 병원을 전전했다. 1990년대 중반, 마침내 이들은 경견완장해, VDT증후군이라는 병명을 얻었다. '타자나 두들기며 엄살 부리는' '나이 든 여자의 골병' 정도로 취급되던 통증이 증후군이라는 이름을 얻고 국내에 직업병으로 자리 잡았지만, 여성/노동과 세상의 간극이 좁아진 것은 아니었다.

여성학 연구자 김향수는 당시 경견완장해가 직업병으로 인정받을 수 있었던 이유로, '여성의 질병'이 아닌 '첨단병' '현대병' '선진국병'이라는 수식어를 제시한다. 당시 이 병은 컴퓨터나 자판(키보드)을 사용하는 사무직 노동자에게 흔히 나타났기에, 한국이 정보화 시대 선진국으로 진입했다는 상징으로 받아들여진 것이다. 그래서 "환자는 여성이지만, 정보사회의 도래로 국민의 질환이 될 수 있고 그 결과 미래 국민 전체의 보건 문제를 초래하기에 시급히 대책을 마련해야 할 질병"[25]이 될 수 있었다. 질환은 여성을 경유하지 않고 '국민'의 문제로 지위가 격상되었다. 그제야 (사회적 문제로) 공감받았다.

아플 수 없는 이유

'여성들만의' 일은 여전히 신뢰받기 어렵다. 그 대표적인 것이 자궁에서 일어나는 일. 플라톤으로부터 '짐승 안의 짐승'으로 불리던 신체기관. 히스테리의 어원이 고대 그리스어 '자궁(ὑστέρα)'에서 나왔다는 것은 유명한 이야기다. 자궁은, 아니자궁으로 대표되는 여성의 신체는 신뢰받지 못하는 존재였다. (동시에 그 자궁에서 일어난 일은 국가적으로 주요한 과제였다. 출산은 인구 정책의 기본이었으며, 인구는 정치의 문제이고 가족은 통치의 도구였다. 그러므로 이 '짐승'을 통제하는 문제는 국가의 주요 과제이기도 했다.)

이에 더해, 20~30대 여성은 육체적으로 이중적인 상태에 놓인다. 이들은 '소녀다운' 연약함과 젊은이의 건강함이라는 상반된 사회적 이미지를 동시에 가진 존재이다. 이 두 이미지 모두 그들의 통증이 의료진이나 회사 관리자들에게 인정받는 것을 방해한다. 사회적 낙인과 서사 전략을 연구한 김향수는 20~30대 만성통증 질환을 겪는 여성들이 "의료진이 자신의 통증을 과장한다고 여기거나 무시하는" 느낌을 받는다고 지적한다. "생애 가장 활기 있을 거라 여겨지는 청년기의 만성통증은 의료진에게도 거부당하는 것이다."[26] (젊은 육체를 가져) 아플 이유가 없는데 아프다고 하는 사람은 거짓말쟁이가 된다.

그리고 아플 이유가 없다고 여겨지는 집단이 또 있다. 노동자는 '건강해야' 한다. 건강하지 않은 노동자를 우리는 상상할 수 없다. 일터는 우리를 병들게 하는 곳인데, 일터에 갈 수 있는 몸은 '건강'의 기준에 들어맞아야 하는 모순이 존재한다. 일터가 요구하는 건강함은 (상대적으로 '연약한') 여성이 특정한 일에 적합하지 않다는 인식을 만든다. 육체적 강도가 있는, 근력을 필요로 하는, 장시간 노동이 요구되는, 지구력과 집중력이 필요한, 진취적이거나 주도적인 업무. 그러니까 (보조적이지 않은) 대부분의 일에 적합하지 않다는 것이었다. 여성이 '힘든 일에 적합하지 않다'라는 인식은 '여자는 힘든 일을 하고 있지 않다'로 이어지게 마련이다.

건설업계 남성 기능공들에게 '이곳'에서 일하는 여성의 존재를 물은 적이 있었다. 하나같이 우리 현장엔 여자가 없다고 대답했다. 그 옆을 화기감시원이 지나가고 있었다. 화기감시원은 대부분 여성이었다. 앞서 언급한 도장공(터치업)들도 여성이며, 곳곳에서 여자들이 자재를 치우거나 공구를 관리하거나 청소를 하고 있었다. 이들은 말했다.

"여자가 저 철근을 혼자 들고 갈 수 있으면, 내가 여기 여자도 일한다고 인정하겠수다."

그제야 나는 '일터에 여자가 없다'라는 말이 사람 머릿수를 가리키는 것이 아니라, '일다운 일을 하는 여자가 없다'는 의미라는 걸 알아차렸다. '일다운 일'을 하고 있지 않은 사람이 '일 때문에 아프다'는 것은 어불성설이다. 여성의 일과 직업병을 공감하지 못하는 것은 높으신 관리자나 의료진만이 아니었다.

'노동자로서의 인정'이 없기에 여성(노동자)의 직업병은 인정받지 못한다. 이것은 생리휴가 문제와도 이어진다. 몇 해 전, 아시아나항공 대표가 승무원들이 신청한 생리휴가를 거부한 혐의로 재판에 넘겨졌다. 기업 대표가 앞장서 여성 직원들의 생리휴가를 거부하며 근로기준법을 위반한 것이다. 1년 사이 총 138번의 생리휴가가 거부됐다. '생리하는지 소명하라'는 인격 모독도 겸해졌다. 기소된 대표는 벌금을 물었지만 금액이 고작 200만 원에 그쳤다(법에 따르면, 생리휴가 사용 청구를 거부 시 사업주에게 최대 500만 원의 과태료를 부과할 수 있다).

이 사건이 알려지자, 사람들의 관심은 기업의 근로기준법 위반보다 생리휴가에 쏠렸다. 왜 '여직원'들은 금요일에 생리휴가를 쓰는 것인가. 왜 연휴를 앞두고 생리를 하는 것인가. 이래서 여자를 안 쓰는 거다. 회사의 방침을 이해한다는 기사 댓글이 적지 않았다.

'여직원'들은 정말 금요일에 생리휴가를 쓰는가. 지난 1년간 생리휴가를 써본 적이 있다고 말한 이가 5명 중 1명도 되지 않는 현실에서,[27] '금요일 생리휴가'는 가혹한 편견이거나 일반화의 오류처럼 보인다. 사용촉진제도가 만들어진 연차휴가(수당)마저 연간 평균 사용일 수가 10.9일에 지나지 않았다.[28] 사람들을 쉬지 못하게 하는 직장 문화가 있다.

연차 사용 신청서를 낼 때 상사의 눈치를 보는 것은 흔한 일이다. 명절 앞뒤로 또는 금요일에 연차를 쓰면 신청서를 대놓고 반려하는 회사가 적지 않다. "연차를 쓸 때 회사의 사정을 고려해 최대한 지장을 주지 않으려고 하는 것이 직장인들의 기본 태도"[29]인데, 상사의 거부가 부당하다는 항변이 나온다. 관리자는 직원이 일을 제대로 하지 않는다고 의심하는 입장을 기본으로 가지고 있다. 통제와 관리가 그의 역할이기 때문이다. '직원이 일을 제대로 하지 않는 것'을 전제로 하기에 법으로 정해진 휴일(연차)에 제재를 가한다. 무급 생리휴가도 다를 건 없다. '여성 동료/직원이 제대로 일하지 않는다'는 전제조건이 의심을 증폭시킨다. 뭘 했다고 연차 사용을. 뭘 했다고 생리휴가까지. 뭘 했다고 산재 처리를 해달라고. 다 같은 말이다.

월경 주기, 드러냄

지금으로부터 30여 년 전인 1995년, LG전자부품에서 일하던 여성들이 악성빈혈로 쓰러진 사건이 있었다. 이들은 솔벤트라는 물질을 세정제로 사용했는데 작업장엔 환기장치가 없었고, 보호장구 또한 주어지지 않았다. 솔벤트는 신경계에 영향을 줄 뿐 아니라, 생식독성물질이다. 작업자들은 월경이 반년 넘게 멈췄다. 그러나 이 부끄러움 많은 여성 작업자들은 쉬쉬하느라 이 사실을 알리지 못했다. 20명 부서원 중 13명이 생리를 하지 않았음에도, 2명의 작업자가 악성빈혈로 병원에 실려 갈 때까지 '무월경' 사실은 알려지지 않았다.

지금이라고 다르나.

"생리는 부끄러운 것이었다. 남교사에게는 에둘러 '복통'이라고 말해야 했고 여교사나 여자 친구들 사이에선 '그날'이나 '마법' 같은 말을 사용했다. 생리대는 밀수품이라도 되는 양 숨겼고 가게 주인은 생리대를 사겠다는 나를 위해 특별히 검은색 비닐봉지를 꺼내주었다. 학교에서 받은 성교육도 크게 다르지 않았다. 생리대 처리법은 놀랍도록 자세히 배웠지만 정작 내 몸에서 벌어지는 일은 무엇인지, 통증을 어떤 식으로 관리해야 하고 생리용품은 어떤 것들이 있는지에 대해선 듣지 못했다."[30]

요즘은 세상이 좀 나아져서, 아버지 역할을 하는 이가 월경을 시작한 딸에게 꽃을 준다는데, 주는 사람이나 받는 사람이나 주라고 시킨 사람이나 그 누구도 앞으로 평생을 같이할 월경을 어떻게 해석해야 하는지, 이 동반자와 어떻게 살아가야 하는지를 알려주는 사람은 없다.

일하는 사람이 유해물질로부터 자신을 보호하는 방법과 정보를 듣지 못하는 현실을 개탄했지만, 나 또한 들어본 적이 없었다. 월경 통증을 어떤 식으로 대해야 하고, 어떤 월경 용품을 사용해야 안전한지. 생리통을 호소할 때마다 주변 사람들이 하는 말은 이것이었다. "플라스틱 용품 자주 쓰지 마." 생리통이 심해도 생리휴가를 쓰지 못하는 사람이 많다. 아파도 쉴 권리조차 없는 사회에서 예방(건강관리)을 운운하는 말은 힘이 없다. 물량(성과) 압박이 계속되는 일터에서 '안전하게 일하라'는 말과 다를 바 없다.

"우리는 그날이어도, 허리가 끊어지더라도, 라인에서 물량을 빼야 됐고."

반도체 노동자의 월경 날 이야기. 생리 한두 번 건너뛰었다고 젊은 나이에 몸 상태를 염려하는 것은 '극성'이고, 아픈 티라도 내면 '나약'하다고 했다. 그러나 클린룸은 통증이 생기고, 월경 주기가 불규칙해지기 좋은 환경이었다.

"연구 결과 작업시간표가 불규칙한 사람 중 절반 이상이 매일 같은 시간에 같은 시간표에 따라 규칙적으로 일하는 사람들보다 월경 주기가 더 불규칙했다. 월경 주기는 공장 내 낮은 온도와 빠른 작업 속도에 영향을 받았다."[31]

작업 속도가 빠르고, 온도와 기압이 인위적으로 조절되고, 교대근무를 해야 하는 클린룸 노동환경이 월경 주기 불규칙을 불러오는 건 숙명 같아 보인다. 클린룸 안의 온도는 너무 서늘하거나 너무 더웠다.

그런데 클린룸 작업자들이 통증보다 더 걱정한 것은 하얀 방진복이었다. 하얀 옷에 생리혈이 묻을까봐. 그곳에는 화장실이 없었다.[32] 화장실에 가려면 방진복을 벗고 에어샤워를 하고 클린룸 밖으로 나가야 했다.

"화장실 가려면 옷 갈아입는 시간이 굉장히 많이 걸려요. 나갔다 오려면 최소한 20~30분은 잡아야 된단 말이에요. 그동안 설비를 비워놓을 수가 없으니까 옆에 일하는 친구한테 맡기고 가야 돼요. 그러면 그 사람은 일이 두 배가 되잖아요.

자기 할 일에 내 것까지 해줘야 되니까. 그래서 처음에는 애들이 화장실을 자주 갔는데, 점점 동료들도 짜증을 내고 그러니까, 피해가 되니까. 물 안 마시고 화장실 거의 안 가는 애들도 있었어요. 한 번도 안 가는, 8시간 동안."

분주한 일터에서 월경을 하는 사람은 물론, 방광염에 걸린 사람이나 장 질환을 가진 사람도 시간을 낭비하는 근무자가 된다. 비단 클린룸에서만 일어나는 일이 아니다. 일하는 여성 10명 중 4명이 화장실 이용의 어려움으로 인해 물을 거의 마시지 않는다고 했다.[33] 화장실이 멀리 있거나 쉬는 시간이 짧거나 일이 바빠서만 생기는 문제가 아니었다. 남성이 많은 건설 현장 등에서는 여성 화장실이 극히 부족하거나 청결 문제가 크다. 백화점이나 공항 등에서 일하는 여성 서비스업 종사자들은 유니폼을 입은 채 화장실에 드나드는 일이 또 다른 성적 대상화를 불러온다. 장애나 성 정체성과 같은 특성은 물론이고, 월경이나 임신, 완경 등의 생애주기도 화장실 이용에 영향을 미친다.

그런데도 지금까지 이 문제는 화장실의 숫자와 배치, 시설 관리, 일터의 성비, 여성 작업자의 지위, 성인지적 관점 등에서 비롯된 것이 아니라 '여자의 방광이 작아' 생기는 문제라 여겨졌다. 화장실 문제로 비롯된 신장·방광·소화기관 질병은 일터에서 비롯된 것이라 불리지 않고 '여자 문제'로 불리거나 아예 이야기되지 않았다. 어떤 사안이 '자기 문제'로 회자되는 것을 바라는 사람은 없다. 그러니 말하지 않는다.

"화장실이 적어요. 신입들이 방광염이 많아요. 화장실 못 가서 생기기도 하고 부인과 질환이라서 병원 가기에 좀 그래서 진단을 안 받는 경우도 있어요. 예전에 남자 팀장들이 약간 문란한 여성들이 많이 걸리는 병이라고 얘기를 했었거든요. 그러다 보니깐 애들이 아파도 말을 못 하고 진단서도 그렇게 못 내요. 그래서 애들이 어디 가서 말을 못 해요." (항공 승무원 인터뷰)[34]

〈여성 노동자 일터 내 화장실 이용 실태 및 건강 영향 연구〉에서는 여성 노동자의 (화장실) 문제가 '문제'로 여겨지지 않는 이유를 다음과 같은 악순환에서 찾았다.

"작업장에서 여성의 안전에 대한 무관심 → 조사 부족 → 위험 요소 미발견 → 정책화 미비 → 작업장에서의 여성 안전과 건강 규정 미수행."

여성 안전과 건강권에 대한 무관심으로 인해 연구와 조사가 이뤄지지 않는다. 조사된 내용이 없으니 정책과 제도가 마련되질 않고, 제도가 없으니 안전을 점검할 잣대도 없다. 잣대가 없으니 일터의 여성 건강권 문제가 드러나질 않는다.

여성의 건강과 안전에 대한 무관심은 사회적으로 남성보다 여성이 덜 위험하고, 힘이 덜 드는 일을 한다는 인식에서 비롯된다. 여자는 원래 골골거리고, 예민하고, 불평이 많은 존재라는 인식도 한몫 거들었다. 아프다고 말해도 잘 들리지 않았다. 이런 상황에서 증거가 있을 리 없고, 증거가 없으니 개인의 경험을 말하기가 더 위축됐다.

말하지 않으면 묵묵히 일한다고 칭찬받는 것도 아니었다. 월경은 그 '비밀스러움'으로 인해 언제든 속이거나 과장할 수 있는 것으로 취급당한다. 그래서 '여자들은 생리휴가를 금요일에만 사용한다'는 믿음이 널리 퍼진다. 진실 여부를 확인할 수 없(다고 생각하)는 생리휴가처럼, 생식독성에 노출된 여성의 경험과 통증도 그렇게 취급되었던 것은 아닐까.

"평등하지 않기에 근거가 없는 거죠"

김명희 보건학 연구자 인터뷰

"직업병이라는 근거가 있나요?"

의학 분야 전문가를 만나면, 나는 피해 당사자나 활동가 앞에선 감춰둔 질문을 꺼낸다. 근로복지공단에서 산재 판정을 받는 일, 그러니까 '직업병 인정'을 받기까지 얼마나 많은 증거가 필요한지 알기에 내 쪽에서 괜한 조바심을 내며 묻는 것이다. 근거가 있나요?

"지금으로선 알 수 없죠."

시민건강연구소 김명희 상임연구원은 이렇게 답했다. 그는 건강 불평등을 연구해온 의학자이자, 반도체 직업병 문제를 지원해온 연구자였다. 나 또한 그가 쓴 논문과 자료들을 보며 생식독성 문제를 이해하기도 했다. 그런 그가 "알 수 없다"는 말을 하다니. 나는 원하지 않은 답을 만난 사람이 그렇듯 그를 빤히 바라봤다.

"가능성은 있어요. 정말 가능성은 있죠. 그런데 알 수는 없어요."

알 수 없다. 이 말로 인터뷰가 시작됐다.

시작

김명희: 반도체 직업병 문제가 제기된 게 2007년이었고. 삼성 반도체 역학조사 결과로 논란이 제기된 게 2008년 하반기였는데, 그 당시 반올림 활동가들이랑 공유정옥(의학자)이

의학적인 부분을 홀로 대응하고 있었어요. 서울대 보건대학원 백도명 선생님 방에서 직업환경의학 전공자 몇몇이 모였어요. 저도 그때 반도체 관련 내용을 처음 알게 된 거죠. 저뿐만 아니라 다른 사람들도 그랬을 거예요. 반도체 산업이 위험할 거라는 걸 전혀 상상을 못 했고. 공부를 하다 보니 이미 미국이나 대만에서 비슷한 사례들이 있다는 걸 알게 된 거죠. 그동안 노동 문제나 건강 불평등 문제를 연구해왔고, 그런 측면에서 반올림 사건도 다른 문제가 아니라고 생각했기에 시작이 된 거죠.

건강 불평등과 노동, 이 분야에 관심을 가지고 연구를 해오던 김명희의 눈에 생식독성 문제가 들어온 계기가 있었다. 2013년 은수미 의원이 '반도체 여성 종사자의 자연유산이 다른 직군에 비해 높다'는 내용을 국정감사에 제출한 적이 있는데, 이는 그가 속한 연구소가 2008년부터 2012년까지 5년 동안 건강보험공단의 '진료비 청구 자료'를 분석한 내용이었다.

김명희: 처음 생식독성 사건을 접하고, 제가 받은 트레이닝에 따라 이것이 타당한 주장인지를 확인해야 했어요. 해외 논문들을 찾기 시작했죠. 국내에선 연구가 거의 없었으니까요. 심증은 있으나 물증이 없는 상태라 좀 당황스러웠죠. 전공자는 확실한 논거 없이 '이건 문제다'라고 이야기하기가 어렵거든요. 하지만 '충분히 의심할 만한, 연관성을 의심할

만한' 사례들이 계속 나왔고, 일관되게 결과가 나오는 것으로 봐선 뭐가 있긴 있구나, 이런 의심을 할 수 있게 된 거죠.

자료와 근거

이후 《한겨레》에서 〈반도체 아이들의 눈물〉이라는 제목으로, 반도체 산업에 종사했던 이들의 불임, 유산 그리고 자녀 '기형' 문제를 다뤘다. 기사는 건강보험 진료비 청구 내역을 분석하여, "삼성전자·하이닉스 등 2대 반도체 기업에 재직 중인 노동자의 아이들 가운데 태어난 해 '선천성 기형'을 진단·치료받은 이들이 2009년 256명에서 2013년 752명으로 증가"했다고 밝히고 있다.[35] 반도체 산업에 종사한 부모를 둔 이의 '기형' 발생률은 다른 집단에 비해 1.4배나 높다고 했다. 하지만 읽는 입장에선 의문이 들었다. 이 수치는 얼마나 유의미한 결과일까?

김명희: 숫자 자체로 보면 굉장히 큰 위험인 거죠. 노출되지 않은 사람에 비해 노출된 사람이 1.4배나 많다는 건, 위험이 40퍼센트나 상승했다는 소리니까요. 미세먼지로 인해 폐암 사망자가 늘어났다고 하잖아요. 그때 수치가 1.2배 이렇거든요.

그렇지만 여기에는 신뢰성의 문제가 있어요. 동전 던지기를 예로 들면, 50퍼센트 확률로 앞뒷면이 정확히 반반 나와야 할 것 같지만, 현실에서는 꼭 그렇지도 않아요. 10번을 던지면, 앞면이 6번, 뒷면이 4번 나올 수 있어요. 뒷면이 3번, 2번 나올 수도 있고요.

동전에 어떤 문제가 없어도 순전히 우연에 의해 이런 결과가 나올 수 있어요. 하지만 던지는 횟수를 백 번, 천 번, 만 번으로 점차 늘려가면 50퍼센트에 근접한 숫자가 나와요. 정밀성이 높아지는 거죠. 표본의 숫자가 작으면 어떤 주목할 만한 결과가 나왔다고 해도 우연이라는 가능성이 있다는 점에서 해석에 매우 주의해야 해요. 그런 측면에서 기사에 나온 건강보험 자료는 대상자 표본의 숫자가 작기 때문에 이 결과 하나만을 두고 확정적 결론을 내리기가 어려운 상황이죠.

여기까지 들으면 '근거가 없는 건가?' 싶지만 자료의 한계가 곧 '피해 사실이 없다'는 결론으로 이어지진 않는다고 했다. 오히려 건강보험 자료가 가진 한계로 인해 위험이 충분히 드러나지 못하고 있을 가능성이 있다.

김명희: 건강보험 자료 자체에 한계가 있어요. 부모 양쪽의 직종을 모두 알기도 어렵죠. 예를 들면 엄마 아빠가 둘 다 일하는데, 엄마는 반도체 공장에서 일하고 아빠는 다른 사무직 일을 해요. 그런데 그 아이의 건강보험이 아빠한테 가 있

어요. 이럴 때 건강보험은 가입자를 중심으로 통계가 잡히기 때문에 반도체 작업환경에 의거해서 아이가 아프게 태어난 건지를 확인할 수 없는 거죠. 그러니까 배우자의 직종을 연결시키는 작업이 중간에 한 번 더 필요한 거죠. 개인정보 보호 문제가 있기 때문에 연구자 개인이 요청하는 건 불가능하거든요. 이런 자료에 접근할 수 있는 건 국가뿐이에요. 그러니까 국가가 해야 하는 거죠.

2014년에 《한겨레》 기사가 났을 때도 삼성, SK하이닉스 등 반도체 기업에서 반박 입장을 냈거든요. 자료의 신뢰성이 부족하다고. 그걸 자신 있게 반박할 수 없어요. 실제로 근거 자료에 한계가 있기 때문에. 그렇다면 사건을 숨기려는 기업과 정보에 가닿을 수 없는 개인이 싸울 게 아니라, 국가가 나서야 하는 일이라 생각해요.

국가와 근거

기업은 (직업병이라는) 근거의 한계를 말하지만, 근거가 없는 데는 이유가 있다.

김명희: 만약 20년 전에 미국 IBM 노동자들이 개별 보상에 합의하지 않고, 재판을 해서 직업병 여부를 따졌다면 근거가 남았겠죠. 하지만 결과적으로 근거는 남지 않았고, 근거가

없기 때문에 자료를 수집하지 않고, 자료를 수집하지 않으니까 직업병인지 아닌지 영원히 알 수 없는 악순환이 벌어진 거죠.

미국 반도체 기업인 IBM에서 일했던 노동자들은 회사를 상대로 집단소송을 벌였다. 처음에는 반도체 근무자들의 암 발병을 두고 소송을 벌였으나 이후 회사가 사용한 물질로 인해 근무자들의 자녀가 '선천성 기형'을 겪고 있다는 사실을 알게 됐다. 이들의 자녀는 눈에 암세포가 자리 잡거나 뇌에 물이 찬 채로 태어났다. 2000년대 초반, 자녀 질환에 따른 손해배상 소송이 시작됐다. 그러자 IBM은 노동자들에게 거액의 보상금을 제시했다. 결국 소송은 중도에 멈췄다.

김명희: 미국 같은 나라에선 이미 1990년대에 반도체 산업 생식독성 문제가 논란이 됐죠. 그러자 미국반도체협회에서 더 이상 위험요인으로 지목된 물질은 쓰지 않겠다고 공언을 해요. 그해 IBM는 SK하이닉스랑 삼성 등과 메모리칩 공급 계약을 맺어요. 예전에 《블룸버그 비즈니스위크》라는 언론사 기자가 생식독성을 취재하던 중에 한국의 사례를 보고 놀랐다고 하더라고요. 1980년대 미국에서 위험하다고 지적된 물질들이 작업장에서 다 사라졌다고 생각했는데, 2000년대 들어서 한국에서 그 물질에 의해 생식독성 문제가 일어난 걸 본 거죠.[36] 한국에서 사용한 기술과 화학

약품, 설비 등도 시간이 지나면 다른 나라로 가지 않겠어요?

한국 내부에서도 직업병 논란이 끝나지 않았다. 2세 질환이라는 새로운 문제도 등장했다. 그러는 동안에도 한국의 기업은 중국과 베트남 등지로 진출해 이번에는 국제적 가해자가된다. 김명희는 이런 이중적 위치가 한국이라는 국가에 중요한 역할을 부여한다고 했다.

김명희: 유해물질 연구를 할 수 있는 자원이 있는 미국이나 유럽 같은 곳에선 더는 반도체 제조가 이뤄지지 않고 있으니 연구가 가능하지도 않고 그 필요를 느끼지도 않는 거죠. 반면 반도체 생산이 이뤄지고 있는 동유럽이나 동남아, 중국 등에서는 연구를 하기 어려운 상황인 거예요. 불균형이 생기는 거죠. 그나마 대만은 반도체 생산을 하면서 연구 기반도 있기에 적은 수의 논문이라도 나온 거고. 한국도 관련 연구를 할 수 있는 중간자적 위치예요. 한국과 대만이 반도체 직업병에 관한 조사와 연구를 제대로 하는 게 굉장히 중요하다는 생각이 들어요.

젠더와 근거

2013년 문제가 제기되긴 했지만, 거의 10년 가까이 생식독성과 2세 질환 문제가 널리 공론화되지 않은 데는 또 다른 까닭이 있다. 입증할 자료나 연구 논문이 없어서라고만 말할 문제는 아니다.

김명희: 처음에 생식독성 문제가 제기되었을 때, 여러 업종에서의 월경 이상 진단 기록을 분석한 적이 있었죠. 승무원, 간호사 등. 이들의 진료 기록을 건보에서 받았는데, 문제가 감지된 사업장이 있다고 해도 그 사업장들 안에서 이 문제를 제기할 동력이 없었어요.

동력이란, 이 문제를 제기할 주체를 의미했다. '내가 이런 일을 겪었고, 이것이 우리의 문제'라고 말해줄 사람. 월경, 유산, 난임, 자녀 질환은 여성들이 꺼내 말하고 싶지 않은 종류의 문제였다.

김명희: 삼성, 엘지, SK하이닉스 등 반도체 기업들은 자체 지원 보상 시스템을 운영하고 있거든요. 반올림과 노동보건안전 활동가들이 열심히 싸워 반도체 직업병 문제를 알린 덕분인데. 물론 기업은 업무와 질환의 인과성이 밝혀졌기 때문이 아니라, 기업 복지 차원에서 보상을 해주는 거라고 이야기하지만요. 어쨌건 보상 목록에 자녀 질환이 있고, 선천성 '기형' 관련 사례(신청)가 계속 들어온단 말이에요. 그런데 유산이나 난임의 경우 사람들이 신청하길 꺼린다는 이야기

를 들었어요. '자식 팔아서 돈 번다?' 이런 마음이라 밝히고 싶지 않다는 거죠. 회사나 다른 사람들에게 내가 유산했다는 것을 알리고 싶지도 않은 거고요.

저는 생식독성 문제가 공론화되기 어려운 이유 중 하나가 젠더 이슈이기 때문이라 생각해요. 누구 잘못도 아닌데 유산이 굉장히 큰 죄책감으로 다가오는 거예요. 한국사회에서 '기형아'를 출산하면 부모가, 특히 엄마가 엄청난 부채감에 시달리잖아요. '내가 임신 때 무슨 약을 먹은 게 문제였나. 내가 담배를 피운 게 문제인가.' 오만가지 죄책감에 시달린단 말이에요. 이 사회적 규범 자체가 여성들을 옭아매고 있는 거지요.

그래서 반올림에 자녀 질환 문제를 제보하며 '시댁은 몰랐으면 한다'고 당부하는 이들이 있다. 시댁이, 가족이 모르려면 세상이 몰라야 한다. 생식독성 피해 문제는 수면 위로 나오기 어려웠다. 앞서 쓴 문장을 정정해야겠다. 여자들이 말하고 싶지 않은 문제가 있는 것이 아니다. 여자들에게 특정 문제를 꺼내어 말하기 어렵게 만드는 사회가 있다.

김명희: 저는 젠더를 본격적으로 연구하는 사람은 아니에요. 다만 제가 주로 불평등과 건강에 관한 연구를 하니까, 당연하게 젠더를 고려할 수밖에 없는 거죠. 불평등 요소로서 계급, 인종, 연령 등을 고려해야 하는 것처럼요. 그런데 문제

는 연구 과정에서 젠더를 고려하지 않는 경우가 많다는 거죠. 대개의 경우 남성이 '표준'이 되니까요. 예를 들어, 제가 인턴 때 병원에서 수련을 받는데, 이때는 의사는 남성, 간호사는 여성이라는 성별 이데올로기가 아주 강하게 작동하던 시기예요. 그래서인지 업무 분장이 이렇게 되어 있어요. 수술하기 전날 환자에게 소변줄을 끼우고 생식기 주변의 털을 깎아야 되거든요. 그런데 업무 분장을 여자 환자는 간호사가 하고, 남자 환자는 의사가 하도록 되어 있어요. 의사는 곧 남성이었으니까. 그 얘기는 여자 의사인 제가 가서 남자 환자의 제모를 해줘야 한다는 거예요. 양쪽 다 당황스러운 상황인 거죠. 이런 현실에서, 연구를 하는 사람조차 성차를 고려하는 것이 필요하다는 인식을 할 수가 없게 되는 거 같아요.

특히 역학 연구를 하게 되면, 자살이나 산재 문제에 있어 젠더를 고려하지 않고는 잘 해석이 되지 않아요. 혹은 젠더의 차이 때문에 결과가 제대로 도출되지 않는 경우가 있거든요. 여성 노동자 같은 경우에는, 우리나라에 많은 산재 형태인 추락사 등으로 사망하는 경우는 적거든요. 그래서 여성에게는 산재 문제가 없는 것처럼 이야기되죠. 반대로 근골격계 문제는 집안일 때문에 생기는 걸로 여겨져서 산재로 인정받기 어려웠죠. 의사들도 묻는 게, "집에 세탁기 있나? 손빨래하냐?" 여성이 직장에서 문제가 생겼을 거라는 것을 염두에 두지 않는단 말이에요. 과학이나 의학이 젠더를 고려하지 않고 접근하기 때문에, 젠더적인 문제가 드러나지 않는 거지요.

싸움과 근거

문제가 문제로 드러나질 않는다.

김명희: 지금도 근거가 충분치 않아요. 그래서 더 떠들어야 한다는 게 제 생각입니다. 그래야 반론을 주고받는 과정에서도 증거의 유무를 두고 다투고, 서로 더 나은 근거를 갖기 위해 연구가 이뤄질 테니까요. 공론화하는 작업이 필요하다고 생각해요. 아까 이야기했지만, 건강보험 자료를 분석할 때 여러 직종에서 유산이나 생식독성 문제를 의심해볼 수 있었지만 제기하기 어려웠어요. 이것을 제기할 당사자 동력이 없어서. 하지만 반도체는 그간 싸워온 힘이 있기 때문에 동력을 가질 수 있었던 거죠.

10여 년 전 반도체 노동자들의 직업병 문제가 제기되었다. 반올림이 대책위원회 형태로 사건을 해결할 당시, 사건을 접한 사람들은 물었다. '그래서 그 일터의 어떤 물질이 어떤 병을 발생시킨다는 거야?' 하지만 대답할 말은 궁했다. (지금도 여전하지만) 삼성은 영업비밀이라며 사용 물질을 공개하지 않앗고, 후에 밝혀진 바에 따르면 자신들조차 성분을 파악하고 있지 못한 유해물질과 그 부산물이 존재했다. 내가 당시 글에 쓸 수 있던 것은 "내 몸이 증거"라는 피해 당사자들의 말뿐이었다. 하지만 이마저 통계로 잡힐 만한, 즉 '의미가 부여된' 다수의 몸일 경우에만 증거가 될 수 있었다.

김명희: 황유미씨도 만일 혼자였다면 직업병으로 인정을 못 받았을 거예요. 그런데 이야기가 알려지고 사람들이 '나도, 나도 그런데' 하면서 이게 혼자만의 일이 아니라는 게 알려진 것처럼, 2세 질환이나 생식독성 문제도 그렇게 알려져야 한다고 생각하거든요. 병에 걸린 사람을 개인화시키는 것을 멈춰야 당사자가 이야기를 할 수 있어요. 개인의 문제가 아니라 사회가 같이 다뤄야 할 인권 문제이고, 일하는 사람의 노동권 문제라는 인식이 더 넓어져야 하는 거지요. 그러니까 싸워야 하는 거죠. 함께 싸우는 것이 필요하고요.

연구자가 싸움을 강조한다. 김명희는 국가와 법, 과학과 의료 분야를 견인하는 것은 '싸움'이라 했다.

김명희: 많은 직업병 사례들이 그랬지만, 법이 먼저 피해를 받는 이를 발굴하고 도와준 사례는 없어요. 노동자들이 싸워서 그걸 직업병이라 명명하고 법을 개정시킨 거죠. 법은 원래 그런 거예요. 법은 사회의 최소치잖아요. 반도체 직업병

이라 의심되는 몇몇 질환에 대해서, 개별 역학조사를 하지 않고 산재보험 신청을 하면 바로 인정해주는 사례도 반올림과 피해 당사자들이 싸워서 만든 거잖아요.

★★

자신이 겪은 '불행한 일'에 대해 금전적 보상을 해준다고 해도 신청하지 않는 이들이 있다. '자식 앞세워 돈 번다'는 소리를 듣기 싫은 사람들. 자신의 비극을 회사에 알리고 싶지 않은 사람들. 그래서 모성보호법에 유산 시 휴가(5일부터 50일까지)가 가능하다고 나와 있어도 마치 감기 몸살에 걸린 듯 하루 이틀 만에 회사로 출근하는 이들이 있다.

배 속 태아를 잃으면 '아이 간수'를 하지 못했다는 말이 무심코 나오는 세상에서 모성이라는 책임감이 무겁다. 자책과 상실. 한 성별만이 유독 이런 감정에 시달린다는 것은, 특정 젠더가 이 사회에서 다른 위치에 놓여 있음을 보여준다.

그리고 신청을 엄두도 내지 못하는 사람들도 있다. '놀랍게도' 아무도 신청하지 않았다는 반도체 대기업의 (사내)하청·협력업체 직원들.

"아마도 근무 이력을 입증하기가 어려워서 그런 거 아닐까요?"

어렵다는 것을 알기에 시도조차 하지 않는다.

"제가 학생일 때, '재련 공장에서 30년 근무한 노동자가 폐

암에 걸려서' 이런 식으로 배웠단 말이에요. 그런데 누가 요즘 30년이나 일해요. 어디서 2년, 어디서 3년 근무하고. 하청업체일수록 1년 단위로 계약이 갱신되거나 잘리잖아요. '이거 우리 회사에서 일할 때 그런 게 아닌데?' 해버리면 어떻게 입증하겠어요."

고용보험 없는 삶. 몇 개월마다 계약서를 갱신하는 삶. 자신을 고용한 회사와 업무를 지시하는 회사가 다른 삶. 이 삶들은 증명이 어렵다. 자꾸 증명하는 일에 자신이 없어진다.

그리고 여기 숫자에 속하지 못하는 사람들도 있다.

"건강보험 자료로 분석하는 것은 한계가 있는데, 병원에 가지 않은 질환은 숫자로 잡히질 않거든요. 생리가 굉장히 불규칙해도 그 사람이 병원에 가지 않으면 자료가 되지 않는 거예요. 병원에 가지 못하는 조건의 사람은 숫자로 잡히지 않는다는 말이지요. 병원 접근도는 높은지, 당사자가 병원 갈 시간은 있는지, 지금의 건강보험 통계는 그런 것들을 고려할 수 없는 자료거든요."

병원에 가기 어려운 사람은 빤하다. 동반자나 공동체 없이 혼자 아픈 사람, 병원 검진이나 치료를 받을 만한 경제적 형편이 되지 않는 사람, 그리고 병원이 집중된 도시에 살지 않는 사람. 10년 전, 직업병 취재를 하면서 대도시의 병원으로 가기 위해 아픈 환자가 새벽같이 먼 길을 나설 채비를 하는 일을 지켜봤다. 최근 직업병 자녀들을 만났을 때, 이들은 긴급한 순간이 오면 대도시까지 사설 구급차를 타고 달렸다. 비용이 드는 일이었다.

　사설 구급차 이야기를 들을 때마다 기껏해야 동네 병원에 택시나 타고 갈 수 있는 재정 상태를 지닌 사람들을 생각했다. 그들 품에 안긴 자녀는 대도시 병원에 가보지도 못하고 제대로 된 진단명도 받지 못하고, 국민건강보험에 기록 한 번 제대로 올리지 못하고, 병명 없이 아팠을지도 모른다. 소득 불평등, 그리고 지역 불평등.[37]

　의료서비스는 수도권과 대도시에 집중되어 있다. 산모가 산부인과나 응급실이 있는 병원에 도달하는 시간은 서울에서는 3분이지만, 전남에서는 42.4분이라 한다. 그래서 요즘도 사람이 애를 낳다가 죽는다. 어린이 중증질환 전문병원(어린이 공공전문진료센터)은 전국에 10개소가 존재하는데 그중 4곳이 서울에 있다. 나는 취재를 할 때마다 왜 아픈 자녀를 둔 부모들이 서울에 있는 어린이 병동에서 보자고 하는 것인지 의문스러웠다. 그들은 서울 시민이 아니었다. 그런데도 왜 여기까지 오는 걸까. 이유가 있었다.

　거주지에 적절한 치료가 가능한 어린이 전문진료 의료기관이 없어 서울을 찾는 서울 외 지역 어린이 환자가 연 2만 명을 넘는다고 했다.[38] 성인이 아닌 어린이의 체구와 체질에 맞춰 치료와 검진을 할 수 있는 전문기관이 부족했다. 투자한 만큼 수익을 얻을 수 없다는 것이 이유였다.[39]

　근거가 없는 이유는 분명하다. 근거가 될 만한 '마땅한' 자료가 없으며, 말하는 사람이 없으며, 관련 연구의 지원이 없다. 국가가 나서서 근거를 만들어야 하지만, 하지 않았다.

"평등하지 않기에 근거가 없는 거죠."

근거를 가질 수 없는 집단을 만드는 것은 불평등을 유지하는 길이다. 그 사실을 잘 알기에 힘 있는 자들은 뒷짐 진 채 아픈 이들에게 근거를 내놓으라 한다.

3부

목소리의 길목

"노란 잔디가 아직 되살아나지
못했던 차가운 광장의 나지막한
외침을 생각했다. 힘을, 보태어,
이 변화에."

—정보라,《그녀를 만나다》

끝이 나지 않은 시작들

1995년 LG전자부품 솔벤트 중독 사건

"세정액이 양주값보다 비싸서"[1] 국소배기장치(환풍시설)를 달아둔 회사가 있었다. 세정액으로 쓰이는 솔벤트5200이 날아가지 못하게 하기 위함이었다. 솔벤트 비용은 아꼈는데 노동자들이 픽픽 쓰러졌다.

솔벤트를 사용하던 공정(택트스위치2과)에서 근무한 스무살의 한씨는 급격한 출혈로 부산 모 병원으로 후송된다. 그곳에서 재생불량성 빈혈 진단을 받는데, 이 병은 골수가 손상되어 혈액세포가 급격히 줄어드는 병이다. 만성피로와 빈혈, 출혈 등 증상을 동반한다. 당시만 해도 국내에 그리 알려지지 않은 병이었다. 같은 공정에서 일하던 노동자 20여 명도 어지럼증을 호소했는데, 근무자가 고작 33명인 공정이었다. 솔벤트 중독이 의심됐다. 솔벤트 세정제의 주성분은 2-브로모프로판으로, 눈·피부·생식계·중추신경계에 독성을 일으키는 유기용제다.

사건이 알려지고 시민대책위가 만들어졌다.[2] 1995년 9월 노동부는 역학조사 결과를 발표하는데, 이 유기용제가 골수에만 영향을 끼치는 것이 아니었다. 여성 노동자 17명이 생리 중단이나 난소부전증을 겪었다. 불임 위험이 높은 이들도 있었다. 남성 직원 8명 중 6명은 정자 수가 크게 감소했다는 결과가 나왔다. 2-브로모프로판은 생식기능에 영향을 미치는 물질이었다. 다음 해 1월, 23명의 노동자들은 직업병을 인정받았다. 솔벤트 과다노출로 인한 집단 발병은 국내에 알려지지 않은 일이었다. 이들이 최초의 사례가 됐다.

일하는 사람들은 솔벤트를 사용하는 내내 어지럼증을 느꼈다. 하지만 이들이 호소하던 현기증, 두통, 무월경, 불면증, 팔다리 경련 등의 증상은 여자들의 나약함이나 예민함으로 취급되어 진지하게 다뤄지지 않았다.[3] 특히 '생리(현상)'라 불리며 제 이름을 찾지도 못한 월경에 관한 이야기는 남성 관리자들에게 전해지지도 못했다. 짧게는 4개월 길게는 16개월 동안 생리를 하지 않아도 문제로 제기하지 못했다.[4] 그저 탈의실에서 '여종업원'들끼리 속닥거릴 뿐이었다.

그렇게 이 사건에는 또 하나의 '최초'가 붙는다. 국내에서 생식기능에 관한 직업병이 집단 제기된 첫 사례였다. 이러한 유해물질을 가리켜 생식독성물질이라 불렀다.

2007년 삼성반도체 직업병

2007년, 젊은 여성이 택시 뒷좌석에서 숨을 거뒀다. 택시 운전사인 그의 아버지와 병원에서 돌아오는 길이었다. 황유미라는 이 여성의 병명은 급성 림프구성 백혈병. 드라마 단골 소재로 나온 병명을 담당 의사 입에서 듣게 되었을 때, 그의 나이는 스물한 살이었다. 삼성반도체 기흥공장에서 1년 8개월간 생산직 오퍼레이터로 일했으나 건강이 급속도로 나빠져 퇴사했다.

그와 같은 팀에서 일했던 선배도 백혈병으로 숨졌다. 회사는 두 사람의 일을 우연이라고 했다. 이 확률 낮은 우연이 세상에 알려지고, 2007년 시민대책위(반올림)가 만들어졌다. 이전까지 반도체 산업은 굴뚝 없는 공장이라 불렸다. 국내 굴지의 기업들은 티끌 한 톨 들어갈 수 없는 클린룸을 '선진'의 이름으로 홍보했다. 그러나 클린룸이란 공간에는 먼지와 비교할 수조차 없는 유해인자들이 있었다.

"백혈병 원인 물질로 알려진 벤젠, 포름알데히드 등 유해물질과 전리방사선 등에 노출됐을 가능성이 있고 3교대제 근무로 인한 과로나 스트레스도 발병과 관련이 있다."

2014년, 법원은 황유미의 죽음이 업무상 재해(직업병)로 인한 것임을 인정했다. 황유미는 국내에서 처음으로 반도체 직업병 문제를 제기한 인물로 알려져 있다.

2020년 제주의료원 2세 질환 산재 첫 인정

2009년, 제주의 한 병원에서 임신한 15명의 간호사 중 5명이 유산을 했다. 비극은 여기서 끝나지 않았다. 출산한 10명 중 4명의 자녀가 선천성 심장 질환을 가지고 태어났다. 아픈 자녀를 낳은 4명의 간호사는 산재 신청을 한다. 그러나 근로복지공단은 이들의 산재 신청을 기각한다.

노동조합과 시민사회의 도움으로 제주의료원에 대한 역학
조사가 진행됐다. 조사 결과, 당시 간호사들은 임신한 몸으로
권장 기준보다 몇 배나 많은 수의 환자를 담당하고 있었다. 병
원이 임신한 여성 노동자에게 내민 것은 '모성보호' 제도[5]가
아니라, 야간근로 동의서였다. 이뿐만이 아니었다. 항암 약재
와 같은 독한 약품을 간호사들이 직접 약을 가루로 빻아 환자
에게 투여하는 업무를 하게 했다. 그 양이 하루에 200여 정이
넘었다.

역학조사 결과를 바탕으로 재신청을 했으나, 근로복지공단
은 산재요양급여를 지급할 수 없다는 입장을 고수했다. 노동
자 본인이 아닌 자녀는 산업재해보상보험법 적용 대상이 아
니라는 이유였다. 4명의 간호사는 근로복지공단을 상대로 법
정 소송을 시작한다.

이후 1심 승소, 2심 패소를 거쳐 2020년 대법원으로부터
최종 판결을 받는다.

"태아는 모체의 일부로 모와 함께 근로 현장에 있기 때문에
언제라도 사고와 위험에 노출될 수 있다. …… 업무에 기인한
사정으로 임신한 여성 근로자와 한 몸인 태아의 건강이 손상
되는 상황이 발생하였다면 그로써 이미 산업재해보상보험법
상 업무상 재해가 있었다고 평가함이 정당하다." (대법원 판결
문, 2020.4.29.)

태아의 건강손상에 관해 직업병을 인정한 최초의 판결이었
다. 이 판결을 받아내기까지 무려 10년이 걸렸다.

2021년 2세 질환 관련 산재 법안 마련

2021년은 그럴 만한 시간이었다. 아픈 자녀에 관한 이야기가 터져 나올 만한 시간.

1983년 삼성이 국내 반도체 산업의 첫 포문을 열었고, 현대와 럭키금성이 잇달아 생산공장을 짓기 시작했다. 당시 새끼손가락 손톱만 한 크기의 칩에 머리카락 굵기 50분의 1 정도 되는 미세한 회로[6]를 그리는 반도체 기술은 국내 기술력의 상징이 됐다. 그 첨단의 공간에서 일하는 사람들이 있었다. 그중 다수는 오퍼레이터로 불리는 생산직 말단 여성 직원들. 오로지 '일하는 사람'으로만 존재하는 것이 아니기에 반도체 직원들은 연애를 하고 결혼을 하고 출산을 했다.

한국의 보편적인 생애주기에 따르면, 반도체 산업이 승승장구하던 1990년대 중반 이후 입사한 사람이 소위 결혼적령기가 되었다고 말해지는 시기는 2000년대 초중반. 이들은 결혼을 하고 출산을 했다. 아이가 아프게 태어났다. 응급실에 드나들고, 검진을 받고, 진단명을 받고, 수술을 받고. 그러면 어느새 어린이집에 갈 나이, 초등학교에 갈 나이가 된다. 아픈 몸으로 단체 생활에 잘 적응할지 마음을 졸인다. 그사이 종종 그들은 직업병 문제를 두고 회사와 다투고 있는 사람들 이야기를 듣게 된다. 우리 회사 이야기인데? 분주하니 귀담아듣지 않다가 자녀가 어느 정도 커서 한숨 돌리니 2010년대 후반이 되었다. 그런데 자신이 다녔던 회사에서 '자녀의 질환'을 보상

해준다고 한다.[7] 왜 회사가 내 아이의 병까지? 무슨 관계가 있기에? 의문을 품을 여유가 만들어지기까지 출산 후 10년이 넘게 걸렸다. 그제야 이들은 예전에 들었던, 회사와 직업병 문제를 두고 싸우던 시민단체를 떠올린다.

하지만 반올림은 섣불리 이들에게 '산재 신청을 하시지요'라고 권하지 못했다. 당시 산업재해보상보험법은 오직 '근로자 본인'만이 요양급여 수급 대상이었다. 길도 없는 곳을 앞장서 가라고 하긴 어려웠다. 그런데 보이지 않던 길이 제주도에서 열렸다. 제주의료원 간호사들이 제기한 2세 질환 직업병 집단소송의 결과가 2020년에야 나온 것이다. 이 판결이 실효성을 가지려면 법 자체가 개정되어야 했다.

반도체 2세 질환 피해 가족들이 모인 자리에서 반올림의 조승규 노무사는 이리 말했다.

"제주의료원 판결 이후, 2세 질환 문제의 산재 신청 가능성이 열릴 것이라 기대하고 있습니다. 하지만 근로복지공단은 여전히 현행법에 요양급여 지급 규정이 없다는 입장이에요. 판결은 났지만 제주의료원분들은 산재 보상을 받지 못하고 있어요. 이제 법을 바꾸는 일이 필요합니다. 우리도 이 싸움에 함께하려 합니다."

결론부터 말하자면 2021년 12월 9일, 일명 '태아산재법'이라 불리는 산업재해보상보험법 개정안이 국회 본회의를 통과했다. 2세 질환 직업병이 보상받을 수 있는 첫 관문이 열린 것이다.

이것은 시작일 뿐

2023년 1월 12일부터 부모의 업무환경으로 인해 선천적으로 건강손상을 입은 자녀의 산재 신청이 가능해진다. 이 소식을 전했을 때, 사람들은 물었다.

"이제 다 해결된 거예요?"

2020년 제주의료원 간호사들이 대법원에서 승소했을 때도 사람들은 같은 질문을 했다. 이제 다 된 거죠? 안도를 원하는 사람들 앞에서 나는 대답을 머뭇거렸다. 실망시키고 싶지 않으나 현실은 실망스러웠다. 10년간의 법정 투쟁이 결론이 나고, 관련 법이 개정되었다. 사람들의 기대와 다르게 개정안을 통해 당사자들이 얻은 것은 '산재 신청을 할 수 있는 권한'뿐이었다. 판결을 기다린 간호사들도, 반도체 2세 질환 직업병 피해자들도 근로복지공단의 판정을 기다리고 있다.[8] 끝난 문제는 없다. 시작일 뿐이다.

"우리가 또 하나의 의미를 던졌구나"

제주의료원 사건 관계자 인터뷰

2009년 즈음 제주의료원 소속 간호사 4명이 선천성 심장 질환을 지닌 아이를 출산했다. 5명은 유산을 했다. 근로복지공단에 산재 신청을 했으나, 근로복지공단은 유산만을 업무상 재해로 인정할 뿐, 선천성 심장 질환 건은 신청을 반려했다. 산재보상보험법에서 업무상 재해란 '근로자 본인'의 부상·질병·사망만을 의미하며 원고들의 자녀는 법의 적용을 받는 근로자로 볼 수 없다는 것이 이유였다.

당사자들과 노동조합은 이에 반발해 법정 소송에 들어갔다. 이른바 근로복지공단의 '요양급여 부지급 처분에 대한 취소' 소송이었다. 10년 후인 2020년, 대법원은 '태아에게 일어난 건강손상을 업무상 재해로 봐야 한다'고 판결한다. 이 판결이 있기까지의 과정을 들었다.

성명애: 2011년부터 제주에서 제주의료원 산재 신청을 담당한 노무사.
강영애: 사건이 발발하던 당시 공공운수노조 의료연대본부 제주지부(이하 제주지부)에서 지부장을 맡았고, 제주의료원에서 간호사로 근무했다.
박현희: 당시 제주지부에서 부지부장을 맡았다.

시작

성명애: 2010년 3월에 제주에 왔어요. 민주노총 제주본부에서

노무사 겸 법규국장으로 일했는데, 당시에 제주의료원 노동조합이 제주도청 앞에서 천막 농성을 한 거예요. 제주의료원이 공공기관으로 (제주)도 예산을 받아 운영하는데, 몇 년째 임금 체불이 계속되니까. 또 병원 측의 단체협약[9] 해지 시도도 있었어요. 병원 경영진은 노조를 계속 인정하지 않으려 해서. 그런 상황에서 한 날은 농성장에 찾아갔는데, 제주지부(노조) 지부장님이 이런 말을 하시는 거예요. 임신한 간호사들이 유산을 너무 많이 한다. 처음에는 유산 얘기만 들었어요. 그래서 얼마나요? 물어봤더니, 2~3년 사이에 10명에서 15명 정도? 너무 많은 거죠. 유산만 있냐 그랬더니, 선천성 심장 질환을 가지고 태어난 아이들도 있다고. 들으면서 이거 작은 문제가 아닌 것 같다. 현장(역학)조사 해보자. 그렇게 상황 파악을 시작한 거죠.

강영애: 간호사들이 유산을 굉장히 많이 하긴 해요. 그래서 처음에는 그냥 지나갔는데, 나중에는 임신하면 유산기가 있거나 유산하는 게 수순처럼 되는 거예요. 1년쯤 되었을 때 계산해봤더니 15명이 임신을 하면 그중 10명이 유산을 하는 거예요. 어느 날엔 눈물 뚝뚝 흘리면서 전화를 해서 애가 아프게 태어났다고, 지금 서울로 올라가야 해요, 이러는 거예요. 저도 아이를 출산한 경험이 있는 사람으로서 이거는 아니라는 생각이 든 거죠. 이전에도 병원에 끊임없이 문제제기를 했어요. 조사해봐야 하는 거 아니냐. 진짜 여러 차

례. 원장은 당시에 저희(노조)를 상대조차 하기 싫어했죠. 병원은 요양병원으로 전환하려고 하고 있었는데, 이게 인력 감축과 구조조정의 빌미가 되게 생긴 거예요. 그래서 노조가 반대를 하자 완전히 척을 지게 된 거죠. 그런 상황에서 병원은 간호사들 건강권 문제는 들으려고도 하지 않았고, 우리 입장에서는 이 사건을 좀 더 외부에 문제화하지 않으면 안 되겠다는 절박함이 생긴 거죠.

노조는 지역사회에 사안을 알리고 문제 해결을 위한 공동대책위를 꾸린다. 그리고 서울대 산학협력단(단장 백도명)에 역학조사를 의뢰했다. 2009년 국내 일반 인구 유산율은 20.3퍼센트인 데 반해, 제주의료원의 유산율은 40퍼센트에 달한다는 결과가 나왔다. 더불어 제주의료원 간호사들의 선천성 심장 질환아 출생률은 40퍼센트인데, 이는 일반인들과 비교했을 때 10배 이상 높은 수치였다.

원인

강영애: 사건이 있던 그해 유독 임신한 간호사들이 많았어요. 그럴 수밖에 없던 게, 2002년에 제주의료원이 지금 자리로 이전했어요. 이전하면서 갓 졸업한 신규 간호사들을 대거 뽑은 거예요. 간호사들이 들어온 지 7~8년 지났고, 결혼

하고 임신하는 나이가 엇비슷했던 거죠. 그런데 병원엔 사람이 부족했어요. 그때 한 달에 10일에서 15일 정도가 '나이트'일 정도로 야간근무가 많았거든요. 집에 가면 잠만 자다가 출근하는 거예요. 간호 인력 등급이라는 게 있어요. 적절한 수의 간호사가 있는가를 평가하는 항목인데, 저희는 늘 5등급 꼴찌였어요.[10] 그러니까 간호사들이 못 버티고 나가서, 2008년 통계를 보면 퇴사자가 입사자보다 많아요. 퇴사자는 계속 생기는데 사람은 채워지지 않으니까 악순환이 심해지는 거죠. 결국 사람 없다는 이유로, 임신부한테도 야금야금 야간노동을 계속 시킨 거예요.

박현희: 병원이 간호사를 충원해야 한다는 인식 자체가 없었던 거 같아요. 간호사를 제외한 관리자나 사무직은 남성 중심이기도 하고, 지방의료원이기 때문에 병원 경력이 있는 사람이 아니라 관료들이 오다 보니까, 간호 업무가 뭔지도 모르고. 너희 하는 일이 뭐냐, 놀고 있는 거 아니냐. 환자 기록하느라 스테이션에 앉아 있으면 일 안 하고 앉아 있는 거냐. 그때는 그런 인식이 아주 만연했어요. 원장 라인 따라 승진할 눈치만 보느라 현장 직원들 챙기지 않는 관리자도 많고. 간호부 조직 자체가 자꾸 위축되는 거죠.

성명애: 여기가 도립병원으로 시작해 역사가 오래됐는데, 2002년 병원 이전과 동시에 적자에서 벗어날 요량으로 노

인 요양병원으로 탈바꿈을 하려 해요. 그러면서 고령층 환자 수가 크게 늘어나는데, 환자가 40명이다 그러면 고령이나 중증 환자가 30명일 정도로. 어르신들 같은 경우 계속 누워 계시기 때문에 케어를 정기적으로 하지 않으면 위험해져요. 일반 환자보다 업무가 더 많은 거죠. 그런데다가 임신부가 약을 빻는 업무를 하는 거 자체가 잘못되었다는 걸 인식 못 할 정도로, 체계가 없었어요. 고령 환자는 알약을 그냥 먹기 힘들잖아요. 가루로 만들어야 해요. 그걸 간호사들이 쪼그려 앉아서 약을 절구에 넣고 빻는 거죠. 하루에 수백 알을 빻았어요. 항암 치료제 같은 약재는 독하잖아요. 그걸 간호사들이 직접 빻아 사용한 거예요.

제주의료원 간호사들의 증언에 따르면, 당시 병원에는 콧줄(튜브)로 영양물을 섭취하는 노년·중증 환자가 많았다. 알약을 삼키는 일도 불가능했기에 가루약이 필요했는데, 담당 간호사들이 하루에 3~5번, 각 30분씩 200정에서 300정가량의 알약을 직접 빻아 가루 형태로 만들었다. 후에 진행된 제주의료원 역학조사에 의하면, 간호사들이 분쇄한 약품 중에는 미국 식품의약국(FDA)에서 임산부에게 사용을 금지한 약 50여 종이 포함되어 있었다.

당시 산부인과 전문의(고경심)가 쓴 재해의견서는 이러했다. "과로와 스트레스, 야간작업, 유해한 약물 노출 등의 정황 등으로 작업환경으로 인하여 임신 전후에 가해진 노출과 과

도한 업무 등이 임신에 미치는 영향과 관련성이 높다고 사료
된다."

그러나 근로복지공단은 자녀 질환에 대한 산재 신청을 받
아들이지 않았다.

과정

박현희: 법정 소송에 들어가기가 쉽진 않았어요. 당사자들을
설득하고 동참시키는 게. 여자들이기 때문에 '나 때문에' 이
렇게 됐다는 사실이 공공연히 밝혀지는 게 너무 싫었고. 시
댁 같은 데서 너 때문에 우리 애 잘못됐다, 그 소리 듣고 싶
지 않잖아요. 그래도 선후배 정으로 시작하고, 노조에 대한
막연한 신뢰감으로 함께하고. 그리고 다시는 이런 일이 일
어나지 않아야 한다는 생각들 때문에 하긴 하는데 부담감
이 다들 엄청났어요. 병원에서도 공격을 했어요. 밖에 나가
서 나쁜 이야기하고 다니는 '나쁜 년들'. 그런 말을 자꾸 들
으니까 나중에는 오히려 죄책감이 드는 거예요. 내가 정말
우리 병원 흉을 밖으로 꺼낸 사람인가.

강영애: 소송을 계기로 병원이 노동조합 탄압하는 건 더 심해
졌어요. 병원은 그걸로 언론에 오르내리는 걸 끔찍해하죠.
그렇지만 우리는 이 문제를 이슈화해야 한다고 생각했던

거고. 그러니까 병원은 노조에 대한 미움이 더 커진 거죠. 당시에 제가 수간호사 직무대리였음에도 불구하고 병원은 저를 보직 해임시켰어요. 의료원 역사상 처음일 거예요. 수간호사가 평간호사로 격하된 것은. 병원에서는 표본으로 보여준 거죠. 너네 민주노총(노조)같이 굴면 저렇게 돼.

2014년 1심 법원은 "태아의 건강손상을 업무상 재해로 보아야 한다"고 판단 내렸다. 그러나 2년 후 법원은 1심 판결을 뒤집고 원고 패소 판결을 내렸다. "출산으로 어머니와 아이가 분리되는 이상" 신생아는 어머니의 작업환경으로 인한 요양급여(산재보험) 수급권을 가질 수 없다는 요상한 논리였다. 2세 질환 직업병은 한국사회에서 처음 제기되는 문제였고, 이 생소한 문제제기를 너른 마음으로 받아들일 기관은 없어 보였다. 사건은 점점 이길 수 있다는 희망에서 멀어지고 있었다.

박현희: 이 사건이 굉장히 오래갔잖아요. 몇 년 동안 이어졌거든요. 당사자들이 거의 다 제주의료원에 다니고 있었어요. 아이가 많이 아파서 그만둔 한 명 빼고는 다들 계속 병원을 다녔거든요. 그러니까 나중에는 노동조합에 대한 원망이 커지는 거죠. 자신도 처음에 망설이며 시작한 거니까. 노조가 소송을 하게 만들어서 나를 이렇게 병원으로부터 미움 받게 하는구나. 의리는 지켜서 소송에서 빠지진 않았지만, 저희를 보는 마음은 불편해지는 거죠.

강영애: 대법원 판결이 나고, 정말 기쁘고 축하하고 그래야 하는 일인데. 저 같은 경우는 기자들에게 전화가 오는데 받지를 못하겠더라고요. 이게 우리 병원 사람들이 잘 싸우고 승리해서 나온 결과였다면 훨씬 마음이 좋았을 텐데. 탄압이 워낙 심했고, 그것도 짧은 기간이 아니라 10년이었으니까.

10년은 처음 시작한 마음을 유지하기에는 너무 긴 시간이었다. 직업병 소송을 한 간호사들 대부분이 제주의료원에 다니고 있었다. 출근은 매일 하는데 법원에서는 2~3년에 한 번 꼴로 소식을 보내왔다. 좋은 소식이건 나쁜 소식이건, 그때마다 지역 언론을 통해 판결 내용이 보도됐다. 섬을 통틀어 간호대학이 하나밖에 없는 지역이었다. 익명으로 숨을 수도 없는 곳에서 소송 당사자들의 괴로움이 길어졌다. '이렇게 길어질 줄 알았다면, 아예 시작을 안 하는 건데.' 이 생각을 안 해본 사람이 없을 것이다. 2020년 4월이 되어서야, 최종 판결이 내려졌다.

이후

"여성 근로자의 업무에 기인하여 태아에 선천성 심장 질환이 생겼다면, 이는 업무상 재해에 해당한다."

이 상식적인 내용을 판결로 얻어내는 데 10년이 걸렸다.

성명애: 중간중간에 당사자분들이 물어보셨어요. 이거 과연 이 길 수 있나요? 끝날 수 있나요? 하고는 있지만, 이게 과연 끝날 수 있는 일일까. 막연한 불안감. 저는 처음에 이게 우리가 이길 수 있는 건가 할 때, 이기지 못할지도 모른다는 생각은 했지만, 의심은 없었어요. 이게 업무상 재해(직업병)인 것에 대해서는 의심이 없었어요. 견디니까 이기는구나. 그래, 이렇게 싸워야 하는구나. 우리가 중간에 포기했다면, 우리만이 아니라 이후에 이 판결이 미치는 효과 자체가 없었겠구나. 그냥 묻혀버릴 일이 되었겠구나. 그러니까 우리가 역사에 정말 중요한 일을 했구나.

강영애: 나 자신이 위축된 상황이라, 판결의 의미가 크다는 것이 많이 다가오지 못했던 것 같아요. 하지만 우리가 역사에 또 하나의 의미를 던졌구나. 그것을 의의로 삼자. 잘했다. 모두 다 잘했다. 이렇게 마음 다잡고 있어요. 이 승소가 나기까지 지역에서뿐만이 아니라 노조 중앙(의료연대본부)의 많은 지원도 있었고, 그렇게 우리 힘만으로 한 것이 아니니까. 법정 투쟁에서 이기기 어렵다고 하면서도 도와주신 분들이 꽤 있었거든요.

대법원 판결을 통해 제주의료원 간호사 자녀들의 병은 산재로 인정되었다. 하지만 '태아/자녀'를 수급권자로 하는 법률이 없어 산재를 인정받았으나 산재요양급여는 청구할 수 없었다. 두 가지 방법이 있었다. 산업재해보상보험법을 개정하는 방법, 다른 하나는 민사소송이었다.

성명애: 산재보험법 개정 작업을 진행하던 중에 서울에서 노무사(권동희)분이 승소한 간호사들에게 물었다고 해요. 민사소송을 할 수도 있다. 그런데 우리가 지금 산재보험법 개정 싸움을 준비하고 있다. 법이 개정되는 과정을 같이 지켜보면서 기다려주실 수 있냐. 그랬더니 그분들이 기다리겠다고 했어요. 이 중에는 사정이 좀 급한 분들도 있었는데, 기다리겠다고. 어떻게 보면 자기를 희생하는 거잖아요.

★★

제주의료원 사건이 지역 뉴스를 통해 알려지자, 사람들은 이것을 '병원 괴담'이라 불렀다. 그러나 정작 괴이한 것은 높은 유산율이나 질환을 가지고 태어난 아이가 아니었다. 15명(임신부) 중 6명(유산), 그리고 4명(태아 질환). 이 말도 안 되는 숫자 앞에서 아무 일도 일어나지 않았다는 사실이 기괴했다. 병원은 책임지지 않았고, 병원장은 처벌받지 않았다. 근무태만으로 징계를 받은 근로감독관도 없었다.

피해 당사자들이 할 수 있는 것은 오직 '산재 신청'뿐이었는데, 그마저 거부당했다. 이후 의미 있는 판결이 (아주 더디게) 나왔다. 법은 너무도 중요하다. 하지만 법이 말해주지 않는 것들이 있다. 한 간호사당 30여 명의 환자를 돌봤다고도 했다. 일은 많고 사람은 부족했다. 인력 충원이 왜 안 되느냐고 물었지만, 반쯤은 형식적인 질문이었다. 간호 인력 부족 문제는 자주 언급됐다. 예상한 답변은, 병원이 비용을 들이려 하지 않는다는 것. 경쟁과 난립(공급 과잉)으로 중소 병원이 위기에 몰렸다고 진단하면서도 병원 운영진은 인건비 부담을 앞세워 말했다. 그러나 제주의료원 사람들은 내 예상에서 벗어난 답을 했다.

"간호사를 충원해야 한다는 인식 자체가 없었던 거 같아요."

병원 운영을 좌우하는 관리자들은 대부분 사무직 남성이었다. 이들은 간호사 업무의 중요성도, 왜 적정한 인원이 필요한지도 납득하지 못했다. 그래서 임신부 간호사에게 야간노동을 강요할 정도로 사람이 부족한데도 신규 채용에 품을 들이지 않았다. '중하고' '긴한' 일을 하는 사람들도 아닌데 돈 들여 '또' 채용하는 것이 아까웠을까. 어차피 뽑아도 나간다고 했다(일은 많고 월급은 밀리니 당연한 일이다). 어떤 노동이 '주변화'되는 데는 그다지 논리적인 이유가 필요하지 않았다.

제주의료원 사건을 분석한 한 법학자의 말은 이렇다.

"노동시장에서 남성에 비해 상대적으로 소외되고 보호받지 못하는 여성 근로자가 열악한 노동환경에서 일하는 동안 모(母)의 체내에 있었기 때문에 태아가 직업병을 얻게 되었다는 것이 제주의료원 사건의 본질이다."[11]

법원이 10년을 따져온 법리('태아가 모체와 일치하는가' 등)는 사건의 본질을 말하고 있지 못하다. 사건의 본질은, 여성 노동자가 일해온 환경이다.

항암 약재 분쇄 업무만이 간호사들을 불운한 사건으로 이끈 것이 아니다. 역학조사 보고서에 제주의료원 임신 노동자들이 노출되었다고 판단한 유해인자를 보자면, 1) 방사선 2) 원내 감염(결핵 등) 3) 교대근무 4) 스트레스 5) 노동강도(초과근무 등) 6) 육체적 부담 작업(오래 서 있기, 쪼그려 앉아 작업하기, 중량물 작업 등)이 있다. 이러한 신체적, 정신적 부담 역시 화학물질만큼이나 태아에 영향을 끼치기에 '생식독성 인자'라 불렀다. 법이 임신 노동자의 야간노동을 금지하는 것은 이 때문이다. 이외에도 휴일근무, 시간외근무도 금지하고 있다.

하지만 임신 노동자의 야간근무를 금지하는 법은 일터에선 가벼이 효력을 잃는다. 본인 동의가 있다면 임신부도 야간근무와 교대근무가 가능하다고 법은 예외를 두고 있다. 임신한 것 자체가 민폐나 죄인으로 여겨지는 현실에서 회사가 사람이 없다는데, 동료들이 애를 태우는데, 동의서에 서명하지 않고 버틸 재간은 없다.

의학적 지식이 만연한 공간이지만 병원 노동자들은 유산, 조산, 저체중·'기형' 질환 신생아 출산 등의 문제를 겪는다. 감염의 위험은 물론 고위험 약물을 취급하는 병원이기에 전 세계적으로 유산율이 높다(세계보건기구 발표, 유산율 7.2퍼센트). 이를 방지하기 위해 고위험 약물은 누출을 최소화하며 약물을 조제할 수 있는 폐쇄형 약물전달장치(CSTD) 등의 사용을 권고하거나 이를 법으로 의무화하는 국가들이 있다.

그러나 한국은 지금, 간호사들의 임신 순번제와 야간근무 강요, 인력난에 따른 업무 강화, 한 명당 돌봐야 하는 환자 수의 급증 같은 문제가 더 심각하게 다가온다. 국내 보건의료업계에서 일하는 여성 중 27퍼센트가 난임을 겪고 있고, 23퍼센트는 유산 경험이 있다는 조사 결과도 있다.[12] '선천성 기형' 자녀를 출산한 이도 3.8퍼센트에 달한다. 병원은 무수한 생식 독성 인자를 지닌 공간이다. 그곳이 직장이기에 그렇다. 아니, 여성이 다수 근무하지만 여성 노동자의 권리가 제대로 반영되지 않고 여성의 업무가 부차적으로 취급되는 일터이기 때문에 그렇다. 그런데 한국의 많은 직장이 그렇다. 유산을 겪은 이 중 60퍼센트 이상이 직장 여성이라는 통계도 있다. 이 비율은 매해 늘어나고 있다.

병원도 직장이기에, 노조가 있다. 노동조합이 없었다면, 애초 간호사들의 자녀 질환 문제를 제기조차 할 수 없었을 게다. 비슷한 시기 4명이 동시에 비슷한 질환을 가진 아이를 낳았어도, 우연이라고 다독이거나 막연한 의심만 했을 것이다. 일과 살림과 자녀 케어를 병행하다 보면, 시간이 금방 가고, 몇 년이 지나고 나면 깊게 생각해서 뭐 하나 싶어진다. 아프게 태어난 아이는 많았을 텐데, 직업병이라 명명된 사건은 단 하나도 없었던 이유다.

10년 후, 법원은 이들의 손을 들었다. 그러나 정작 제주의료원 노동조합은, 차후 법까지 바꾸는 판결의 의미를 온전히 누리지 못했다. '병원 망신'을 줬다며 노조를 향한 공격은 심해졌고, 산재 신청 당사자들은 소송을 포기하진 않았으나 노동조합을 떠났다. 서로 간의 관계도 예전 같지 않다. "남은 것은 무엇인가." 이것은 나의 질문이 아니었다. 긴 시간을 싸우고 버티고 기다린 이들이 자신들에게 스스로 물은 말이었다. 무엇을 남겼나. 그 질문의 답은 다음 말로 대신한다.

"아까 병원이 달라진 점을 물었잖아요. 있긴 있어요. 모성보호 자체가 다 달라졌죠. 이건 판결 나오기 전부터 변한 건데. 노동조합이 이 문제를 소송까지 가져가서 싸우니까. 그전에는 임신했어도 동의서 받아서 야간근무를 꾸역꾸역 조금씩 시켰는데, 이제는 임신했다 말하는 순간 야간근무 딱 없어지고. 진짜 아무런 제한받지 않고 출산휴가, 육아휴직까지 쓰는 거예요. 병원은 모성 관련 말이 나오는 것이 부담스러운 거지요. 우리가 소송에 들어간 후에는 태아·모성 관련 법은 다 지키려 해요. 나는 후배들한테 그런 말을 많이 해요. (그런 권리를) 자유롭게 받으니까, 참 부럽다. 참 좋다. 그런데 이렇게 받기까지 선배들이 얼마나 싸웠는지 한 번만 알아줘라." (박현희)

"존재 자체를 부정할 수 없었던 거죠"

조승규 반올림 노무사 인터뷰

한 연구자는 몇 해 전 국민건강보험 자료를 토대로 몇몇 직군의 월경 이상 등 여성 진료 기록 분석(유산 등 생식 이상 역학조사)을 맡은 적이 있다고 했다. 생식독성 위험 요인이 감지되는 직종이 있었다. 불규칙한 근무시간, 유기용제 사용, 장시간 불편한 자세와 중량물 취급 등. 그럼에도 이들 직군을 중심으로 한 생식독성 문제를 언론 등에 널리 알리진 못했다. 그러기에는 '동력이 없었다'고 했다.

동력. 움직이는 힘. 사건을 움직여 (해결하거나 규명되어야 하는) 문제가 되게 만드는 힘이다. 한마디로, 동력은 움직이는 주체를 의미한다.

"반도체 노동자의 백혈병 발생 위험은 일반 국민 대비 1.19배, 전체 근로자 대비 1.55배였다. …… 비호지킨림프종은 일반 국민 대비 1.71배, 전체 근로자 대비 1.92배이며 사망 위험은 각각 2.52배, 3.68배다."

정부 기관이 10년 동안 추적 조사한 끝에 내린 결론이다. 무려 2배나 된다는 발병률은 위험하지만, 이 자체만으로는 통계 수치일 뿐이다. 1.2배, 1.5배 같은 수치가 얼마나 많은 아픔과 죽음을 담고 있는 숫자인지 충분히 이해하고 납득하는 사회가 아니다. 사람들이 눈살을 잠시 찌푸릴 일회성 기사 내용으로 휘발될 가능성이 크다.

자신과 동료들이 겪은 일을 발화하고 '나의 문제'이자 더 나아가 '우리의 문제'라고 말할 주체가 없다면, 숫자는 그저 숫자일 뿐이다. 과학도 과학일 뿐이다. 그러나 생식독성 문제는 누구든 목소리를 내기 힘든 일이었고, 그래서 '문제'로 여겨지지 않았다. 그러나 제주의료원에서 간호사들이 입을 열자, 이 비극적인 사건은 '문제'가 됐다

그리고 입을 연 다른 동력도 있었다. 반도체 사업장에서 일했던 이들이다. 반도체 여성 노동자의 유산 비율이 비경제활동 여성과 비교했을 때 1.8배나 높다고 했다.[13] 월경 이상이 발생할 위험도 1.4배 높았다. 이곳에서 일하면 유산할 가능성이 다른 사람에 비해 2배 가까이 높아진다는 소리. 제주의료원 판결 1년 후에 열린 국회 토론회 자리에서[14] '반도체 노동자들의 생식독성 직업병 문제'가 논의된다.

2021년 5월, 전직 반도체 노동자들은 자녀의 질환을 직업병으로 선언하며 산재 신청을 한다. 제주의료원 노조와 당사자들이 보여주었던 '동력'은 그렇게 이어졌다. 이 과정을 함께했던 반올림 소속 조승규 노무사를 만났다.

시작

조승규: 반올림에 들어온 건, 노무사 시험에 합격하고 얼마 되지 않아서였는데요. 합격한 후에 생각한 게, 임금이나 해고같이 전통적인 노동의 주제들이 아니라 미래에 강조되는 가치가 뭐가 있을까였어요. 안전 쪽을 떠올렸는데 지금은 노동안전 이슈들이 중요하게 여겨지지만 몇 년 전까지

만 해도 그렇지 않았거든요. 그 당시에 무슨 확신이 있었는지 모르겠지만 노동안전을 떠올렸던 것 같아요. 그러던 중에 반올림에서 함께 일할 노무사를 찾고 있다고 해서 큰 고민 없이 지원하게 됐습니다.

조승규 노무사가 반올림에 들어온 것은 2018년, 반올림이 삼성에 직업병 인정과 사과를 요구하며 시작한 농성이 3년 만에 끝난 시점이었다.

조승규: 입사 초 두세 달 동안 제가 상담한 건수가 그 후 2~3년 동안 상담한 수량 거의 맞먹을 것 같아요. 하루에도 20~30건씩 상담 전화가 왔으니까요. 당시가 삼성과 합의를 하고 직업병 피해자들의 산재 보상 길이 열리는 시기여서, 상담 문의가 몰렸어요. 그 사건들을 모아 집단 산재 신청을 하고 그렇게 2년이 흘렀던 것 같아요. 그러다가 집단 산재 신청 건들이 마무리될 즈음, 이제 무얼 할지 생각하게 됐던 거고. 반올림 내에서도 자녀 질환 문제는 계속 현안으로 존재하고 있었어요. 그렇지만 독자적인 이슈는 되지 못했죠. 이걸 이야기하기에는 지금 본인들이 겪고 있는 병이 너무 컸기 때문에. 그러면 이제 그동안 하지 못했던 것들, 가려져 있거나 충분히 제기하지 못한 이슈를 이야기할 시점이 아닌가. 우선 우리가 생식독성이나 자녀 질환에 대해 알아야 하니, 세미나를 하고 공부하고 피해자 상담도 하고 모임도 하면

서 준비 기간으로 삼아 2020년 한 해를 보냈던 것 같아요. 준비가 얼추 되고 2021년에 조금 더 직접적인 활동을 하게 된 거죠.

과정

2021년 초, 자녀들의 직업병을 알리겠다고 마음먹은 반도체 노동자는 세 사람이었다. 바로 이혜주, 김수정, 정미선. 당사자들이 용기 있게 나서주었지만, 이들과 실질적으로 무엇을 할 수 있는지는 늘 고민이었다.

조승규: 반올림에서 마지막까지 고민했던 것은 이슈화를 위해 산재 신청을 해야 하는가였어요. 아이의 건강손상이 산재보험법에 반영되지 않은 상황에서, 근로복지공단이 산재 신청을 불승인하면 소송으로 가야 하는데, 그러면 제주의료원 사건이랑 똑같은 과정을 거쳐야 하거든요. 대법원까지 판결 나는 데 10년이 걸릴 수 있고, 정말 답답한 싸움을 하게 될 수도 있다는 생각에 고민을 많이 했어요.

사회적으로 생식독성 문제가 널리 알려진 것도 아니고, 2세 질환 직업병 제보가 원활히 들어오는 것도 아니었다. 언론에 자신을 드러내 직업병 문제를 알리겠다고 결심한 당사자 가족들은 서넛밖에 되지 않았다.

조승규: 2021년 4월, 제주의료원 사건이 판결 난 지 1년이 된
거예요. 반올림 명의의 입장문을 쓰는데, 2020년 판결 났을
때도 제가 입장문을 썼거든요. 2021년 입장문을 쓰려는데,
화가 나는 거예요. 작년과 똑같은 내용을 쓸 수밖에 없더라
고요. 1년 동안 변한 것이 하나도 없는 거예요. 공공운수노
조랑 몇몇 단위에서 변한 것 없는 현실을 규탄하는 움직임
이 있었고, 우리도 안되겠다. 돌을 던져야겠다. 무엇이라도
해봐야겠다.

반올림은 제주의료원 사건 판결 1주년 논평에 이런 내용을
담았다.

"5월 11일 반올림은 세 가족과 함께 근로복지공단에 자녀의
건강손상에 대해 산재를 신청할 것이다. 아직 산재법이 바뀌
지 않았으므로 이 산재 신청은 불승인될 것이다. 그러나 이를
분명히 알면서도 우리는 산재 신청에 나선다."[15]

조승규: 5월에 산재 신청을 결심하게 된 거죠. 산재 신청이라는
돌을 던지니까 파장이 오더라고요. 그다음 달에 국회에서
논의가 되었어요.

하지만 국회 환경노동위원회에서 자녀 질환 직업병 사안의

논의 순서는 끝에서 두세 번째. 당시 2세 질환 직업병 문제는 거의 알려지지 않은 상태였다. 시간이 부족하면 다루지 않아도 되는, 시급하지 않은 후순위 문제로 취급받은 것이다. 결국 2021년 7월 국회 본회의에서 산재법 개정 문제는 끝내 논의되지 않았다. 다음 해 제20대 대통령 선거가 있었다. 대선 국면으로 전환되면 산재법 개정이 언제 다시 논의될지 예상할 수 없다는 의견이 지배적이었다.

조승규: 그렇지만 법안 통과까지는 가지 않았고. 한동안 힘이 빠졌죠. 그때는, 이제 또 언제 기회가 올지 모르겠다. 이 사안이 우리 사회의 주요한 이슈가 되기는 어려울 텐데, 또 한 번 국회의 이목을 끌긴 어려울 텐데. 다음을 기대할 수 있을까. 이런 생각이 들었거든요. 힘이 빠져서 개인적으로는 안식월도 갖고.

하지만 어쩔 수 있나. 돌아와 다시 문제를 알리는 작업을 했다. 때마침 진실탐사그룹 '셜록'에서 2세 질환 직업병 문제를 집중 조명했다. 이 사안을 지원하던 연구자들도 국제포럼과 학술대회, 국회 토론회 등을 통해 2세 질환 직업병 문제를 알려나갔다. 이렇게 안팎에서 여론이 만들어지고 있을 때, 반올림은 또 하나의 산재 신청을 준비한다. 국내 처음으로 남성(엔지니어)의 자녀 질환 문제를 직업병으로 제기한 것이다.

이런 꾸준한 걸음은 법 개정으로 이어진다. 그해 12월 초,

국회 환경노동위원회에서 다시금 개정안이 논의되었다. 그리고 12월 9일, 드디어 자녀를 요양급여 수급권자로 하는 법 개정이 국회 본회의를 통과했다.

존재

조승규: 빨리 통과된 것 같기도 해요. 2세 질환이 갖는 사회적 인지도에 비해서는 그랬던 것 같아요. 그럴 수 있었던 까닭은, 아무래도 누구도 이 문제를 부정할 수는 없었다는 것. 어떤 수준으로 책임지고 보상할 것인가는 두고 봐야겠지만, 이 문제의 존재 자체를 부정할 수는 없었던 거죠. 사실 존재를 부정당하는 일들이 주변에 하나둘 있는 게 아니라서, 이 말도 좀 그렇긴 하지만, 그래도 이 이유가 컸던 것 같아요.

아픈 사람들이 자신의 병을 증거로 들고 와서 존재를 말해도 끊임없이 부정당하는 것은 직업병 인정 투쟁에서 숱하게 보는 장면이다. 존재를 부정해버리면 사람은 자기 자신을 의심하게 된다. 자기 자신에게 벌어진 일을 스스로 의심하고 망설이는 사이, 시간은 가고 '사건'은 없던 일이 된다. 부정할 수 없는 존재란 없다. 부정할 수 없을 정도로 존재를 드러내는 사람(들)이 있을 뿐이다.

산업재해보상보험법 일부개정법률안

산업재해보상보험법 일부를 다음과 같이 개정한다.

제36조 제1항 각 호 외의 부분 단서 중 "한다"를 "하고, 제91조의 12에 따른 건강손상자녀에 대한 보험급여의 종류는 제1호의 요양급여, 제3호의 장해급여, 제4호의 간병급여, 제7호의 장례비, 제8호의 직업재활급여로 한다"로 한다.
제3장의 3(제91조의 12부터 제91조의 14까지)을 다음과 같이 신설한다.

제3장의 3 건강손상자녀에 대한 보험급여의 특례

제91조의 12(건강손상자녀에 대한 업무상의 재해의 인정기준) 임신 중인 근로자가 업무수행 과정에서 제37조 제1항 제1호·제3호 또는 대통령령으로 정하는 유해인자의 취급이나 노출로 인하여, 출산한 자녀가 부상, 질병 또는 장해가 발생하거나 사망한 경우 업무상의 재해로 본다. 이 경우 그 출산한 자녀(이하 "건강손상자녀"라 한다)는 제5조 제2호에도 불구하고 이 법을 적용할 때 해당 업무상 재해의 사유가 발생한 당시 임신한 근로자가 속한 사업의 근로자로 본다.
제91조의 13(장해등급의 판정 시기) 건강손상자녀에 대한 장해등급 판정은 18세 이후에 한다.
제91조의 14(건강손상자녀의 장해급여·장례비 산정기준) 건강손상자녀에게 지급하는 보험급여 중 장해급여 및 장례비의 산정기준이 되는 금액은 각각 제57조 제2항 및 제71조에도 불구하고 다음 각 호와 같다.
1. 장해급여: 제36조 제7항에 따른 최저보상기준금액
2. 장례비: 제71조 제2항에 따른 장례비 최저금액
제103조 제1항 제1호 중 "제3장 및 제3장의 2"를 "제3장, 제3장의 2 및 제3장의 3"으로 한다.

조승규: 2세 질환의 경우, 피해자 본인이 자신을 드러내기에는 어려운 이유가 많거든요. 질병을 대하는 한국의 사회적 맥락도 있고, 가족의 맥락도 있고. 사실 결심이 너무 많이 필요한 거예요. 부모도 결심해야 하는 일이지만, 당사자이기도 한 자녀와도 소통을 해야 하고. 이게 핵가족 안에서만 합의가 되면 되는 문제는 아니에요. 조부모와 확대가족들 간의 소통도 필요하니까요. 굉장히 어려움이 많아요.[16] 그런 의미에서 저희 피해자분들이 정말 용기 있게 나서주신 것 같아요. 특히 언론 인터뷰나 이런 일들이 계속되면 지칠 법도 한데 계속 나서주셨어요.

개정안은 산재 범위를 '임신 중인 근로자'로만 규정하고 있다. 남성은 애초 법 적용 대상이 아니라는 것이다. 조승규 노무사는 남성 노동자(아버지 측)에 의한 직업병이 배제된 이유를 두고 이리 분석했다. "피해의 존재가 충분히 드러나지 않았기 때문에 간과된 거죠." 제주의료원 사건에서 '어머니'(임신 중인 근로자)에 대한 판결만을 했기에, 산재법 개정에 있어 아버지(남성 노동자)를 포함시키긴 어렵다는 것이 법안을 발의한 국회의원들의 의견이었다.

개정안(태아산재법)이 환경노동위원회를 통과할 즈음, 반올림은 입장을 냈다.

"우리 사회가 태아산재를 인정하고 예방하기 위한 첫걸음으로 큰 의미를 가진다 할 수 있다. ······ 그러나 현재 환경노동위원회를 통과한 태아산재법안에는 아쉬운 점들이 있다. 가장 아쉬운 점은 어머니 태아산재만 인정하고 아버지 태아산재는 배제했다는 점이다."[17]

아들이 차지증후군[18]에 시달리고 있는 반도체 전직 엔지니어 최현철(가명)씨는 "회사도 (보상-지원 범위에 자녀 질환을) 인정하는데 산재보험이 아버지를 인정하지 않는 것은 이해하기 어렵다"고 했다. 그는 현재 근로복지공단에 산재 신청을 한 상태다.

제주의료원 사건부터 참여해, '아버지 측의 태아산재'가 포함되어야 한다는 의견을 국회에 제출하기도 한 백도명 교수는 이 말을 덧붙였다.

"태아의 건강손상이 산재 신청도 안 된다면, 문제가 어떻게 확인되고 해결되기를 바랄 수 있겠는가."

이 말을 들으며, 나는 어쩌면 세상이 특정 문제가 '해결되기를 바라는 사람'과 '해결되기를 바라지 않는 사람'으로 나뉘어 있는 것이 아닐까 하는 생각을 했다. 해결되기를 바라지 않는 사람들은, 존재에 눈을 감는다.

한계

조승규: 개정된 법이 한계가 있다 하더라도 법으로 태아를 산재보험의 지급 대상으로 인정했다는 자체가 중요한 것 같

아요. 인정 기준 같은 경우는, 사실 법으로 어찌 제한을 둔다 하더라도 실제로 판정받을 때는 인정 기준 외의 것들도 두루 고려할 수밖에 없거든요. 예를 들어 화학물질은 인정하지만 중량물 무게는 산재 원인으로 인정하지 않는다 하더라도, (산재 인정) 판정을 내릴 때는 작업환경을 그렇게 따로 놓고 판단을 할 순 없거든요. 고려가 될 수밖에 없어요. 그런 측면에서, 이번 산재법 개정에서 제일 우려스러운 것은, 존재 자체를 인정받지 못한 '아버지 쪽 산재'인 것 같아요. 남성 노동자의 자녀 질환이 산재로 인정될 가능성 자체를 부정하는 것이니까요. 같은 측면에서, 휴업급여 등이 인정되지 않은 것도. 아픈 아이가 커서 노동자가 된다는 사실을 인정하지 않은 거죠.

보통 산재보상보험은 아래와 같이 구성된다. 요양급여, 휴업급여, 장해급여, 간병급여, 직업재활급여. 당사자가 사망했을 경우에는 유족급여와 장의비가 가족들에게 주어진다. 그런데 같은 산재보험인데도, 2세 질환의 경우 휴업급여나 유족급여 등은 지급하지 않는 내용으로 법이 개정되었다.

휴업급여는 질병으로 회사를 휴직하게 될 시 생계비를 보전하기 위한 용도이다. 휴업급여를 지급하지 않는다는 것은, 두 가지 중 하나일 것이다. 입사와 동시에 병은 사라진다고 믿거나 아니면 아픈 '아이'가 자라 노동자(직장인)가 될 일은 없다고 믿던가. '건강한' 육체와 정신이 일터에 존재한다는 배제의 정치는 하나의 믿음이 되어, 법 제정에도 영향을 미친다.

이후

조승규: 법이 통과된 그날 딱 하루 기뻤어요. 그 뒤에는 기분이 안 좋은 거예요. 왜 그런가 했더니, 이후 남은 과제들의 무게감이 굉장히 무겁게 느껴진 거죠. 이미 산재 신청이 가능한 유산 같은 경우도, 지난 5년 사이 산재 인정은 3건에 불과하잖아요.[19] 그러니 2세 질환 사안으로 사람들이 얼마나 산재를 신청할 수 있을까. 이 법을 만들긴 했는데, 여기서 끝은 아닐까. 이런 고민들 때문에 무겁다는 생각을 많이 했어요.

현재 반올림으로 생식독성이나 2세 질환을 제보한 이는 44명(2022년 2월 기준). 법이 통과된 이후에도 제보 수는 거의 늘지 않았다고 했다.

조승규: 44명도 다들 예전에 저희에게 다른 문제로 산재 상담을 하신 분들이고요. 새로운 제보가 더 있진 않아요. 얼마나 많은 당사자들이 제보해올 것인가는 사회적으로 이 이야기가 얼마나 중요한 문제로, 말해져야 하는 문제로 이야기되는가와 연결되는데, 사실 우리 사회는 그렇지 못하거든요.

법이나 제도도 마찬가지예요. 생식독성과 재생산권[20]을 언급하는 법들도 별로 없고, 생식독성물질만 하더라도 발암 물질에 비해 규제하는 종류도 몇 가지 되지 않거든요. 실제 독성을 가진 물질이 없어서라기보다는, 관심이 없으니까 딱히 업데이트를 안 한 거죠. 지금도 44종에 그치고 있죠.

국내 근로기준법과 산업안전보건법은 44종의 생식독성을 목록화해서 관리하고 있다.[21] 반면 유럽연합(CLP[22])에서는 381종의 물질을, 캐나다(WHMIS[23])에서는 164종의 물질을 생식독성 관리 목록에 포함하고 있다. 유럽에서 제한을 두고 있는 340여 개의 생식독성물질은, 국내에서 유통되는 이상 관리 없이 사용되고 있다는 말이다. 국내에서 다량 유통되고 있지만, 관리 목록에 속하지 않은 대표적 생식독성물질로는 비스페놀A가 있다.[24] 영수증 잉크의 원료이기도 한 비스페놀A는 국내에서 연간 60만 톤이 유통되고 있다. 여성 호르몬인 에스트로젠과 구조가 유사해 내분비계 교란 물질(환경호르몬)로 알려진 비스페놀A가 정작 생식독성 관리 목록에는 없다.

관리 목록의 부족은 정부 기관 또한 인정한 바다. 환경부 등이 발표한 〈화학물질, 화학제품 관리 강화 대책〉은 현재 화학물질 1만 2,000종 중 7,429종이 독성 정보가 부족하거나 없어 위험성 확인이 되고 있지 않다고 밝히고 있다. 이 중 생식독성물질이 없을 리 없다.

조승규: 저는 이 싸움을 해가는 과정에서 '재생산권'이라는 말을 찾은 거 같아요. 처음에 이 문제를 어떻게 알릴까 했을 때 생각보다 설명할 언어가 없는 거예요. 그러다가 장애여성공감과 셰어(SHARE, 성적 권리와 재생산 정의를 위한 센터) 등 노동보건 너머의 단체들을 만나 함께 논의하는 과정을 통해 시야를 넓혔던 것 같아요. 표면적으로 봐도, 국가에서 저출산 이야기를 그렇게 많이 하면서 건강하게 아이를 낳을 수 있는 권리는 그동안 이토록 가시화가 안 됐다는 게 놀랍잖아요. 2세 질환 직업병의 문제가 아니라도, 그 이전 단계들에서 우리 몸의 재생산권을 침해하는 문제들이 조금 더 드러나야 할 것 같아요. 생리불순 같은 문제를 다들 '이거 큰 문제는 아니야'라고 생각하잖아요. 이런 것들을 어떻게 크게 느껴지게 할 것인가. 여전히 고민이고 숙제 같아요.

★★

법이 만들어진 것은 다행한 일이나, 개정된 법안 내용을 보고 있자면 우리 사회의 상식을 고스란히 드러내고 있어 입이 쓰다.

"이 법을 적용할 때 해당 업무상 재해의 사유가 발생한 당시 임신한 근로자가 속한 사업의 근로자로 본다."

개정된 법은 아버지 측(남성 노동자)의 작업환경으로 인한 질환은 직업병으로 인정하지 않고 있다. '임신 노동자'로 산재

보험을 청구할 수 있는 범위를 한정했다. 자녀 문제는 '어머니'로부터 비롯된다는 상식. 아이가 아프기만 해도 "엄마가 뭘 잘못 먹였길래"라고 말하는 세상의 법은, 자녀 질환의 가능성을 '임신 노동자'의 몸으로 국한했다. 국내에서 최초로 남성 노동자에 의한 자녀 질환 직업병 문제를 제기한 최현철씨마저 이런 말을 한 적이 있었다.

"제가 어머니였다면, 회사를 더 일찍 의심했겠죠."

그는 삼성전자 LCD사업부서에서 근무한 엔지니어였고, 여성 오퍼레이터들보다 더 많은 위험 정보를 알고 있었다. 그의 동료들은 방진복에 묻은 화학약품을 닦아내며 여기서 일하면 '고자' 된다는 농담을 주고받곤 했다. 그것은 (남성의) 생식능력에 관한 이야기였지 태어날 자녀의 이상을 염려하는 말은 아니었다. 몇 년 후 아들이 귀가 잘 들리지 않고 발달이 느리다는 걸 알게 되었을 때도 그는 자신의 회사를 떠올리지 못했다. 그 자신이 '아버지'였기 때문이다. 남성과 태아의 관계를 세상은 별로 관심 두지 않고 있다.

그러나 과학적으로는 정자가 난자보다 더 외부 요인에 영향을 받을 위험이 크다고 한다.

"여성은 평생 쓸 난자를 가지고 태어나고, 이미 세포분열도 거의 다 되어 있는 상태예요. 그런데 정자는 정소에서 막 만들어지기 시작해서 성숙한 정자가 되는 기간이 보통 3개월이 걸리거든요. 그러면 사실은 이때부터 세포분열이 시작되는 거고, 한창 취약한 세포분열 상태에서 화학물질에 노출이 되거나 다른 유인에 노출이 되면 변화가 생기는 거죠. 그래서 문제가 되는 거고요. 많지는 않지만, 여태까지 나온 논문들에서 자녀의 기형 문제가 여성보다는 남성이 전자산업 종사자일 때 더 분명하게 관찰되는 건 그런 이유거든요." (김명희 시민건강연구소 연구원)

대표적인 논문으로는 대만 반도체 남성 엔지니어들의 자녀 유산율을 분석한 자료[25]가 있겠다. 하지만 과학조차 세상의 공고한 상식을 뚫지 못한다. 아이는 어머니의 책임, 산모는 태아의 모체라는 상식을, 기존 법에선 '모성보호'라 불렀다.

"국가는 모성의 보호를 위해 노력해야 한다."

그것이 국민보건에 이바지하는 길이라고 했다.

"모성 및 영유아의 생명과 건강을 보호하고 건전한 자녀의 출산과 양육을 도모함으로써 국민보건 향상에 이바지한다." (헌법 제36조 2항)

여성은 '출산하는 존재'로 보호받아야 하는 대상이 됐다. 동시에 출산하는 존재로 책임을 다하지 않을 경우(임신하길 거부하거나, 임신중단을 하거나, 아픈 자녀를 낳을 경우) 비난과 처벌의 대상이 됐다. 그것이 여성에게 진정 도움이 되는 '보호'일 리 없었다.[26]

나날이 늘어가는 유산 비율(지난 5년간 6만여 명)과 그에 비해 여전히 정체된 상태인 유산 관련 산재 신청 수(지난 5년간 8명)는 한국이 임신과 출산, 재생산 권리에 관대한 사회가 아님을 보여준다.

우리가 원하는 것은 '출산하는 존재'일 때 주어지는 조각난 보호나 권리가 아니다. 자본은 노동하는 사람의 생애주기를 조각내는 방식으로 편리하게 값싼 노동력을 관리해왔다. 젊은 여성 노동자들은 결혼·출산이라는 생애주기로 넘어가는 과정에서 '새로운 젊은 노동력'으로 교체됐다.[27] 갓 스물이 된 오퍼레이터들이 전자·반도체 생산라인에서 근무하다 7~8년이 되면 자의 반 타의 반 퇴사하며 사라졌던 것은 우연이 아니다. 지금도 계속되는 일이며, 전자산업에 국한된 현상도 아니다. 경력단절이라는 이름으로 여성의 시간은 분절되고, 이것은 다시 불안정한 저임금 노동자를 만들어낸다. 자본은 끊임없이 생애주기를 조각낸다. 아무리 정부가 저출생 대책에 몇십조 원의 돈을 쏟아부어도, 근원적 해결 없이 출산·양육을 단편적으로 지원해봤자 밑 빠진 독에 물 붓기임을 알고 있다.

생식독성 질환 문제에 접근하는 방식은, '아빠'와 '엄마'를 나누고, 법의 이름마저 '태아(산재법)'에 가두는 기존의 방식을 따라가서는 안 된다. 그렇다면 질문이 남는다. 사회 구성원이자 고유한 몸을 가진 존재로, 나의 재생산 권리를 일터에서 어떻게 지켜나갈 것인가.

4부

정상 일터의 사소한 비밀

"아기 낳으려고 자기가 몸에서
물러나버리면, 그럼 거기 있어서
아기를 낳는 건 누구예요?"

—은네디 오코라포르,《빈티: 지구로 돌아온 소녀》

본적 없는 사람들

2세 질환 직업병 문제를 인터뷰하기 위해 김수정씨를 만난 날, 나는 자꾸 말을 골랐다. 무슨 말이건 조심스러웠다. 그는 아픈 아이를 두었고, 나에겐 자녀가 없었다. 내 쪽은 질병에 의한 아픔을 겪은 적도, 아픈 사람을 돌본 경험도 없었다. 겪지 않아 모른다는 사실이 나를 위축시켰다. 말을 아껴야 한다고 생각했지만, 그럼에도 이 말은 기어코 하고 말았다.

"이렇게 만나지 않았다면, 진짜 멋있는 분이라고 편히 말했을 것 같아요. 임신하면 회사를 그만둬야 한다는 편견을 다 깨신 거잖아요."

멋짐의 결과

타인의 사생활을 캐묻는 것을 좋아하진 않지만, 2세 질환 문제를 취재하며 나는 종종 사람들에게 "자녀가 있는지" 물었다. 이 질문을 받은 사람들은 주로 2세 질환 직업병 문제를 다루는 관계자들이었다. 앞서 이야기한 대로, 출산과 육아 경험이 없는 나의 조건이 당사자를 온전히 이해할 수 없게 가로막고 있다는 자책에 시달렸기 때문이다.

한 연구자에게 "자녀가 있는지"를 물었을 때, 그는 다소 '쿨한' 반응을 보였다.

"아이가 있으면 이 일을 못 했겠죠."

무슨 말인지 알 수 있었다. "아이가 있으면"이라는 이 짧은 문구 속에는 많은 의미가 담겨 있었다. 그가 늦도록 논문을 볼 시간이 칭얼거리는 아이를 재우는 시간으로 대체되었을 것이다. 아이를 재우다가 자신도 깜박 잠드는 일이 반복되면 퇴사나 학업 중단을 선택했을지도 모른다. "이 일을 못 했겠죠"라는 간명한 답이 나오기까지 적지 않은 시간 동안, 그는 자신의 업무량과 출산·육아에 드는 품을 비교해왔을 것이다.

내가 모르는 출산과 양육을 '글'로 배우겠다며 찾아본 웹툰에서, 한 직장 여성이 임신한 사실을 알고 팀장과 면담을 한 내용이 있었다. 팀장은 축하해주었지만, 정작 본인은 눈물을 흘렸다.

"아이를 가진 것만으로도 내 책임을 다하지 못하는 것 같아 나도 모르게 눈물이 나왔다."[1]

'칼퇴'도 특별한 일로 여겨지는 한국 직장에서, 야근·당직·출장·회식 등이 가능하지 않은 존재는 민폐로 인식된다. 책임을 다하지 못한 사람이 된다. 회사가 대체 인력을 구해줄 리 없는 현실에서 동료에게 내 업무를 '전가'하고 육아휴직을 쓴다. 자신은 독신으로 살 거라는 여자 후배도, 이미 애가 둘이나 있는 남자 선배도, 출산을 하기 위해 긴 휴가를 쓰는 자신을 이해하는 것 같진 않다. 책상 짐을 정리하며 과연 내가 돌아올 자리가 있을까 생각한다. 그나마 돌아올 자리를 염려하는 것은 정규직에 한정된 일이다. 계약직 임신 노동자에게 기다리는 것은 계약해지다.

자녀를 낳지 않겠다고 버티는 것도 어려운 일이고, 출산과 양육을 위해 자신의 일을 중지하는 것도 엄청난 결심이며, 육아와 직장 일을 모두 하는 것은 고되고 고된 일이다. 그래서 나는 임신하고도 회사를 그만두지 않는 여성들을, 그렇게 일터라는 공적 공간에서 버텨준 여성들을 만나면 '멋지다'는 말부터 해왔다.

하지만 용감하게 버틴 결과가 아픈 자녀인 경우는 처음이었다.

회사가 조심한 것

김수정씨는 반도체 회사에서 일하는 동안 피부과 약을 먹었다. 반도체 클린룸 작업자들은 생리불순과 피부 질환을 일상으로 겪었다. 통풍 안 되는 방진복을 입고 장시간 근무를 한다. 피부 질환은 당연한 결과였다. 그러나 임신 준비를 하면서 피부과 약을 끊었다. 감기약조차 태아에 문제가 될 수 있으니 가려움을 견디기로 한 것이다. 약 한 알도 조심한 수정씨였지만, 회사는 그를 위해 아무것도 조심하지 않았다. 그가 일한 포토 공정에선 1급 발암물질로 대표되는 벤젠이 검출됐다. 그곳에서 수정씨는 임신 8개월까지 근무했다.

그것은 수정씨의 선택이 아니었다. 수정씨가 임신하자, 팀장은 곤란해했다. 당시 그의 나이 스물일곱 살이었는데 어느새 라인에서 세 번째로 '큰언니'였다. 많은 선배들이 외환위기 당시 사직을 권고받거나 결혼과 함께 사라졌다. 수정씨 직전에 임신을 한 선배가 있었다. 회사는 부랴부랴 그 선배를 사무직으로 보냈다. 이런 경우가 팀에서 처음이었다. 모르긴 몰라도, 클린룸 교대근무는 임신부에게 적합해 보이지 않았다. 모두가 동동 발을 구르며 일하는 라인이었다. 한 사람이 빠지니 타격이 컸다. 대체 인력 같은 것은 고려되지 않았다. 한 사람 몫의 일을 n분의 1로 나눠 부담해야 하자, 오퍼레이터들의 불만이 적지 않았다. 그런 차에 수정씨가 임신을 하자, 아니 임신을 해도 그만둘 생각이 없어 보이자 팀장은 곤란해했다. 수정씨도 앞서 선배가 사무직으로 옮겨갔을 때 팀에서 어떤 말이 오갔는지 알기에 근무지 전환을 요구할 수 없었다. 그렇게 배가 불러갔다.

수정씨에게는 부서 이동의 선택권이 없었다. 선택할 수 있는 것은 계속 일을 할 것인지, 아니면 퇴사할 것인지, 둘 중 하나뿐이었다. 연봉 높은 안정된 직장이 그를 붙잡았고 입사 9년 차 일이 손에 익은 터라 그만두기 아깝기도 했다. '건강'했던 것도 이유 중 하나였다. 클린룸 근무를 이겨낼 수 있을 것 같았다. 수정씨는 계속 회사를 다니기로 했다.

출근 이후로 그가 선택할 수 있는 것은 없었다. 반도체 기업은 기존 제조업과 클린룸에서 이뤄지는 작업이 다르다는 것을 강조하지만, 일하는 이들에게 클린룸은 먼지 없는 방에서 굴러가는 컨베이어벨트였다. 작업 속도를 정하는 것은 자동화된 설비이지 작업자 자신이 아니었다. 화장실에 가는 일, 의

자에 앉는 일, 연차를 쓰는 일까지 눈치를 봐야 했다. 걸음 속
도마저 느려진 사람이 무거운 몸을 이끌고 클린룸을 오갔다.

본 적 없는 사람들

기업은 임신한 여성을 어디에 어떻게 배치해야 하는지 계획
조차 없었다. 이상한 일이다. 오퍼레이터 대부분이 고3 때 입
사를 해 곧 20대가 되었다. 소위 사회가 '가임기 여성'이라 부
르는 나이. 그런데도 회사는 임신이라는 이벤트에 전혀 준비
가 되어 있지 않았다. 그 이벤트는 지금껏 노동력 교체의 명분
이 될 뿐이었다.

국내 여성 노동자의 근속이 짧은 것은 널리 알려진 사실인
데, 2017년 고용노동부 조사에 따르면 여성의 근속연수는 4.7
년이다. 2000년대 들어 노동시장의 급격한 변화(신자유주의
노동유연화, 불안정 노동의 확산 등)가 여성의 짧은 근속연수에
영향을 미쳤을 거라 예상하겠지만, 1990년대 여성의 평균 근
속연수도 4년여밖에 되지 않았다.[2] 외환위기 이후 한국 노동
시장에 정규직·평생직장 개념이 깨졌다고 하지만, 애초 평생
직장이란 사무직·제조업 남성들의 이야기였다. 대졸 여성들
의 대기업 '공채(공개채용)'마저 1990년대에 들어서 이뤄졌다.

고졸 취업 여성의 노동환경은 영화 〈삼진그룹 영어토익반〉
(이종필 감독, 2020)을 참고하면 이해하기 쉽다. 영화의 시대적

배경인 1995년. 공채로 채용된 대졸 여성은 소수였고, 유니폼을 입은 대다수의 고졸 '여사원'은 복사, 은행 업무, 영수증 처리 외에도, 커피 타기, 책상 청소, 화분 물주기 등의 일을 한다. 이보다 시대적 배경이 앞선 영화 〈변호인〉(양우석 감독, 2013)은 여자 취업과 커피의 상관관계를 보여주는데, 암울했던 군부독재 시대를 다룬 이 영화에 나오는 유일한 직장 여성은 '미스 문'이다(영화 공식 설명에서도 이름 없이 미스 문이다). 그의 일자리가 생기게 된 배경은 이러하다. 주인공과 동료 변호사는 직접 커피를 타기가 그래서 다방 종업원(소위 다방 레지)을 부르곤 했는데, 고객들이 늘어나자 사람들 시선이 신경 쓰여 (그참에 복사 등 잔심부름도 해줄) 여자 직원을 채용한 것이다.

그로부터 수십 년이 지나, 이제 기업에 고졸 사무직 여성은 (거의) 없다. 외환위기를 기점으로 대부분 방출됐다. 맥심과 같은 커피믹스가 직장에 자리 잡게 된 것은 이들의 퇴출 시기와 맞물린다는 이야기도 있다. 커피를 타줄 '여직원'이 없으니 회사 탕비실에 인스턴트 믹스커피를 구입해둔 것이다. 정리해고나 구조조정이 아니래도 커피 타는 업무를 하며 7~8년을 한 직장에서 버틸 순 없다. 전문 영역의 업무를 가진 여성이라 해도 결혼-출산-임신이나 가정사 등을 이유로 직장을 그만두는 일이 많았다. 여성들에게 평생직장 같은 것은 없었다.[3]

잠시 있다가 떠날 사람에게 회사가 비용을 들일 필요는 없었다. 1999년 남녀고용평등법에 따라 성희롱 예방 교육이 의무화되었을 때, 기업들이 보여주었던 버팀(차라리 벌금을 내겠다는 태도)은 남녀차별적인 반응을 넘어, 비용에 대한 반발이었다. 4~5년 주기로 교체될 것을 염두에 두고 고용한 직원들에게 '직장을 오래 다닐 수 있도록' 돈을 들이고 시간을 써야 하다니 애초 계획과 다른 초과 비용이었다.

'우리 일하는 곳에 여성이 없다'는 말은 단지 '남자만큼 일하는 여자'가 없다는 편견 어린 소리만은 아니다. 실제로 일터엔 여성이 없다. 근무하는 사람의 성별이 여성이라고 그 직장이 여성이 '있는' 곳은 아니다.

숨겨진 임신, 지워진 생애주기

'한 사람이 직장에 다닌다'는 것은 그 사람이 장기적으로 일터에 다닐 수 있는 조건이 마련되어 있다는 말과 같다. 이는 한 사람의 변화하는 생애주기에 맞춰 일터의 조건과 지원 제도가 갖춰져 있다(또는 갖춰야 한다)는 의미이기도 하다.

공동체 안에서 사람이 살아간다(성원권)는 말이 그의 생애주기에 맞춰 공동체의 제도와 지원이 존재함을 의미하는 것과 마찬가지다. 이 사회가 소수자를 배척하는 방식은 '너희 존재는 없다' 같은 선언이 아니다. 또래 집단을 사귀고, 직장에 들어가고, 가족을 이루고, 자녀를 낳고, 나이 듦에 따라 변화하는 삶에 대한 지원을 멈추거나, 하지 않거나, 빼앗는 것이다. 동성결혼을 비법제화하는 일, 동성 커플에 대한 입양을 허가하지 않는 것, 법적 가족이 아닌 이의 수술 동의서를 거부하는 것이 여기에 속한다.

어떻게 회사가 개인의 인생에 맞춰 지원을 할 수 있느냐는 반문도 있겠지만, '정형화'된 직장 대부분은 노동자의 생애주기를 고려해 임금과 복지를 설계했다. 대표적으로 호봉제(연공서열제)가 있다. 한국사회에서 완전고용에 대한 환상은 한 남성이 평생직장을 다니며, 아내와 자식으로 구성된 소규모 가정을 꾸려나가는 '가장'의 역할을 할 수 있도록 지원한다는 계획에 바탕을 두고 있다. 이때 가장이 아닌 여성의 생애주기는 계획을 세우는 데 고려 대상이 아니었다. 여성이 결혼과 임신을 하면 직장을 떠나야 하는 이유이다.

임신했다고 예전과 다르게 일할 생각하지 말라고 엄하게 어르는 전문직 카리스마 선배부터 시작해서, 손님들이 불편해한다는 이유로 임신 노동자를 연회장에 나오지 못하게 하던 호텔 지배인, 임신한 몸을 회장님에게 들키지 않기 위해 사내 행사 때마다 구석으로 숨어 다녔다는 중소기업 직원의 이야기를 듣는다. 출산휴가를 가면 책상도 같이 들고 가야 한다. 옛날 말이 아니다. 2020년 한국여성노동자회에서 받은 '평등의전화' 2,936건의 상담 사례 가운데 비정규직 상담의 65퍼센트가 임신·출산과 관련한 해고·불이익 상담이었다. 실제 불이익이나 해고 통보를 받았다는 제보도 100건이 넘었다.

"일부로 비밀로 했는데 임신한 걸. …… 그런데 애(둘째)는 입덧이 있는 거예요. 그래서 너무 힘들었어요. …… 그때 살이 엄청 빠졌어요."[4]

'잘리지 않기 위해' 임신 초기에 임신 사실을 숨기는 여성들이 있다. 임신 8주는 태아의 장기가 형성되는 중요한 순간이다. 유산 위험도 높을 때다. 하지만 일터의 환경이 자신과 태아에게 어떤 영향을 미칠지 미처 생각할 틈이 없다. 어떤 이는 자신이 임신하지 않은 사람과 다르지 않다는 것을 증명이라도 하듯 일을 한다. 우리는 그런 여성들의 (과로로 인한) 유산 소식을 종종 듣는다.

대단한 일

결혼, 임신, 출산이라는 세 가지 관문을 넘기가 힘들었다. 그럼에도 1990년대 중후반이 되자 '그만두지 않는' 여성들이 점차 늘어났다.

"그때는 몰랐는데. 우리가 대단한 일을 한 거였어요. 임신하고도 회사를 계속 다니고 그런 것이, 나중에 보니."[5]

이 말을 한 사람은 롯데면세점 직원. 근속 30년을 자랑한다. 서비스직 노동자로서는 드문 경우였다. 그는 두 아이를 낳고 육아휴직을 쓰며 회사를 계속 다녔다. 직장의 관리자가 임신한 여성들을 보고 "산란기냐. 임신들을 왜 그렇게 많이 하냐"고 말하던 시절이었다. (후에 이 말은 직장 내 성희롱으로 고발됐다.[6]) 임신부를 대놓고 타박할 정도로 임신한 몸은 호텔(면세점)과 어울리지 않다고 여겼다. 하나의 서비스로 소비되는 여성의 이미지가 있었고, 이 이미지에 임신부는 포함되지 않았다. 서비스업에서만 일어나는 일이 아니었다.

반도체 기업이 오퍼레이터들에게 원한 것은 성실하면서 꼼꼼한 젊은 여성의 모습이었다. 소녀이자 누군가의 착한 딸. 그것으로 족했다. 그러니 억척의 다른 말이기도 한 '어머니'의 모습으로 '캠퍼스'(삼성은 제조 사업장을 캠퍼스라 부른다)를 돌아다니는 것이 용납되지 않았을 것이다. 기업은 이 공간이 누군가 평생을 일하며 살아가는 삶의 터전으로 보여지기보다, 하얗고 청정한 어떤 기술의 상징으로 비치길 바랐다. 일하는 사람 그 자체는 그리 존중받지 못했다. '여자치고' 상대적으로 높은 연봉과 인센티브가 존중의 자리를 대신했다.

그런데 수정씨가 임신하고도 퇴사를 선택하지 않은 이유 중 하나로 '앞서 그만두지 않은 선배'들을 언급했다. "그 선배가 있으니까 나도."

그렇게 여성들이 하나둘 직장에서 버티던 1988년, 남녀고용평등법이 도입됐다. 1990년대 중반부터 직장 내 임신·출산 제도도 개선되기 시작했다. 1998년 육아휴직 제도가 만들어졌다. 출산(산전후)휴가는 2001년에 90일로 확대됐다. 2006년 사산이나 유산에 따른 보호휴가(5~90일)가 도입됐으며, 2012년에는 배우자 출산휴가 제도도 만들어졌다.[7]

그리고 지금껏 경총은 근로기준법이 개정될 때마다 생리휴가 폐지를 요구하고 있다.[8] 출산·육아휴가 일수가 길어졌으니 대신 다른 휴가(특히 생리휴가)를 없애자는 것이다. 굳이 성교육 시간에 배운 내용을 들먹이지 않아도, 월경과 출산은 떼어놓을 수 없는 관계다. 임신한 사람을 보호한다면서 월경에 관한 쉴 권리는 박탈하는 것은 어딘가 이상하다.

모든 권리는 연결되어 있다. 한때 명품 브랜드 샤넬 기업이 임신한 노동자들의 단축근무를 받아들이지 않아서 한 직원이 사산하는 일이 알려졌다. 알고 보니 '모성보호'가 엉망이었다. 그런데 샤넬은 일찍이 꾸밈노동으로 유명한 직장이었다. 직원들의 손톱 길이마저 관리지침으로 둘 정도로 외양을 통제해온 것이다. 날씬하고 매끈하게 치장된 몸이 상품 서비스의 하나라고 보던 기업이었다. 이런 기업이 임신한 몸을 '어여삐' 여길 리 없었다. 재생산과 생식에 관한 것부터 외양과 차림(여성다움/남성다움 꾸밈도 포함된 문제이다)까지 내 몸의 주도권을 갖는 문제는 하나로 통한다.

생리휴가는 물론, 꾸밈노동과 화장실 사용 여부(일명 오줌권), 근무시간과 노동강도 등 일터의 모든 것이 여성의 임신과 출산에 영향을 미친다. 이 점을 염두에 두어야 하는 까닭은 '애를 잘 낳기 위해'서가 아니다. 한 사람이 재생산 과정에서 신체적이고 정서적인 건강과 안전을 유지할 수 있는 권리는 너무도 기본적인 것인데, 우리가 그것을 자꾸 박탈당하기 때문이다.[9]

임신부 교사 화장실 칸

임신 노동자의 건강 문제가 제기되자 기업들은 방식을 변경했다. 삼성 등 반도체 기업의 생산직 직원들은 임신을 하면 긴 휴가를 신청할 수 있다고 했다. 이 변화를 들으며, 출산-육아 휴가가 넉넉하게 주어졌다고 기뻐할 수만은 없었다. 노동자들이 건강권 문제를 제기해서 이룬 성과임은 분명하지만, 동시에 임신한 여성만 일터에서 사라지게 한다고 문제가 해결되는 것은 아니기 때문이다. 반도체 대기업에서 시행하고 있는 임신 노동자 장기 휴가를 어떻게 바라볼 것인가. 고민하던 중 한 중학교 화장실에서 낯선 장면을 보았다.

교사용 화장실이었는데, 화장실 한 칸에만 팻말이 달려 있었다. '임신부 전용 화장실.' 임신을 하면 소변이 자주 마렵다는 이야기를 들었다. 무거워진 자궁이 신장을 눌러 그렇다고 한다. 그래서 밤에도 몇 번씩 일어나 화장실을 간다는 임신부들의 말을 종종 들었다. 그나마 최근 임신한 여성들이 자신의 경험을 이야기하기 시작해 알게 된 사실이다. 여자들이 자신의 임신 경험을 나눠주기 전까진, 임신부에게 필요한 것은 아기 기저귀 케이크(한때 유행한 임신 축하 선물)와 엽산 같은 영양제밖에 없다고 여겼다.

임신부 전용 화장실 앞에서야 알게 됐다. 임신한 노동자는 눈치 보거나 기다릴 필요 없이 갈 수 있는 화장실이 필요하구나. 일과 육아를 병행한 '멋있는' 여성을 앞에 두고 내가 쓸쓸해하는 지점은 그런 것이다. 고심해서 '직장을 계속 유지하는 일'을 선택한 임신 노동자는 이후 일터에서 어떤 선택이나 협상이 가능하지 않았다. 업무환경 개선도 노동강도 조절도, 화장실 한 칸도, 그가 적극적으로 요구할 수 있는 영역이 아니었다.

임신한 후 화장실 오가는 일이 잦아져 자리를 비울 때마다 상사 눈치가 보인다는 여성 노동자에게 필요한 것은 사과나 배려가 아니었다. '책임감이 없지 않나 자기 스스로를 의심하며' '머리를 조아리고 사과하며' '양보받거나 양해받아야 하는' 종류로만 여긴 수많은 일은, 실은 회사가 내놓지 않은 비용에 속한 일이었다. 회사는 대체 근무자를 뽑아야 하며, 임신 노동자의 전환배치 시 매뉴얼을 가지고 있어야 했다. (더불어 정부는 이를 지원할 방안을 가지고 있어야 한다. 정부는 임신·출산 기간 내 해고에 있어 가중처벌을 도입해야 하고, 적극적 분쟁 조정과 방문 상담 시스템을 구축해야 하며, 사업주의 경제적 부담을 지원해야 한다. 정부가 제작하는 '저출산-고령사회 대응 현안 보고서'마다 쓰여 있는 내용이다.)

임신은 취약한 몸이 되는 일이기도 하다. 식사를 잘 하지 못하고, 체중이 감소하거나 증가하고, 걸음과 행동이 느려지고, 질 출혈이나 오줌소태가 생기고, 빈혈로 어지러움을 겪는다. 이 사실은 그동안 '임산부는 노동자로 적합하지 않다'로 해석되어왔다. 그래서 사업주들도 노동자도 해고와 사직을 어쩔 수 없는 선택으로 치부했다. 오직 선택만 강요됐다.

하지만 달리 해석되어야 한다. 임산부의 몸이 일터에 적합하지 않은 것이 아니다. 임산부(취약한 몸)에게 적합한 일터의 속도, 업무량, 작업 방식, 온도, 습도 등이 따로 있다. 그럴 때 이것은 노동조건의 문제가 된다. 노동조건의 변화는 요구하고 협상되어야 할 사안이다.

일터, 힘의 세계이자
긍정적 육체의 세계[10]

2022년 새해부터 산재 사망 소식이 들려왔다. 중대재해법 시행 첫해라는 사실이 무색하게도, 추락하고 압사하고 매몰되고 불에 타서 목숨을 잃은 사람들의 소식을 듣는다. 오직 일을 했다는 이유만으로. 이마저 대형 사고였기에 들을 수 있는 부고이다. 들리지조차 않는 죽음이 분명, 있다. 글을 시작하기 전, 고인들의 명복을 빈다.

서서히 죽는

정부는 2022년 산재 사고 사망자 수를 700명대로 낮출 것이라고 선언했다. 새해 벽두부터 들려온 중대재해 소식은 고개를 갸웃거리게 하지만, 산재 사고 사망자 수는 실제로 매년 감소하고 있다. 고용노동부가 발표한 2020년 산재 사고 사망자는 882명. 10년 전인 2010년 사망자 수가 1,383명인 것에 비하면 의미 있는 감소다.

그런데 이상한 점이 있다. 10년 사이 한 해에 발생하는 산재 사고 사망자가 500명가량 줄었음에도, 여전히 산재로 인해 목숨을 잃는 이는 2,000명을 넘어선다. 줄지 않는다. 2020년 산재 사망자는 2,062명. 2010년 기록인 2,089명과 별 차이가 없다.

사고로 인한 사망이 줄어든 자리를 '업무상 질병'[11]으로 인한 죽음이 빠르게 메우고 있기 때문이다. 2010년 한 해 평균 800여 명이었던 수치가 10년 사이 1,200여 명으로 증가했다.[12] 길게는 40년 잠복기를 가지는 진폐증, 과로의 대가인 심·뇌혈관계 질환, 유해물질에 의한 직업성 암 등이 대표적인 업무상 질병이다. 통계만 보면, 일터에서 사고로 단박에 죽는 사람은 줄어들고 서서히 일하다 죽어가는 사람은 늘고 있다. 아니, 늘어난다는 말은 적절치 않다. '드러났다'는 표현이 더 맞겠다.

앞서 언급한 숫자들은 정부 공식 통계일 뿐이다.[13] 근로복지공단으로부터 산재 인정을 받은 이들을 대상으로 한 수치다. 여기에 포함되지 못한 이들이 있다. 병의 원인이 회사에 있다고 의심조차 하지 않는 사람들, 병마와 싸우느라 근로복지공단 문턱에도 가지 못한 사람들, 자신이 한 업무와 질병의 연관성을 도무지 혼자 힘으로 밝힐 수 없어 포기한 사람들. 이 수가 적지 않을 것이다.[14]

그럼에도 직업성 암(질환)의 존재가 점차 알려지면서, 식습관이나 가족력이 아닌 근무환경을 의심하는 사람들이 생겨났다. 그렇게 업무상 질병이 드러났다. 업무상 질병 (산재 인정) 사망자 수가 매해 증가하는 까닭이다. 산재는 그렇게 '눈에 보일 때' 존재한다.

감수성이란

일하다 골병든다는 것은 과장된 표현이 아니다. 단박에 뼈가 부러지지 않아도 서서히 골병들게 한다. 그 골병이 목숨을 빼앗기도 한다.

정부는 우선 '단박에' 목숨을 잃는 일에 초점을 맞춘 듯 보인다. 매해 산재 사고로 인한 사망자 수를 별도로 발표하고, 다음 해 감소 목표를 밝힌다. 건설 현장이 대부분을 차지하는 사고성 사망에 붙은 '후진국형 산재'라는 타이틀이 부담이었는지 모른다. 게다가 사고로 인한 사망은 단기 조치로도 눈에 보이는 감소가 가능하다. 정책의 성과를 바로 낼 수 있다는 말이다. (그것은 보호구 지급, 안전 난간 설치, 신호수와 안전관리자 배치만으로도 죽지 않았을 목숨이 매년 수백 명이었다는 말이기도 하다.)

사고는 눈에 보인다. 폭발하고 무너지는 일은 이목을 끈다. 시선이 몰리니 정부는 대책을 낸다. 그러나 거기까지다. 곧 잊힌다. 사고 소식이 끔찍해도, 대중과 사건의 심리적 거리는 멀다. 산재 사망자가 수천 명이라는 사실이 사람들에게 공포를 느끼게 하지 않는다. 공사장에서 일어난 산재 사고는, 길 가던 행인이 무너진 담벼락에 깔렸다는 소식보다 경각심을 주지 않는다. 그곳은 내가 매일 지나는 길목이지만, 공사장은 내가 일할 가능성이 없는 공간이다. "더울 땐 더운 데서, 추울 땐 추운 데서 일하는" 건설업에 종사하는 사람은 따로 있다고 생각한다. 설사 내가 지금 건설 현장으로 출근한다 해도, 임시로 하는 일일 뿐이다.

'그럴 만한' 사람들이라 그 죽음이 당연한 듯했고, 나와 관계없는 사람이라 믿었기에 '어쩔 수 없는 일'이라 넘길 수 있었다. 이 사회는 일하다 죽는 일을 당연시해왔다.

노동안전보건 단체에서 일하는 사람에게 물은 적이 있다. 인간이 일하다 죽지 않기 위해서는 무엇이 필요하냐고. 그는 '감수성'이라 대답했다. 안전장치와 관리·감독과 구조와 시스템을 제치고, 감수성이라니.

그는 인간이 일하다 죽는 것을 아파하는 감수성이 우리에게 있어야 한다고 했다. 그 대답이 오래 남는 까닭은 죽음을 하찮게 보도록 연습되어진 우리 삶 때문이다. 노동자가 일하다 죽는 사회보다 더 문제는, 노동자가 일하다 죽는 것을 당연하게 여기는 사회다.[15]

일하다 다치고 병드는 삶을 기록한 적이 있다. 글에서 나는 '감수성'을 언급했다. 인간이 일하다 죽는 것을 아파하는 감수성. 그러나 타인의 고통에 반응하고 생을 존귀하게 여기는 선한 마음만 바랐던 것은 아니었다. 매년 수천 명이 죽어가는 일에 감정적 동요를 일으키지 않도록 수많은 장치를 가진 사회였다. 그런 사회에서 문제가 마음으로 해결될 리 없다.

하지만 사람들은 분명 아파했다. 다만 아픔을 익숙함에서 찾았다. 목숨은 공평하지만, 우리가 자주 이용하는 지하철역에서 일어난 사고(구의역 산재 사고)에 더 눈이 간다. 내 또래거나 내 자식 또래인 젊은 사람(태안화력 산재 사고)의 죽음이 더 와닿는다. 50대 공사장 인부의 죽음보다 등록금을 마련하기 위해 알바를 하던 대학생 라이더의 사고사 소식에 더 귀가 열린다. 낡은 공단이나 농어촌 비닐하우스, 장애인 시설 속 죽음은 조금 더 빠르게 잊힌다.

우리 눈에 더 잘 보이는 사람들이 있다. 젊고, 신체가 '건강'한 비장애인, 일정 학력 이상을 갖추고, 도시의 일상을 공유하는 이들. 사회가 표준으로 삼아온 사람들이다. 한마디로 우리가 '사람'을 떠올릴 때 떠오르는 인물. 그 사람은 키와 체중이 '적절'하고, 사지가 '멀쩡'하다. 늙지도 아프지도 않다. 인간다움은 어떤 성품이 아니다. 우리가 사는 사회에서 인간다움의 전형은 '젊음'과 '건강함'이다.[16] 죽은 이에게서 인간다움을 발견할수록 우리는 더 안타까워한다. 아니 아까워한다. 우리의 슬픔마저 (사회적으로) '쓸모(가치)' 있는 몸에 반응한다. 우리의 세계는, 그 세계의 대표 격인 일터는 쓸모 있는 몸들로 채워져 있다.

건강한 노동자 효과

일터에는 건강한 이들만 존재한다. 인터뷰로 만난 직업병 피해자들은 말했다.

"이 몸으로 어떻게 살아야 할지 모르겠어요."

병석에 눕거나 휠체어에 탄 이들만 하는 말이 아니었다. 치료 끝에 완치에 다다른 이도 같은 말을 했다. 일터의 문턱을 아는 사람들이었다. 그가 다니던 회사에는 지금 자신과 같은 몸을 가진 사람이 없었다. 아프거나 허약하거나 노쇠한, 어떤 이유로든 조심스럽게 다룰 필요가 있는 몸. 그것은 회사가 원하는 몸이 아니었다.

그런 몸은 채용 문턱을 넘을 수 없다. '그런 몸'을 거르는 데는 채용 전 건강검진 조건을 명시할 필요조차 없다. "우리 회사는 업무 특성상 회식과 야근이 많은데……" 이 말 한마디가 사회적 기준의 '건강'을 가지지 못한 이들을 탈락시킨다. '운전면허증 소지자 우대'라는 문구 하나만 넣어도 (신체-정신) 장애인의 지원을 거른다.

채용은 거름망을 펼치는 일이고, 사람들은 회사가 '능력'으로 사람을 선별하는 것을 당연하다고 여긴다. 스펙이냐, 직무 능력이냐, 의견은 분분하지만 능력의 다른 말을 효율이라 생각하는 사회에서 효율적이지 않은 몸이 배제되는 일은 문제가 되지 않는다. 사회가 말하는 '효율'과 거리가 먼 삶을 살게 된 직업병 피해자들은 자신을 받아줄 직장이 없을 거라며 암담해했다. 같은 이유로 자신에게 직업병을 안겨준 회사를 떠나지 못하는 이들도 있다.

악성종양 진단을 받은 이가 있다. 직업병이라 하여 산재 요양을 마치고 일터로 돌아왔을 때, 그는 천덕꾸러기가 되어 있었다. 회사는 '산재'에 관해 어떤 말도 하지 않았다. 관리자와 여러 차례 상담을 했으나, 누구도 산재라는 단어를 입 밖에 내지 않았다. 마치 금지어 같았다. 그가 상담을 한 이유는 업무 배치 때문이었다. 낮과 밤이 바뀌는 일을 할 수 없고, 위험물질을 사용할 수 없고, 몸에 무리를 주며 일할 수 없게 되자, 그가 부서에서 할 수 있는 일은 거의 없었다. 이전까지 그가 해온 일이었고, 대가로 받은 것이 암세포였다.

덕분에 인사고과 점수는 바닥이었고, 그를 받아줄 부서는 없었으며, 동료들은 '그로 인해' 가중된 업무에 불만을 터트렸다. 몇 해 전 회사는 글로벌 진출 확장을 선언했다. 일하는 사람에게는 국내 생산라인 축소, 인력 감축, 고용 불안, 업무 과중의 다른 말이었다. 한 사람이 두세 사람 몫을 하고 있었다. 그 와중에 그가 돌아온 것이다.

"왜 아픈 사람을 이렇게 대하죠?"

그는 내내 '몫'을 제대로 하지 못하는 사람 취급을 받았다. 자신의 몸을 이렇게 만든 회사는 사과도 하지 않았다. 그는 내쳐지고 있었고, 버티는 중이었다.

누구보다 건강할 때 입사해서 병든 몸이 되어 회사를 떠난다. 직업병 피해자들의 서사지만, 그들만 겪는 이야기는 아니다. '건강한 노동자 효과'라는 것이 있다. 직업병 논의에서 종종 등장하는 이론인데, 보통 기업이 사내에서 발병한 특정 질병의 발병률을 두고, 전체 국민의 발병률과 비교하며 큰 차이가 없다고 주장할 때 반론으로 사용된다. 일터는 건강검진까지 해서 건강한 노동자를 선별한 공간이다. 이런 '건강한' 노동자 집단이 만성질환자와 노년층 등이 섞인 일반 인구의 암/질환 발병 비율이 비슷하다는 것은, 그 자체로 문제라는 논리이다.

그런데 일터의 사람들도 다치고 병들고 나이가 든다. 채용 과정에서 선별된 건강한 신체가 유지되긴 어렵다. 그럼에도 이 효과가 지속되는 이유는, '건강한' 노동자가 기업으로부터 선택되는 과정이 채용 이후에도 계속되기 때문이다. '건강하지 않은' 노동자는 회사를 떠난다. 자리가 없으니 머물 수 없다. 일터의 모든 것은 이 사회가 건강하다고 판단하는 몸을 기준으로 설계된 것들이다. 근무시간, 업무량, 속도, 업무 방식과 강도, 심지어 책상과 의자 높이, 실내 온도, 정수기 물통마저. '다른 몸'은 들어갈 자리가 없다.

정수기 물통

정수기 물통은 젠더 갈등의 상징처럼 이야기되지만, 이 논란의 전제는 여자건 남자건 20리터짜리 물통을 들 수 있다고 예상되는(그것이 착각일지라도) 사람으로 일터가 구성되어 있다는 사실이다. 한눈에 봐도 '우리' 회사에 물통을 전혀 들지 못할 거라 여겨지는 사람은 없다. (성별에 따라 다르지만) 평균치의 체중과 키에서 크게 벗어나지 않고, 평균치의 근력과 유연성이 있고, 앉고 일어서고 물건을 들어 올리고 내려놓는 일이 불가능하지 않은 사람들. 회사는 '그런' 사람들로 채워져 있다.

물론 '그런' 사람들 사이에서도 물통이 너무 무거운 집단이 있다(대부분 여성이다. 그래서 정수기를 둘러싼 갈등이 시작된다). 사무실에서 쓰는 정수기의 물통 무게는 보통 20킬로그램 정도다. 물통의 규격은 가성비(효율)를 이유로 정해진다. 그러나 20킬로그램의 물건을 무리 없이 들 수 있는 능력이 표준이라 여겨진 사회에서, 표준에 가깝지 않은 몸들은 늘 사는 것이 번거로웠다.

"모든 사람이 건강하고 장애가 없고 젊은 성인이고 문화적 이상에 따른 외양을 갖춘 남성일 것이라고 암묵적으로 가정한 상태에서 물리적으로 만들어지고 공적으로 조직된 사회"[17]에서 살고 있다. 그 '사람'이 기준이 되고, 표준이 되고, '정상값'이 되었다. 이에 맞춰지지 않은 몸은 예외 취급이다. 예외가 되는 일은 손쉬웠다. 남녀를 떠나 감기만 걸려도 사무실 실내 적정 온도를 감당할 수 없다. 너무 춥거나 너무 더웠다. 이마저 체중 70킬로그램의 40세 남성의 신진대사율에 맞춰진 온도라 했다.[18]

가성비를 따지는 일터에서 예외는 '비용이 드는 것'이라는 말과 다르지 않았다. 효율적이지 못하다고 했다. 병들어 아픈 몸은 인사고과에서 가장 낮은 점수를 받는다. 천덕꾸러기 취급을 받던 이의 인사고과 점수는 가장 낮은 D등급이었다. 그의 직장에선 모두가 열심히 일했다. 차마 D등급을 줄 사람을 찾기 어려울 정도로. 성과를 강제하는 무수한 장치가 있었다.

그도 한때는 A등급을 받기 위해 속도를 내는 몸을 가지고 있었다. 속도를 낼 수 있는 몸이기에 선별되었고, 번번이 그 속도를 넘어서는 업무를 요구받았다. 그것을 능력이나 효율이라고 했다. 그러다가 그는 '효율 없는' 몸이 되었다. 속도감 넘치는 일터는 과로 질환만 불러온 것이 아니었다. 자신이 사용하는 방사선과 화학물질의 정체에 관심을 둘 시간을 빼앗았다. 안전교육 없이 목표 성공률을 발표하는 아침 조회는 활기찼으나, 화학물질 관리 정보는 전달되지 않았다. 그가 안전을 위해 머뭇거리고 망설일 시간마저 절약됐다. 그는 아픈 사람에게 어떻게 이럴 수 있냐고 외쳤지만, 기업은 변한 적이 없었다. 열아홉 살, 스무 살 젊은 몸들로 생산라인을 채울 때부터, 엔지니어는 남성으로 말단 생산직원은 여성으로 뽑을 때부터, 개별 경쟁을 부추기고 속도를 과시할 때부터 한결같은 자세였다.

D등급의 몸

그와 함께 D등급을 받은 몸이 있었다. 일터의 또 다른 예외, 임신한 노동자였다. 낮은 고과 정도면 다행이다. 정규직이 아닐 경우(설사 정규직일지라도) 사직서를 내야 한다. 직원이 임신을 하면 눈에 띄지 않는 곳으로 옮기는 직장도 있다. 대게 서비스업종이다. 프로젝트팀을 운영하는 회사라면 그 팀에서 빠지는 것이 예의로 여겨진다. 더는 회사의 효율을 감당할 몸이 아니기 때문이다. 개인이 사용할 수 있는 시간과 속도, 견딜 수 있는 무게와 온도, 끌어올릴 수 있는 집중력과 회복력 등이 세상 기준에서 멀어진 몸이다.

예외는 비용을 의미하기에, 회사는 예외적 존재를 입사시키지 않았다. 채용한 후에 생겨나는 예외의 경우조차 인정하지 않았다. 일터의 표준 기능과 규격을 따라잡지 못하면 실력이 없는 걸로 취급했다. (여자는 무거운 물건을 들지 못해 쓸모가 없다. 당직이나 야근을 시키기 어렵기 때문에 취업에 불이익을 주는 것은 당연하다. 이런 말들은 회사의 심정을 대변한다.)

한때 반도체 회사는 임산부의 몸을 고려하지 않았다. 직원의 반 이상이 여성이었는데도 그들이 임신이 가능한 몸을 가지고 있다는 사실을 자주 잊었다. 임신부를 화학물질 가득한 라인에서 근무시켰다. 그 결과 태아의 세포가 변이됐다. 손상을 입고 태어나거나 목숨을 잃었다. 최근에는 아예 휴직을 시킨다고 했다. 물론 자리를 비운 이의 업무는 라인에 남은 사람들의 몫이다. 그래도 임신부들이 라인에 등장하지 않으니 다행이라 여겨야 할까. 임신한 몸이 들어올 수 없는 일터가 과연 '정상'이라 여겨지는 사람들에게는 안전하게 작동할지는 미지수이다.

아파해야 하는 이유

각종 유해화학물질의 노출 기준마저 '표준'의 몸에 맞춰져 있다. 거의 모든 안전 기준 등은 보통 성인 남성의 몸에 맞춰져 실험된다고 한다. 여성과 남성은 호르몬 주기와 면역체계는 물론 피부 흡수율마저 다르다. 질환자, 장애인, 트랜지션을 한 성소수자의 몸 같은 것은 애초 일터에 없다고 가정되니, 따로 연구되었을 리 없다. 심지어 동물실험마저 수컷을 대상으로 이뤄진다. (우리가 복용하는 상비약조차 70킬로그램 체중의 성인 남성 위주로 임상실험된 결과이다.)

얼마나 많은 노동자가 제 몸에 맞지 않는 옷을 입고 유해물질에 노출되고 있을까. 이런 편향이 만들어진 까닭은 "여체는 너무 복잡하고 너무 가변적이고 너무 비용이 많이 들어간다"[19]고 여겨지기 때문이다. 임신을 하고 생리를 하고 호르몬 주기의 변화를 보이는 여성의 몸은 변수로 취급된다. 남성이 아닌 몸은 실험실에서도 예외이다. 하지만 실험실 안에서 존재를 지운다고, 실험실 밖에서 그 몸들이 사라지는 것은 아니다. 그럼에도 우리의 일터는 "여성을 노동자로 거의 간주하지 않는다"[20] 이 말은 한평생 직업환경 연구를 해온 전문가 여성(캐런 메싱)이 현장조사와 연구를 거듭한 끝에 내린 결론이다.

그 결과 많은 이들이 자신에게 필요한 복용량과 다르게 약을 먹고 있다. 자신의 몸에 맞지 않는 도구와 장비를 들고 일한다. 자신이 들 수 없는 무게, 자신이 일할 수 없는 시간을 앞에 두고 무능력하다고 평가받는다. 안전하지 않은 노출량의 독성물질을 흡입하고 있다. 골병들고 서서히 죽어가고 있다.

여성만이 아니다. 젠더 갈등을 피하기 위해 여성만의 문제가 아니라고 말하는 것이 아니다. 박스에 손잡이를 다는 비용을 아끼는 일터는 박스를 들 '능력이 없는' 여성들의 쓸모를 하위로 둔다. 그러나 손잡이 없는 박스는 당신과 나의 허리를 망가트릴 것이다. 당신은 근골격계 질환을 의심하겠지만, '정상' 신체만이 존재할 수 있는 일터는 당신의 골병과 업무의 연관성을 쉽게 인정하지 않을 것이다. 건강한 노동자만 있는 일터는 (건강한) 노동자가 신체에 무리를 주지 않고 옮길 수 있다고 믿어지는 무게의 기준치를 자꾸만 높이기 때문이다. 게다가 당신은 아프거나 나이 들어간다.

자본주의가 제일 먼저 발명한 기계가 '인간(기계화된 신체)'이라지만,[21] 우리 몸은 시계조차 될 수 없다. 자신의 몸을 완벽히 '관리'할 수 있다는 것은 환상이다. 평생에 거쳐 '정상' 몸에 가까울 수 있다는 환상이 커질수록, 아니 그런 환상을 공유하는 사회일수록 나이를 먹기만 해도 몸은 하자 취급을 받고 장애가 된다. 모두에게 좋은 일이 아니다.

일터에 들어갈 수 없거나, 쓸모로 살아갈 가치의 값어치가 정해지거나, 일하다 목숨을 잃어도 '당연하기에' 아주 작은 추모만을 받는 사람이 우리(사회)로부터 만들어지고 있다. 이것이 누군가 일하다 죽는 일을 아파해야 하는 이유이다.

"임신이 죄가 되어서는 안 됩니다"

이현주 우송대학교 간호학과 교수 인터뷰

국내 임신부 노동자를 보호하는 법안이 있다. 흔히 '모성보호법'이라 부르지만 단독 법률로 존재하는 것은 아니다. 근로기준법·남녀고용평등법·고용보험법 등에서 모성보호와 관련된 법안들을 총칭하는 개념이다. 2001년 6월 국회 환경노동위원회에서 개정안이 통과된 뒤, 2001년 11월 1일부터 시행되고 있다. 이 법안은 출산휴가와 육아휴직에 관한 것 외에도 임신부 노동자에 대한 규제(야간·휴일근로 제한, 시간외근로 금지, 유산·사산휴가, 난임치료휴가, 유해·위험작업 금지 등)를 명시하고 있다.

제주의료원 간호사가 임신한 몸으로 쪼그려 앉아 항암약제를 분쇄하고 있을 때도, 반도체 노동자가 임신부용 작업복을 입고 클린룸에 들어갈 때도, 온종일 서서 일하던 백화점 노동자가 하혈을 할 때도, 헤어 제품 독성에 내내 노출된 미용 노동자가 난임에 시달릴 때도 모성보호법은 '법으로' 존재했다. 이현주 교수를 만났다. 산업재해보상보험에 있어 '모성보호'적인 측면을 연구하는 이였다.

모성보호법의 현실

이현주: 산재보험을 20년 넘게 연구해왔어요. 산재보험에 대한 제도 개선 연구를 해왔는데, 여성 문제에 관심을 갖기 시작한 것은 한 5년 전부터였던 것 같아요. 제주의료원 태아

산재 문제가 크게 불거지면서 여성가족부에서 연락이 왔어요. 산재보험에 대한 특정성별 영향평가를 해달라고. 그때부터 2세 직업병 문제와 여성 노동 분야에 관심을 가지게된 거죠. 지금은 '모성보호'와 관련된 연구에 역량을 집중하고 있습니다.

2017년 여성가족부는 산업재해보상보험에 대한 특정성별 영향평가[22]를 실시했다. 이를 통해 여성의 업무상 질병 인정률(36.5%)이 남성(46.8%)에 비해 낮은 수치를 보이는 등 산재 인정 과정에서 성별에 따른 격차가 있음을 밝히며 개선안을 제시했다. 제언 중 하나가 사업장에서 임신과 출산에 관한 안전보건 관리방안을 개선하는 내용이었다.

이현주: 5년 동안 집계된 유산만 45만 건이 넘어요. 유산한 여성의 세 명 중 두 명이 직장 여성이에요. 직장 여성의 유산율이 빠르게 증가하고 있고요. 그러면 유산을 하는 이유가 뭐냐. 흔히들 20대 때 애를 낳아야 되는데 결혼을 늦게 하니까 위험이 커졌다고 그래요. 과연 그 이유일까. 아무래도 결혼을 늦게 하니까 예전보다 나이가 많은 여성들이 출산을 합니다만, 거기에 상응하는 보호조치가 있어야 하는데, 우리 사회는 아이를 가진 여성에 대한 대책이 아무것도 없다는 거예요. 기껏해야 지하철에 의자 하나 내주는 거? 물론 근로기준법상 모성보호 제도가 있어요. 근로기준법에

명시된 임신 노동자 금지 업종도 있고요. 문제는 사업주의 역할이 산업안전보건법에 구체적으로 명시되어 있어야 하거든요. 예방조치와 관리방침이라 해서, 예를 들어 접근을 어떤 상황에서 제한한다, 생식독성 인자에 노출이 의심될 시 어떤 검사를 한다. 이런 내용이 없죠. 근로기준법 76조는 동법에서 제시하지 않은 사항은 산업안전보건법을 따르도록 되어 있는데, 근로기준법이 임신 노동자 사용을 금지한 항목 중에 산업안전보건법이 시행규칙에서 따로 언급하는 항목이 하나도 없는 거예요.

임신 노동자는 총 13개 분야 업무에서 일하는 것이 금지되어 있다. 전기·건설 업종, 유해물질(17종) 취급, 병원체 취급, 중량물 취급 업무 등이다(〈표〉 참조). 그런데 이를 위반할 시 과태료를 문다는 것 말고, 사업주가 무엇을 해야 하는지를 구체적으로 규정한 내용은 없다. 이런 상황이니, 사업주가 모르고 일을 시키거나 아니면 위험 업무에서 배제한다면서 임신한 노동자를 해고하거나 권고사직하는 일이 벌어진다. 임신 노동자 '보호'와는 멀어지는 길이다.

이현주: 독일 등 외국의 경우, 임신 사실을 인지하자마자 사업주한테 통보를 해야 하는 규정이 있어요.[23] 통보하는 그 순간부터 이 여성 노동자와 태아의 안전을 책임져야 하는 담당자가 사업주가 되는 거지요. 법에도 사업주가 취해야 하

〈표〉근로기준법상 임신 노동자의 사용 금지 업종

구분	내용
기계·전기 업무	둥근톱 지름 25cm 이상, 띠톱 풀리지름 75cm 이상 기계를 사용하는 목재 가공 업무, 목재 가공용 기계 또는 프레스 및 전단기에 따른 정전 작업, 활선 작업 및 활선근접 작업
건설 업무	통나무비계 설치 또는 해체 작업, 건물 해체 작업, 터널 작업, 추락 위험이 있는 장소의 작업, 붕괴 또는 낙하 위험 장소의 작업
물리적 인자 취급 업무	진동 작업, 고압 작업, 잠수 작업, 고열 작업, 한랭 작업, 원자력 및 방사선 관련 업무
유해물질 취급 업무	납, 수은, 크롬, 비소, 황린, 불소(불화수소산), 염소(산), 시안화수소(시안산), 2-브로모프로판, 아닐린, 수산화칼륨, 페놀, 에틸렌글리콜모노메틸에테르, 에틸렌글리콜모노에틸에테르, 에틸렌글리콜모노에틸에테르 아세테이트, 염화비닐, 벤젠 등
병원체 취급 업무	사이토메갈로바이러스, B형 간염 바이러스 등 병원체로 오염될 우려가 짙은 업무, 의사·간호사·방사선기사 등 면허증 소지자 또는 양성자 제외
중량물 취급 업무	연속 작업: 5kg 이상, 단속 작업: 10kg 이상
신체 부담 작업	신체를 심하게 펴거나 굽힌다든지 또는 지속적으로 쭈그려야 하거나 앞으로 구부린 채 있어야 하는 업무
기타	산재보험법 제8조 산재보험및예방심의위원회 심의를 거쳐 지정하여 고시한 업무

는 행동이 아주 구체적으로 명시되어 있고요. 또 가까운 일본만 하더라도, 화학물질 같은 경우는 사업주도 알 수가 없단 말이에요. 지금 이 작업환경이 임신한 노동자에게 해가되는지. 그럴 때는 위험성 평가를 해요. 작업환경측정이나위험성 평가를 하는 거죠. 그 평가를 바탕으로 여성 임신 노동자의 업무를 변경하는 거죠. 우리는 그런 제도가 없는 거예요. 우리는 오히려 사업주한테 임신을 통보하면 잘릴까봐 불안해하는 사회인 거죠.

산업안전보건법 125조는 "유해인자로부터 근로자의 건강을 보호하고 쾌적한 작업환경을 조성하기 위하여 …… 작업환경측정을 하도록" 해야 하는 사업주의 의무를 말하고 있지만, 임신 노동자에 대한 유해인자측정(작업환경측정)은 따로 법에적시하고 있지 않다. 작업환경측정은 190종 유해인자(중금속, 분진, 소음 등) 노출 사업장에 의무 적용된다. 그런데 임신 노동자에게 무엇이 유해한 인자인지 파악조차 되고 있지 않다. 애초 특정 작업 현장에서 임신부에게 유해한 요소가 무엇인지를 파악하는 산업안전보건 모니터링이 부재한 상황이다.[24]

외국의 사례를 보자면, 독일 모성보호법 9조 1항은 이리 언급하고 있다.

"업주는 임신 또는 수유 여성의 노동조건 형성에 있어 제10조(노동조건의 평가)에 의한 위험성 평가에 근거한 육체적 및심리적 건강 및 그 아기를 위한 모든 조처를 강구해야 한다."

국내에는 이 같은 규정이 없다.

이현주: 제가 연구를 하면 자주 떠올리는 것이 ILO(국제노동기구) 기준이에요. 이번에 한국이 ILO 핵심협약 3개(강제노동 협약, 결사의 자유 단결권 보호 협약, 단결권 및 단체교섭권 협약)를 추가 비준했잖아요? 그런데 여성 노동과 직결되는 협약은 아직 비준 계획조차 없어요. 모성보호 협약(183호)이 대표적인데, '임신과 수유 중에 여성과 영아의 건강에 해가 된다고 판단되거나 건강에 유해하다고 판단되는 경우 근로할 의무가 없다'가 기본 내용이에요. 임신·출산에 따른 휴가 등의 문제는 복지 문제가 아니거든요. 생명권에 관한 문제죠. 임신한 노동자가 위험 인자를 피하거나 거부할 수 있는 권리가 보장되어야 해요.

그 권리를 확보하기 위해 무엇이 필요한가.

이현주: 우선은 임신한 것이 죄가 되어선 안 된다고 생각합니다. 여성이 임신하면 민폐가 된다고 하지만, 사실은 회사가 이런 갈등을 방치하고 있는 거죠. 육아휴직자 자리를 대체 인력으로 채우려면 사업주 입장에선 돈이 들어가니까요. 지금은 정부에서 대체 인력 사용을 권장만 하고 있는 수준이죠. 국가가 산재 예방 차원에서라도 임신 노동자가 고용된 사업장에 재정 지원을 해야 한다고 생각해요.

저출산 고령화 대책이 벌써 20년 가까이 발표가 되고 있거 든요. 2021년부터 제4차 저출산 고령사회 기본계획이 수립 됐어요.[25] 그런데 태아와 임신 노동자들에 대한 안전과 보호 대책은 여전히 없고, 육아휴직·출산휴가에 관련된 것들 만 늘 이야기하는 거죠.

제4차 저출산 고령사회 기본계획은 영아수당 신설, 육아휴 직제 도입, 남성 배우자 육아휴직 문화 정착, 다자녀 가구 지 원 확대 등을 담고 있었다. 이 계획은, 너무도 당연히, 이 세상 에 태어날 아이들은 아픈 데 없이 건강하고 '정상'의 몸과 가 깝다는 것을 전제로 하고 있다. 자녀가 아프게 태어날 가능성 에 대한 대처, 아프거나 장애를 겪을 몸에 대한 대응은 찾아볼 수 없다. 오직 지원금을 제공하고 육아휴직을 늘리면 모두가 (건강한) 자녀를 낳아 키울 수 있다는 듯이. 한 해 8만 명에 다 다르는 산모가 자연유산을 하는 현실은 없다는 듯이.

이현주: 그동안 여성들이 임신을 하거나 유산을 하면 직장을 그만두게 되는 게 현실이었죠. 그래서 문제가 드러나지 않 고 계속 잠겨버리는 구조였어요. 그러다가 제주의료원 판 결이 있었고, 그 때문에 이 문제가 수면 위로 오를 수 있는 계기가 된 거죠. 그래서 많은 여성들이 그 경험을 말해야 한 다고 생각해요. 문제를 문제로 여기는 사람만이 문제 해결 을 위해서 자기주장을 할 수 있으니까요. 그래서 저는 교육

을 강화하는 것이 중요하다고 생각합니다. 유산이나 생식 질환을 겪었을 때 산재 신청도 해야 하고요. 신청을 꺼리게 되는 사정은 알지만 그래도 많은 분들이 신청을 했으면 합니다. 유산이 직업병이 되는 순간, 그것은 사업주가 사전에 예방해야 할 문제가 되거든요.

지난 5년간 직장 여성의 유산 26만여 건 중 산재 인정을 받은 것은 단 3건뿐이다. 애초 산재 신청 또한 8건에 그쳤다.[26]

★
★★

임신 노동자가 일하는 것을 금지하는 업종과 업무를 다른 국가(소위 선진국)들과 비교하고 있을 때였다. 독일 모성보호법을 살피다가, 이 조항에서 멈췄다. 제11조 '임신 여성에 대한 금지 업무' 중 6항. 보는데 생각이 많아졌다.

사업주는 임신 여성을 다음의 작업을 수행하게 해서는 안된다.
1. 성과급 업무 또는 작업 속도를 높임으로써 보다 많은 임금을 받을 수 있는 기타 업무.
2. 일정한 작업 속도의 컨베이어벨트 업무.
3. 주어진 노동 템포에 속도를 맞추는 작업.

컨베이어벨트 작업과 성과급·인센티브가 지급되는 작업 전반이 임신 노동자에게 금지된다. 여기서 위험요인은 '속도'다. 인센티브마저 속력을 내게 하는 동력이기에 금지된다.

'속도' 하면 반도체 산업에선 할 이야기가 많다. 6개월 만에 반도체 공장을 완공하고, 한국만의 독자적인 '황의 법칙'[27]을 만들어내는 기업. 한국의 '빨리빨리' 문화가 속도전을 기반으로 하는 반도체 산업에 적합하다고 내심 자부심을 갖는 나라다.

"이병철 회장이 일본 가서 '삼성이 살길은 반도체야!' 이러고 와서 말도 안 되게 빠르게 공장을 짓고, '이건 세계기록이다' 싶을 정도로 짓고 나서, 그다음부터 속도 경쟁이었던 거고, 그다음에 계속 세계 점유율을 높여가면서 '달성! 달성! 달성!' 그랬던 시기고, 김영삼 대통령이 와서 선진국 어쩌고 하고."

7년 동안 삼성반도체에서 일했던 박지숙씨는 그때를 이리 회상했다. 반도체 산업의 성공 신화 속에서 일하는 사람은 《거울 나라의 앨리스》의 붉은 여왕이 된다. "제자리에 있고 싶으면 끊임없이 뛰어야 해." 달마다 돌아오는 인센티브 월급과 인사고과 점수가 자신이 왜 뛰었는지를 상기시킨다. 그렇지만 여기서 이야기하고 싶은 것은 "우리 너무 재미있게 일했는데"라는 미선씨의 말이다. 재미있었다는 그의 일을 보면 12시간 맞교대, 심지어 셋업을 하는 초기 공정이었다. 쉬울 리 없는 일이다. 등이 땀으로 다 젖도록 일했다. 하지만 속도 전쟁은 하다 보면 익숙해진다. 어느 날은 '뿌듯함'까지 안겨준다. 일을 좀 한 것 같아진다.

반도체 공정은 아니지만, 하이패스가 대중화되지 않던 시절 톨게이트 요금수납 노동자들은 저 끝까지 밀려 있는 차들을 보내기 위해 손가락을 타닥타닥 움직였다. 버튼 누르고 돈 계산하고, 버튼 누르고 영수증 뽑고, 버튼 누르고 인사하고 차를 한 대 보내는 과정을 손가락으로 책상을 두들기며 '타닥, 타다닥, 타다닥닥' 흉내 냈다. "정신이 하나도 없었지만" 타탁, 타다닥, 타다다닥 하며 차를 연속으로 보내고 나면 뿌듯했다. 일 마치고 초췌해진 얼굴로 모여 오늘 자신이 차 몇 대를 보냈다고 자랑하며 하루를 마무리했단다. 톨게이트 노동자들에겐 성과에 따른 인센티브도 없었다. 바삐 움직이는 데 익숙해질 뿐이었다. 그것에서 보람을 찾았다. 우리의 몸이, 일상이, 노동의 윤리가, 그 속도에 맞춰져 있다.

빠른 속도는 임신을 한 사람에게 맞지 않다. 아니, 임신을 한 사람은 물론, 나이가 들었거나, 몸이 아프거나, 장애가 있거나, 마음 상태가 안 좋거나, 지치고 피로한 사람들에게도 적합하지 않다.

그런데 저 유럽 나라의 '모성보호' 지침은 '빠름'(만)을 지적하는 것이 아니다. '일정한 작업 속도의 컨베이어벨트 업무, 주어진 노동 템포에 속도를 맞춘 작업'이 금지된다. 빠르건 느리건, 자신이 작업 속도를 정할 수 없는 일은 건강에 영향을 끼친다고 본 것이다. 개인의 의사와 무관하게 진행되는 일의 방식과 속도는 작업자에게 스트레스를 준다. 우리가 흔히 '단

순 반복' 노동이라 여기는 작업도 여기에 포함된다. 우리는 그 일을 쉽고 단순하여 부담이 없다고 착각하고 있다. 그런 반복은 기껏해야 손목 정도만 아프게 한다고 생각하지만, 아니다. 나의 통제에서 벗어난 노동은 해롭다.

누군가는 이리 생각할지도 모른다. 그렇게 일하지 않는 곳이 어디 있다고. 성과, 경쟁, 반복. 이런 특성을 모두 피할 수 있는 곳이 어디 있냐고. 도대체 임신한 여자는 무슨 일을 하라는 말인가. 또는 이렇게 생각할지도 모른다. "이러니까 기업이 여자 고용을 꺼리는 거다." 여성 노동의 건강권이나 직업병 이야기를 나눌 때면 나오는 이야기 중 하나다. '모성보호 제도 마련 없이 어떻게 여성 노동자들이 일을 지속할 수 있는가'라고 한쪽은 말하고, 다른 쪽은 '모성보호(나 권리) 확대를 주장하다 보면 오히려 기업이 여성 고용을 꺼리게 된다'고 말한다.

그렇게 '고용'된 일자리가 과연 얼마나 '괜찮은' 곳인가를 따지기에 앞서 질문 하나가 떠오른다. '왜 고용은 노동과 대립되는가?' 국민경제와 임금노동은 국민국가를 유지해왔다. 이 임금노동을 국민 단위로 가져가는 방식이 완전고용이었다. 멈춰버린 성장으로 인해 완전고용의 환상에서 (강제로) 벗어났다고 하더라도, 여전히 이 사회에서 고용은 전체 사회의 질서를 재생산하는 중심 원리이다. 이 사회의 질서는 고용 앞에 모든 것을 후순위로 미뤄놓았다. "노동법과 국가의 고용 정책 사이에 균열이 발생할 때 국가의 선택은 언제나 고용 정책"이었다.[28]

완전고용을 이루기 위해서는 (마치 파이를 키운다는 논리로) 성장과 발전이 필요하고, 그러려면 속도가 중시되고, 그 속도를 따라오지 못하는 집단(성인 '건강'한 남성이 아닌 대부분의 사람)은 '비효율'로 취급당했다. 파이가 다 부서져 있는 것을 번번이 확인하면서도, 여전히 고용과 노동(권)을 마치 양자택일해야 할 문제인 듯 이야기하는 것은 누구의 발등을 밟는 일일까.

'모성보호'라 부르지만, 누가 누구를 보호한다는 말인가. 한 번도 고용(으로 대표되는 국민경제의 성장)이 아닌 노동을 선택해본 적 없는 국가가 우리를 보호해준단 말인가. 임신 사실과 동시에 퇴사를 요구받을 것이 염려되어 임신 3~4개월까지 숨기고 다녀야 하는 직장에서 고용주가 우리를 보호해준다는 기대를 품는 걸까. '보호'라는 명칭을 쓰고 있지만, 실은 임신·출산·양육의 당사자인 여성(또는 어머니 역할을 하고자 하는 이)의 권리에 대한 문제이다. 안전하게 일할 권리, 자신의 생애주기에 적합한 노동할 권리, 출생률과 생산력을 위한 도구로 취급당하지 않을 권리.

하지만 현실은 다르다. 국내 임신 노동자의 고용은 '불법'으로 지켜지고 있다. 2019년부터 2021년 8월까지 3년간 5인 미만 사업장에서 98건, 50인 미만 사업장에서 882건, 50인 이상 99인 이하 사업장에서 350건이 적발됐다.[29] 적발된 내용은 임신부의 야간·휴일근로 제한 위반이 가장 많았다.

5부

누군가의 자리, 여성

"나는 이 서글프고 굶주리고
황폐하고 절뚝거리고 사지가
절단된 이야기를 계속하려
한다. 왜냐하면 그래도 나는
이야기를 당신에게 들려주고
싶기 때문이다."
—마거릿 애트우드, 《시녀 이야기》

"그래도, 그때도 이겨냈어요"

김희연, 박지숙 이야기

2013년 11월.

"어디 가면 진짜 아픈 사람은 나 혼자고, 다 그런 모임이니까. 이건 아닌데…… 여긴 은경(가명)이 오고, 희연(가명)도 알게 되고, 그러면서 아, 괜찮겠다. 우리가 건강 때문에 모인 거잖아. 이렇게 꾸준히 볼 수 있다는 것 자체만으로 정말 대단한 일이라고 생각해. 그렇잖아, 처음 있는 일이잖아. 질병을 가진 동료들끼리 모이는 거. 우리 3라인에 오르락내리락했던 그 시절에 같은 건물에서 서로 얼굴만 알던 사이들인데, 이렇게 모이다니."

이 말을 하는 사람은 박지숙(가명). 1973년생. 1991년 삼성반도체 기흥사업장에 입사해 1998년 퇴사한 이다.

"저는 산재 신청은 했지만, 아직 반올림 모임에는 많이 안 가봤고. 그치만 언니들은 같은 입장이잖아요. 그래서 더 반가운 것도 있고. 이렇게 가끔 얼굴 보고 좋은 거 같아요."

이 사람은 김희연. 1978년생. 1997년 삼성반도체 기흥사업장에 입사해, 15년을 근무했다. 이날 모임에 처음 나왔다.

나는 지금 반올림에서 2013년에 꾸려진 '전자산업 여성건강권 모임'의 기록 일부를 읽고 있다. 반도체 직업병 당사자들과 반올림 단체 활동가, 노무사, 연구자, 기자 등으로 이뤄진 이 모임은 '건강권' 논의를 하자고 모였으나 실은 친목 모임의 성격이 더 강했다. "막차 시간 다 되는 줄 모르고 수다를 떨며" 모임을 반년간 유지하다가 다들 일상이 바빠지며 끝이 났다. 일상이 바빠진 이유에는 출산과 육아도 있었다. 김희연씨가 출산을 했고, 박지숙씨의 막내딸이 초등학교에 입학하던 즈음이었다. 두 사람 모두 난임으로 어려움을 겪은 경험이 있다.

모임 기록-생리통

박지숙: 내가 이번에 국정감사에 갔잖아. 거기서 불임 이야기를 해달라고. 그래서 떠올려보니, 2베이에 있던 ○○가 자꾸 생각이 나는 거야. 7년 불임이라고 했잖아. 우리가 애가 없을 때 서로 위안을 많이 주고받았거든. '나는 돌잔치도 안 간다. 너도 그러냐.' '나도 그래.' 이렇게. 얘도 어렵게 7년 만에 시험관으로 아들을 낳았어. 오랜만에 통화를 했는데, 얘가 회사 다닐 때 생리불순이었거든. 예전에는 두 달에 한 번 한다, 그런 것만 이야기한 거야. 그런데 하혈하고 되게 심했대. 생리가 나오다가 막 쏟아지는 거지. 그 정도로 심했대. 그래서 자기도 애가 안 생기니까. 자기 때문에 문제가 있어서 그런가 생각만 했대. 통화를 하고 나니까 비슷한 생각이 나는 거야. 같은 방 언니가 데굴데굴 구르던 것도 기억나고. 저 언니가 맹장이 터졌나 싶었는데 알고 보니 생리통인 거야.

김희연: 우리 라인에도 그런 언니가 있었는데. 심하면 회사를 안 나갔던 거 같아요. 얼굴 허얘져서.

박지숙: 그 언니가 생리 때문에 힘들어서 못 나오면, 우리가 그 언니 쉬게 해주는 날이야. 왜냐하면 라인에서 데굴데굴 구르니까. 그럼 같이 일하는 동료가 혼자 하려니까 벅찬 거야.

김희연: 저 같은 경우에는 회사 그만두니까 생리통이 정말 없어졌어요. 생리통이 없어져서 너무너무 좋았어요. 노이로제였거든요. 정말 바로 좋아진 거예요. 남들이 들으면 거짓말이라 할 수도 있지만, 내가 느끼는 거니까.

박지숙: 라인에 들어가면 공조(공기 압력)가 세니까.

이은경: 공기도 차가웠으니까. 항상 배가 차. 온도를 18도로 맞춰놨으니까.

박지숙: 항상 차가웠어. 나는 그 의자도 마음에 안 들었다. 차디찬 메탈. 차가운 공간에 차디찬 하얀 의자. 거기 앉으면 의자도 차갑지, 배도 차갑지.

김희연: 그 의자 나중엔 바뀌었어요. 목받침 있는 의자로. 엉덩이 부분은 가죽 같은 걸로.

이은경: 추운 데는 춥고 더운 데는 더웠지.

김희연: 그게 온도가 일정하게 안 된대요. 건의를 되게 많이 했거든요. 어디는 땀을 뻘뻘 흘리고. 어디는 카디건 껴입고 일하고.

박지숙: 나는 포토베이를 가면, 노란 불빛. 불빛이 따스해

서 그런지 왠지 따스한 느낌이 들어서. 거기 가끔 가서 있고 그랬어.

김희연: 배가 차니까. 비닐장갑 있잖아요. 그럼 비닐장갑을 가져가다 따듯한 물을 받아가지고 배에 대고 있는 거예요. 그럼 좀 효과가 있는 거예요. 라인에 정수기가 생겼어요.

이은경: 라인에? 정수기가?

김희연: 엄밀히 말하자면 라인은 아니고. 그 바깥으로 넘어가는 데.

이은경: 예전에는 물을 마실라 그러면 휴게실까지 나가야 했지. 밥 먹을 때나 마시고.

김희연: 나중에는 약 그런 것도 가져다 놓았어요. 바뀌긴 했어요. 화장실도 안에 없었는데 생겼잖아요!

박지숙: 어? 안에 생겼다고?

김희연: 라인은 아니고. 락카¹ 안에.

(다들 환호한다.)

김희연: 2005년? 2006년? 그즈음 좀 많이 바뀌었던 것 같아요. 생겼더라고요. 거기서는 큰 볼일은 못 보고. 정말 급할 때만. 환기가 잘 안 되어서 냄새가 잘 못 빠진대요. 그래도 그게 어디에요. 정말.

박지숙: 생리적인 거 해결할 수 있다는 게. 진짜, 우리 화장실까지 가려면 귀찮아서 퇴근하고 가자 하면서 꾹 참고 그랬잖아.

김희연

생리통이 심했다. 두통이 잦았다. 당시 애인이었던 남편이 지금도 기억할 정도다. 두통의 이유가 뭘까 생각하니, 시큼한 냄새가 떠올랐다.

"런 박스가 몇 날 며칠 거기에 저장되어 있다가 오는 경우도 있고 그래요. 저희는 맨 처음에 런 박스 안에 담긴 웨이퍼를 정렬해야 해요. 정렬하려고 런 뚜껑 열고 설비에 올리면 냄새가, 좀 시큼한 냄새가 났어요."

암모니아 같은 악취를 맡으며 일하다 보면 코는 적응되는데 머리가 아팠다. 심할 때는 라인 안에서 구토를 했다. 당시 작업자들이 냄새 때문에 토하는 것은 드문 일이 아니었다.

희연씨가 일한 곳은 EDS(Electrical Die Sorting), 최종 테스트 공정이다. EDS 공정에는 예닐곱 개의 세부 공정이 속해 있는데, 앞서 말한 런 박스 개봉-정렬 작업(sorting) 외에도 300도 고열에서 웨이퍼 칩을 구워 내구성을 보는 검사(bake), 레이저 빔을 쏘아 죽은 웨이퍼를 재생시키는 공정(repair) 등이 있었다. 그는 입사한 이래 15년간 이 공정을 두루 다뤘다.

개봉 작업이 냄새 때문에 곤혹스러웠다면, 베이크 검사 때는 화상을 종종 입었다.

"런을 넣고 빼고 할 때 원래는 다 식혀서 옮겨야 하는데, 시간이 없으니까 뜨거워도 열고 손으로 넣다 뺐다 하거든요. 장갑이 있어요. 뜨거운 것을 방지하는 (내열) 장갑, 그것 끼고. 좀

급하니까 일하는 게, 좀 뜨거워도 손으로 옮기고 그랬거든요."

발열 기계가 모여 있는 곳은 방진복 안 내의가 땀으로 축축해질 지경인데, 다른 곳은 20도 이하로 유지하느라 서늘하다 못해 차갑다. 그 때문일까. 희연씨는 재직 시절 잔병치레를 많이 했다. 생리통, 생리불순, 두통, 탈모, 피부홍반, 근골격계, 갑상선 기능저하증. 떠올려 나열한 것만 이 정도다. 그때는 '골골하다' 정도로 여겼다. 회사 다니면서 안 아픈 사람이 어디 있다고. 스트레스가 심한 탓이라 여겼다. 조장을 맡았는데, 압박을 많이 받았다.

"아무래도 조장 업무 하면 이것저것 신경 쓸 것이 많잖아요. 밑에 동료들도 챙겨야 되고 업무적인 것도 많이 따라서 해야 되고. 그때 힘들었던 것 같아요. 조별 경쟁이 있고, 같은 조에서도 공정마다 조장이 따로 있거든요. 서로 비교되고. 아무래도 실적? 그런 게 계속 있죠. 그렇게 해야지 업무수당이 들어오잖아요. 물량을 빨리빨리 나가게 해야 하니까 아무래도 스트레스를 받죠. 지금 여사원들도 그럴 거예요."

스트레스가 극에 치달게 된 것은 4조 2교대로 전환된 후였다. 일주일에 4일은 12시간 주야간 맞교대로 일하고 3일은 휴무인 일정표였다. 다들 선호했을 것 같지만 그렇지도 않았다. 방진복을 입고 기압 높은 클린룸에서 일하는 것은 생각보다 체력 소모가 컸다. 8시간에서 12시간으로 근무시간이 1.5배 늘었다. 다들 나흘 동안 녹초가 되어 움직였다. 그런 사람들을 재촉하는 것이 조장의 역할이었다. 강도 높은 노동에 이어 사홀 휴식 후 다시 출근해야 하는 첫날이 되면 이곳저곳에서 앓는 소리가 났다. 조장인 그가 휴일마다 하는 일은 조원들에게 전화를 돌려 대체 인력을 확보하는 일이었다. 부족한 인원을 메꾸려 종종거리다 보니 탈모까지 왔다.

세계 금융위기가 닥친 직후인 2009년, 반도체·전자 계열 기업들은 신규 채용을 줄이고 기존 직원들에게 퇴사를 종용했다. 부족한 인원을 확충하지 않고 기존 인원으로 업무를 소화하기 위해 교대제를 변경하는 시도가 있었다. 4조 2교대도 사원들의 복지와 쉴 권리를 위해 이뤄진 결정은 아니었다. 1년도 되지 않아 4조 2교대는 폐지됐다.

그즈음 희연씨에겐 고민이 있었다. 결혼하고 5년이 지나도 임신 소식이 없었던 것이다. 교대근무가 의심스러웠다. 야간 활동이 호르몬의 변화를 일으킨다는 건 방송에도 나오는 건강 상식이었다. 인공수정을 여섯 차례나 시도했으나 임신으로 이어지진 않았다.

그러던 2012년, 생리를 몇 달째 하지 않았다. 임신이라 확신했다. 하지만 병원에선 태아의 심장 소리가 들리지 않는다고 했다. 큰 병원에 가라고 했다. 그렇게 희연씨는 '포상기태' 진단을 받았다. 태반이 포도송이 또는 개구리알처럼 변하는 이상 현상이라 했다. 그간 쓰지 못했던 연차휴가를 모두 사용해 수술을 받았다.

"수술하고 유산휴가가 5일밖에 안 돼서 월차 같은 것을 땡겨서 쓰고, 이제 출근을 해야 되는데 도저히 할 수 없겠더라고요. 몸도 회복이 안 되고 마음도 힘들고. 그래서 퇴사를 했어요."

퇴사하고 얼마 후, 임신성 호르몬 수치가 올라간 것을 알았다. 이번에는 융모암이라 했다. 1년간의 항암치료가 시작됐다.

"약물치료 6번을 하니까 수치가 떨어졌어요. 다행히. 1년 정도 걸렸어요. 치료 끝나고는 15개월을 추적 검사해야 된대요. 그래서 한 달에 한 번씩 계속 병원을 다니고. 완치라기보다 다시 임신 가능성이 생기기까지 2년 정도 걸렸던 것 같아요."

항암치료를 마치고 희연씨는 임신을 시도했다.

"한 1년 가까이 한약 먹고 침도 맞고 뜸도 뜨고 약 먹어가면서 한방으로 치료를 좀 했어요. 그리고 운동도 좀 하고. 그래도 안 되니까, 제가 자연적으로는 힘들 것 같으니까 시험관 같은 것 하면 어떻겠느냐고 했죠. 한의원에서는 좀 더 치료를 하면 좋은데, 나이도 있고 마음도 급하니 그러면 한번 해보라 하더라고요. 그래서 시험관을 했어요. 2번 했는데 안 되더라고요. 병원을 옮겨서 다시 인공수정을 3번 했어요. 그것도 안 되더라고요. 다시 옮겨서 시험관 2번 하고, 그것도 안 되고. 한 달 정도 쉬었다가 이제는 난임치료로 많이 유명한 병원에 가서 또 시험관 했죠. 거기에서 된 거예요."

그는 자매형제가 많은 집에서 자랐다. 1남 6녀 중 넷째로 태어났다(예상했겠지만 막내가 아들이다). 그런 터라 자신에게 자식이 없을 거란 상상을 해본 적이 없었다. 임신하기 위해 온전히 회복되지 않은 몸으로 계속 애를 썼다. 어렵게 가진 아이는 출산예정일을 한 달이나 앞서 세상에 나왔다.

"다행히, 작게는 낳았는데 잘 컸어요."

마음고생을 하긴 해도 아이는 튼튼하게 자랐다. 몇 년 뒤 둘째도 태어났다. 둘째가 유치원에 갈 만큼 세월이 흘렀다. 아이 둘을 돌보다가 하루가 다 가는 생활. 한때 자신에겐 주어지지 않을 것이라 여기던 일상이었다. 하지만 아주 옛일만은 아니었다.

희연씨는 여전히 회사 인근 지역에 살았다.

"사원용 통근버스가 많이 지나가거든요. 가까워요. 그런 것 보면 마음이 좀 그렇죠. 어떻게 보면, 내가 마음을 먹고 퇴사한 게 아니잖아요. 얼떨결에 한 거거든요. 그래서 뭔가 마무리가 안 된 느낌? 아쉽다고 해야 하나?"

퇴사 이후, 희연씨는 회사를 한 번 더 찾을 일이 있었다. 산재 신청을 하겠다고 담당 직원에게 전했지만 회사는 묵묵부답으로 대응했다.

"어떻게 보면 내팽개쳐진 느낌? 서운하더라고요. 어쨌거나 아픈 사람인데, 위로라도 해주었으면 좋았을 텐데. 그래도 직원으로 15년이나 있었던 사람인데."

회사 다닐 때는 회사가 우선이었다. "지금 제가 생각해봐도, 그땐 회사가 우선이었더라고요." 다른 일 제쳐두고 업무에 시간과 여력을 쏟았다. 당시에는 들어오는 월급이 큰돈이라 생각했지만, 항암치료 2년과 긴 난임의 시기 그리고 아이가 태어날 때까지 마음을 졸였던 순간을 떠올리면 회사를 우선에 두고 일한 대가는 초라했다.

"지금도 사원들이 있잖아요. 겪어보지 않으면 모른다고 하는 말이 맞는 게, 저도 정말 이런 일이 저에게 일어날 거라고는 상상도 못 했거든요. 나하고는 상관없는 일이니까, 나는 회사만 잘 다니면 되지, 이렇게 생각했는데. 지금 다니는 여사원들도 다른 것 둘째치고 자기 건강 챙겨가며 일했으면 좋겠어요. 지금도 두통, 생리통, 방광염, 위장병 이런 거 있는 사람이 있어요. 있는데 그냥 어쩔 수 없다고, 그렇게 생각하며 다니는 것 같더라고요."

2013년 김희연씨는 산재 신청을 했다. 업무관련성 소견서를 작성한 임신예 직업의학의는 그의 업무와 질환의 관계성을 이리 밝혔다.

"피재자는 난임/불임/암의 가족력이 없다. 특히 입사 이후 2000년대 초반까지 보호 장비가 잘 지급되지 않았다. 따라서, 피재자에게 발생한 여성 불임증은 피재자가 수행한 업무와의 관련성이 '가능성 높음'으로, 침습성 임신성 융모성 종양은 '가능성 있음'으로 판단된다."

근로복지공단은 난임만을 산재로 인정했다.

이은경: 어렸을 때는 그냥 돈 쓰는, 많이 받고 그러는 게 무조건 좋았던 것 같아. 돈 많이 줘서 엄마한테 용돈도 보낼 수 있고 그런 게.

박지숙: 감사하고, 다달이 하루도 어긋나지 않고 21일에.

김희연: 그럼요, 지금도 21일일걸요?

이은경: 월급날, 맞아.

박지숙: 그리고 있잖아, 입사일을 그렇게 챙겼잖아. 무슨 생일도 아니고. 지금 생각하면 입사한 게 뭐길래. 부장님이 입사일인 애들은 다 책 선물해주고. 동료들도 챙기고, 우리끼리 선물 주고받고. 다른 사람에게 말하면, 되게 이상한가봐.

김희연: 지금 생각하니 그러네요. 일반 회사는 그런 생각을 못 한다니까. 생일보다 입사가 오히려 더. 입사 동기라고.

박지숙: 다들 그런 거 있었어.

김희연: 그 (사원)번호가 주민등록번호보다 많이 쓰이니까.

박지숙: 그깟 입사일이 뭐라고. 나는 입사일에 꼭 퇴사를 하겠다고 결심했어. 그래야 딱 7년이라고. 나 나름대로 그런 게 있었어.

이은경: 나는 결혼하고 바로 임신이 되어가지고. 사람들이 기본적으로 말하던 게, 임신한 사람들 라인 생활하면

안 좋다고. 막연하게 그런 게 있었잖아. 그래서 바로 그만 뒀지.

김희연: 그때는 휴가 같은 게 없었죠?

이은경: 우리 때는 대부분 퇴사. 한두 명이 가끔 임신하고도 다니는 사람이 있었고. 지금은 임신한 사람 엄청 많잖아.

김희연: 지금 임신하면 사실 휴직이에요. 애 낳을 때까지 휴가예요.

이은경: 너무 좋겠다.

박지숙: 내가 생각하기에는, 주영이도. 임신 출산하면 몸이 극과 극으로 왔다 갔다 하는 상황이잖아. 애를 낳고 얼마 안 돼서 그렇게 됐더라고. 딱 백일 만에 급성백혈병으로. 그런 과정들이 너무. 한 번은 유산을 했고. 다들 케이스가 너무 비슷한 거야.

이은경: 면역력이 떨어졌을 때.

박지숙: 나도 불임에 유산에 그렇게 된 거잖아. 그러다가 암까지 걸려버린 거니까. 아, 진짜 그걸로 끝내줬으면 참 좋았을 텐데. 이제 불임 유산은 옛날 기억이니까, 지난 일이니까. 인터뷰하는데 기자가 천신만고 끝에 아기를 가진 일을 이야기해달래. 나는 너무 옛날 일이잖아. 10여 년 전 일이고. 우리가 왜 세월이 지나면……

이은경: 그 아픔도 잊어요.

박지숙: 잊히게 되고. 그래서 인터뷰를 하는데, 그때 이야기를 하라는데 내가 참 어색한 거야. 약간 좀 피식 웃음도 나고. 그렇게 이야기를 했는데 원래 9시 뉴스에 나가기로 했는데, 그게 어려워져가지고. 다음 날 방송으로 나간다고. 그게 안 된 거지. 아침 7시 뉴스에 나온대. 월요일 아침 바빠 죽겠는데 티비 앞에 앉아서 누가 보겠어.

박지숙

박지숙씨는 몇 년간 임신이 되지 않았다. 4년 만에 가진 아이는 유산했다. 지금은 아들 둘에 딸 하나 다자녀 집이지만, 결혼 초만 해도 친목 모임에도 나가지 않을 정도로 스트레스가 심했다.

"애들 돌잔치 한다 그러면 그 자체가 스트레스인 거예요. 쟤네들은 다 애도 생기는데, 나는 왜 임신이 안 되지? 갔다 오면 막 우울한 거야. 아, 내 눈에 안 보이면 스트레스가 없어지려나. 그래서 연락이 와도 안 갔어요."

아이가 태어나자 그 시절은 기억 저편으로 지워졌다. 그렇게 일상을 보내던 어느 날, 전화 한 통이 왔다.

"조장에게서 전화가 왔어요. 저는 그때 30대 초반에 둘째

아이 막 낳고 얼마 안 됐을 때거든요. 저보다 더 어린 사람을 먼저 떠나보낸 경험이 한 번도 없었어요. 그런데 그 동생이 전화를 해서는 '언니, 주영이가 이만저만해서 한 달 만에 그렇게 갔어' 이야기하는데, 너무 막 땅이 꺼질 것 같고. 믿어지지가 않고. 나도 자식을 키우는 입장인데, 주영이는 백일도 안 되는 애를 놓고 갔으니 얼마나 마음이 아플까."

이주영(가명). 황유미랑 같은 팀에 있었던 오퍼레이터로 황유미보다 1년 앞서 백혈병으로 세상을 떠났다.

"내가 마음이 아팠던 건, 내가 조장 할 때 얘 일 잘한다고 고과 점수를 A를 줬거든요. 그걸 준 게 무슨 의미가 있었나 자책이 되고."

그때만 해도 개인의 불행으로 여겼다. 안타까운 소식, 그 정도.

"그런데 시간이 좀 지나서 〈추적 60분〉을 본 거예요. 주영이가 나오는 거예요. 삼성 백혈병이라고 해서. 깜짝 놀란 거예요. '어머? 이게 뭐지?' 삼성 동생들한테 전화해서 '너희는 괜찮니?' 이랬죠. 그런데 제가 3개월 후에 유방암 진단을 받은 거잖아요."

자신이 아프고 나니 주변에 아픈 사람들 소식이 들려오기 시작했다. 백혈병, 갑상선암, 그리고 자신과 같은 유방암. 직업병이라는 의심을 하지 않을 이유가 없었다.

"그날 밤에 엄청 울었던 게, 텔레비전에 나온, 그 백혈병으로 돌아가신 분이 우리 과장님이었던 거예요. 주진수(가명) 과장님이라고."

사원들 입사일이 되면 책을 선물로 챙겨주던 과장이었다. 당시 오퍼레이터들에게 입사일은 의미 깊었다. 박지숙씨 같은 경우는 입사한 달에 맞춰 퇴사를 생각할 정도였다. 통장 비밀번호, 현관 비밀번호. 그렇게 온갖 곳에 사용할 정도로 뇌리에 새겨진 날. 다정한 성품의 주 과장은 사원들의 입사일을 챙겼다.

그 다정다감했던 과장이 외환위기가 닥치자, 조장들을 불러서 사원들 이름을 쓰라고 했다. 그것은 해고 명단이 될 것이라고 했다. 회사는 시대 분위기에 맞춰 대규모 감원을 준비하고 있었다.

"일 잘하는 사람, 못하는 사람, 쭉 줄을 세워서 밑에 30퍼센트를 자른다는 거예요. 말이 돼요, 그게?"

주 과장도 위에서 시켜서 하는 일일 테지만, 여러 의미로 잔인한 일이었다. 조장이었던 지숙씨는 명단을 적어내는 일을 거부했다.

"'언니, 나 못 다니겠어.' 집 방향이 같아서 함께 다니던 언니한테 그랬어요. '나보고 퇴사하라는 소리 같아.' 그 언니는 70년생이었거든요. '한 달만 있다가 퇴사를 같이하자'고 그러는 거예요."

해고 명단을 적어내라는 것은 조장들의 퇴사를 종용하는 일이기도 했다. 후배들 명단을 내놓을 수 없으면 자신이 퇴사를 하는 것이고, 설사 적어내더라도 후배들 다 자르고 자신만

직장에 다닐 순 없었다. 일 배우느라 정신이 없던 신입 시절이 엊그제 같은데, 근속 4년만 되어도 '노인네 취급'을 받았다. 매년 새로운 사원들이 대규모로 들어오고, 4~5년 차에 조장을 달고 나면, 몇 년 뒤에는 결혼과 함께 퇴사를 하는 것이 '정답'처럼 여겨졌다.

그렇게 1998년 6월 15일, 7년 전 입사를 한 그날에 맞춰 지숙씨는 퇴사를 했다. 퇴사 직후 결혼을 했다. 그의 말에 따르면 "인센티브다 뭐다 해서 풍족하게 쓰고 살던 아가씨 때에서 콩나물 500원 가계부를 써야 하는 주부의 삶으로 옮겨온" 것이었다. 결혼 후 임신이 되지 않았다. 몇 년 난임을 겪다가, 어렵게 첫아이를 가지고 이후 두 명의 자녀를 더 출산했다. 셋째를 출산한 지 1년 반쯤 지났을 때, 자신이 유방암에 걸린 것을 알게 됐다. 진단을 받고, 인터넷에서 반올림을 찾았다. 손을 떨며 들어간 반올림 웹사이트에는 일하다 사망한 사람들의 명단이 나열되어 있었다.

"나도 죽을 수 있겠구나. 아, 나도 죽을 수 있는 사람이구나. 나도 죽을 수 있구나. 문득 그런 생각이 들었어요."

울고만 있을 수 없었다. 막내가 꼬물꼬물 기어 다닐 때 지숙씨는 요양병원에 머물렀다.

"애들이 옆에 있으면 내가 못 이겨낼 것 같더라고요. 가족들과도 떨어져 있었어요."

지금 생각하면, 간병인을 들여 자신도 집에 있을 것을. 어린 자녀 기저귀도 갈아주지 못한 일이 후회로 남아서다. 그가 없는 자리는 시어머니의 돌봄으로 메꿔졌다.

"막내가 저랑 목욕탕을 가면 '엄마, 여기 왜?' 자꾸 그랬어요. 여긴 다 절개한 자리잖아요. '엄마, 여기 왜 이래? 많이 아팠어?' 이렇게, 일곱 살이 질문하면 '어. 엄마 많이, 여기 많이, 많이 아파서 다 이렇게 됐어' 이렇게 말해요. 그때가 좀 마음이 아팠죠. 그냥, 이겨내야지. 그게 중요한 거야? 살아남아 있는 게 중요하지."

살아남아 있는 게 중요하다. 20년 전 반도체 기업에 처음 입사할 때, 회사가 가르쳐준 것이었다. 3주간의 연수가 첫 사회생활이었다. 새벽 6시에 기상해 종일 앉아 교육을 받았다. 기상 시간도 못 맞추면서 어떻게 교대근무를 할 수 있겠냐고 했다. 운동장에 모아놓고 토끼뜀도 뛰게 하고 체력훈련도 했다. 이 정도의 체력으로 어떻게 클린룸 근무를 할 수 있겠냐고 했다. 자연스레 일하려면 이 정도는 이겨내야 되나 보다고 생각했다.

이겨내라고 말하는 세상에서 살았다. 그가 일한 직장에 대통령이 와서 대한민국이 선진국 반열로 들어가야 한다고 외치던 때였다.

"당시에 생산량이 급격하게 늘었어요. 김영삼 대통령이 와가지고 무슨 금탑인가 뭔가를 달성했다고 난리가 났을 때, 그때쯤이었어요."

1993년 12월, 김영삼 대통령은 삼성반도체 기흥사업장을 방문했다. 삼성전자가 50억 달러 수출탑을 받은 해였다. 당시 김영삼 정부는 '국민소득 1만 불 달성'을 외치고 있었다. 대통령이 반도체 임직원을 모아놓고 "노사 화합과 규제완화"가 "우리나라가 선진국으로 도약하느냐 후진국으로 뒤처지느냐"를 결정한다는 연설을 한 시기였다.

"94년부터 시작해서 95년 때가 정말 일이 많았어요. 주구장창 계속 물량을 빼는 거예요."

당시 과로만 몸에 무리를 준 것이 아니었다. 일하는 이들은 평소보다 더 많은 화학물질을 사용하고 더 많이 들이마셨다. 장시간 근무로 인해 평소보다 면역력이 떨어지고, 속도가 어느 때보다 중시되는 상황에서 안전 매뉴얼을 더 자주 어겼을 테다. 게다가 지숙씨가 일하던 식각 공정은 다른 공정에 비해 더 많은 화학물질이 사용되는 곳이었다. 반도체 웨이퍼에 전자회로를 새기기 위해 부식을 시켜야 하는데, 부식액 대부분이 자극이 강한 화학물질이었다. 그가 일하던 기흥사업장 3라인에서 유독 직업병 제보가 많이 들어온 것은 우연이 아니다.

1980년대 메모리제품개발팀 연구원이 '월화수목금금금' 일하며 되뇌었다는 "하루 일찍 개발하면 13억 원을 번다"[2]는 말을 우리는 성공한 기업인의 의지로 읽지만, 일하는 사람들에게는 공포스러운 이야기였다. 클린룸에는 '나'보다 가치 있는 것투성이였다. 일하는 사람이 가장 하찮았다.

"무서웠어. 언니들이 저 웨이퍼 한 장이 차 한 대 가격이다. 막 이렇게 이야기하니까 너무 무서운 거예요. 내가 사고를 내면 어떻게 되는 거지. 장비에서 알람 울리면 막 가슴이 철렁

내려앉고."

그 귀한 반도체를 지키다가 아킬레스건이 끊어지기도 했다. 동료가 휴가를 써서 라인 근무를 혼자 며칠 했는데, 어느 날 서 있을 수도 없이 발이 아팠다.

"혼자 일을 다 하려니까 무리가 온 건데. 병원에서는 무거운 거 들지 말랬는데, 어떻게 안 들 수가 있어요. 바쁠 때는 두세 박스씩 들고 다니고 이러니까."

"치료하고 또 바로 일하신 거예요?"

"그래서 많이 울었어요, 라커룸에서. 아파서."

"큰 부상인데, 어떻게……"

"예. 그래도, 그때도 이겨냈어요."

박지숙씨로선 그때 그 시절도, 난임치료 과정도, 유방암에서 회복된 것도 '이겨낸' 결과였다.

이 세계의 노력

이겨내다. 내가 박지숙씨를 만나야겠다고 생각한 것은 이 단어 때문이었다. 박지숙씨의 상담일지[3]를 읽는데, '이겨냈다'라는 말이 자주 나왔다. 저 힘으로 많은 시간들을 버텼구나 싶으면서도 쓸쓸했다. 감히 비교할 순 없어도 나 역시도 그런 시간이 있었다. 이겨내겠다고 주먹이라도 움켜쥐지 않으면 한 치도 걸음을 뗄 수 없던 시간들. 지나간 나의 숱한 애씀을 돌아보게 하는 말이라 마음 쓰리면서도, 그가 이겨내야 한다고 한 대상이 무엇인지 알기에 입이 썼다.

신입사원 연수 프로그램 중 체력단련 시간. "이걸 이겨내지 못하면 낙오자다"라고 훈련관이 외쳤을 때, 지숙씨는 '이겨내야 하는구나' 했다. 포기는 탈락이고 탈락은 낙오다. 건강검진으로 신체적 '건강'을 선별했다면, 이제 훈련과 연수를 통해 정신을 다잡아놓겠다는 의도. 그 빤한 의도가 입사를 목전에 앞둔 이들에게 새겨졌다. 이것도 이겨내지 못하면서 어떻게 '사회인'이 되겠다는 건가. 버티고 이겨내다. 요즘의 '존버'와 같으면서도 다른 말. 자신의 몸에 '이상' 증상이 보였을 때, 지숙씨는 배운 대로 '극복'을 다짐했다.

"그냥, 이겨내야지 했죠. 그게 중요한 거야? 지금 살아 있는 게 중요하지."

그런데 직업병임을 알게 된 후, 지숙씨가 이겨내는 또 하나의 방식은 동료 찾기였다. "너는 괜찮니?" 전화를 걸어 같이 일했던 동료에게 물었다. 국정감사는 물론 독일에서 열린 국제대회(유럽환경직업의학회[4] 주최)에 참석하기도 했다. 그가 출연한 다큐멘터리 영화 〈탐욕의 제국〉(홍리경 감독, 2014)이 상영되었을 때는 가족은 물론 남편 지인들까지 동행했다. 하지만 드러내고 알리는 것만이 모두가 '살아가는 방식'은 아니었다. 알리기를 꺼리는 동료도 많았다.

"'언니, 우리 애들이 나 때문에 아픈가봐.' 그 얘기를 하면서 너무 우는 거예요. '그런데 언니, 나는 시댁 사람들이 이런 거 몰랐으면 좋겠어. 남편도 몰라' 그러는 거예요. 그래서 아, 애가 되게 알리고 싶지 않은 거구나 생각했죠. 남편이나 시댁 부모님이 자기를 안 좋게 생각할까봐 그걸 비밀로 하더라고요. 그래서 '너 마음이 그러면 하지 마. 너 마음이 불편하면 하지 마.' 그랬죠."

지숙씨가 자신의 삶을 이겨내려 애쓰듯, 어떤 사람들은 숨기거나 잊거나 되돌아보지 않는 것으로 자신의 삶을 지키기도 한다. 묻어둔 후회를 마주할 자신이 없다며 고개를 젓는다. 관계가 무참히 깨지거나 이를 막기 위해 모든 것을 감당할 엄두가 나지 않으면 지나친다. 이 또한 살아가는 방식이다. 그러니 지숙씨는 "너 마음이 불편하면 하지 마"라고 했다.

병들어도, 나이가 들어도, 돌봄에 치여도, 후회가 남아도 삶은 애틋하다. 그 시절 클린룸 생활을 견뎠던 것은 애틋했기 때문이다. 이들에게 이겨낸다는 말은 회사가 가르쳐준 대로 '경쟁하라'가 아니라, 삶을 유지하기 위해 애를 쓴다는 의미였다.

이렇게 쓰고서야, 김희연씨를 이해하게 된다. 내가 희연씨를 만난 것은 그의 결정을 이해할 수 없었기 때문이었다.

자궁을 그대로 두면 위태로울 수도 있다. 아무리 제때 병원에 가서 검진을 받고 관리를 한다고 해도, 사람 일은 모른다. 그런데도 아이를 갖기 위해 치료를 멈추고 다시 시험관 시술을 했다. 그것은 나에게 없는 욕망이었기에 그의 결정을 이해할 수 없었다. 왜 그랬는지 알고 싶어서 그를 만나러 갔다. 그리고 물어보지 못하고 왔다. "몸이 아픈데도 왜 아이를 포기하지 않으셨어요?" 같은 무례함을 보일 순 없었다.

아프거나 장애를 겪거나 몸이 불편한 사람은 이런 말을 흔히 듣는다. "그 몸으로 애를 어떻게 갖니?" "어떻게 키울 생각이니?" 무례의 차원이 아니다. '애를 낳을' 자격을 가르는 폭력. 임신을 강요받는 몸과 임신을 만류받는 몸이 너무도 분명히 나뉜 세상은 '정상'의 몸에게만 재생산의 자격을 주며, 이런 '당연한 삶'을 누리고 싶다면 이겨내어 이 세계로 돌아오라고 한다. 아이를 낳을 수 없는 일은 어느새 '질병'의 영역이 되어(질병코드 N97), 치료와 시술에 의해 회복 가능하다는 (불임이 아닌) '난임'이라는 이름을 갖게 됐다.[5] 난임이라는 질병을 극복하고 도달한 곳에 남들과 비슷하게 살아가는 삶이 있다고 했다. 배제와 고립, 낙오되고 싶지 않은 욕망을 건드린다.

그러나 제 목숨과 맞바꿔야 하는 상황에서 자녀의 출산과 양육을 꿈꾸는 이유를, 단지 '평범한' '정상적' 삶의 욕망으로 읽을 순 없다. 여성에게 자녀가 지니는 다양한 의미만큼이나 자녀의 부재는 다양한 상실을 안겨준다. 그가 무엇을 감수할 수 있고 무엇을 상실할 수 없는지는, 그가 살아온 삶의 경험과 방식이 결합해 내려진 결론일 것이다. 내가 알 수 없는 삶이다. 미지의 영역이어서가 아니라 존중되어야 할 영역이라서 그렇다.

사람들은 저마다 다복한 삶을 그린다. 상상력이 좁은 사회에서 그릴 수 있는 그림은 한정되어 있다지만, 그림을 완성하기 위한 저마다의 노력을 한정 지어 판단할 순 없다. 희연씨를 만난 날, 다복함의 상징 같은 노란 어린이집 봉고차가 벚꽃이 흐드러지게 핀 아파트 정문 앞에 서는 것을 보았다. 이동 차량에서 내리는 희연씨의 막내딸과 가벼운 손인사를 하면서, 희연씨가 남모를 숱한 갈등과 판단 끝에 내린 선택이 만들어낸 '지금'을 확인한다. "인생을 행복이냐, 불행이냐로 나누지 않을 겁니다"[6]라는 말을 마음에 담고 살지만, 그 순간 희연씨의 행복을 빌었다.

"공주처럼 살라고 그러더라고요"

최선애 이야기

야유회 사진이었다. 반도체 회사에 다닐 적 모습이라 했다. 질환이 그를 덮치기 전의 모습을 찾아보려 했으나 선애씨는 고개를 저었다. 예전 모습 같은 것은 남아 있지 않다고 했다.

"얼굴이 많이 변했어요. 죽을 고비 지났을 때는 얼굴이 이래도 건강하면 됐다 그랬는데, 사람 마음이 또 달라져서. 내 얼굴이 왜 이렇게 달라졌지, 하기도 하고."

스테로이드 성분의 면역억제제 때문에 얼굴은 동그래지고 눈이 점점 앞으로 나온다고 했다. 아이를 임신했을 때 몸에 이상 증세가 나타났다.

임신 7개월 때 태아 검진을 받으러 갔는데 단백뇨가 보인다고 했다. 임신하면 단백뇨 수치가 높아지기도 하니 일단 지켜보자는 말을 듣고 왔는데, 얼마 후 몸이 부어올랐다. 처음에는 임신중독인가 했다. 하지만 얼굴에 붉은 반점이 넓게 퍼지자 덜컥 겁이 났다. 의사는 루푸스[7]라는 진단을 내렸다. 이름조차 낯설었다. 루푸스는 자가면역질환의 일종으로, 피부와 장기에 염증이 생기는 병이었다. 얼굴에 난 붉은 반점은 염증 때문이었다. 신장에도 염증이 생겼다.

"소변을 제대로 못 보니까, 몸이 붓는 거예요."

출산할 즈음에는 몸이 거의 2배 가까이 불어, 여수에서 올라온 어머니가 딸을 못 알아보고 병실 안을 두리번거릴 정도였다. 임신 8개월 만에 출산을 했다. 아이는 태어나자마자 인큐베이터에 들어갔는데, 당시 몸무게가 1.43킬로그램에 불과했다.

여기서 그치지 않았다. 아이 코에서 혹 같은 것이 잡혔는데, 악성종양이라고 했다. 뇌종양 제거 수술을 받아야 했다. 그때 최선애씨의 나이가 스물네 살. 나쁜 일이 연달아 일어나기에는 너무 젊은 나이였다.

다행히도 아들의 뇌종양 수술은 성공적이었다.

"캐나다에서 새로 의사 선생님이 오셨는데, 그분이 이 수술을 해봤대요. 그래서 머리 안 열고 다행히 코로 삽입해서…… 지금은 건강해요."

지금도 콧대에 수술 자국이 남아 있다. 하지만 아들에게 남은 상처는 안경테로 가려질 수준이고, 문제는 최선애씨의 염증이었다. 장기를 파고든 염증은 쉬이 가라앉지 않았다. 갈수록 신장 기능이 떨어졌다. 혈액 투석을 해야 했다. 당시 살던 여주에 투석 병원이 하나 있었다고 한다. 그곳을 일주일에 3번씩 오갔다.

"병원 버스 하나가 이 지역 사람을 다 싣고 가는 거예요. 버스 안 놓치게 새벽부터 나가야 해요. 돌아오면 완전히 지쳐서 쓰러져 있고요. 아이가 너무 어렸을 때였는데, 제대로 안아주지도 못했어요."

힘든 날은 걷는 것조차 어려웠다. 갓난쟁이가 내 몸 힘든 것을 봐줄 리 없었다. 배가 고프면 울고 한밤에도 칭얼거리는 것은 당연했다. 친정 부모님은 멀리 있고, 남편은 일을 나가야 했다. 연월차를 쓰는 것도 하루 이틀이지, 부인이 아프니 휴직을 해야겠다고 말할 수 있는 상황이 아니었다. 병원비도 만만치 않게 들었다. 누군가는 벌어야 했다. 남편은 안 되겠는지 밤에 대리운전까지 뛰기 시작했다.

그렇게 집에 최선애씨와 갓난아이, 둘만 남았다.

"아기 하나 키우는 게 너무 힘들었어요. 이렇게 무릎으로도 걸을 수 없어, 남편이 출근하고 나면 우유를 줘야 하는데 그걸 못하는 거예요. 그런 날은 기어가서 분유를 주고 그랬거든요. 손가락은 이렇게 붓고. 너무 불어서 찬물에 손을 넣으면 손이 노랗게 돼요. 젖병 씻고 이런 거. 울면서 하는 거죠. 해야 되니까. 나는 안 먹어도 아기는 먹여야 하니까."

아이가 자람에 따라 최선애씨의 몸도 나아지기 시작했다. 아들은 어린이집에 가고, 신혼부부로 구성되어 있던 신시가지 아파트 단지에서 또래 자녀를 둔 '엄마들'과 교류하며 일상을 하나하나 찾아갔다. 하지만 그 생활은 오래가지 못했다. 아들이 여섯 살이 되던 해, 갑자기 염증 수치가 올라갔다.

"염증 수치가 엄청났어요. 폐에 물이 차서, 주사기로 등에 바늘을 꽂아가지고 계속 물을 빼는 거예요. 기침을 계속하고. 그렇게 있는데 친정 부모님이 올라온 거예요. 왜 오셨는지 몰랐거든요."

친정 부모는 자칫 마지막이 될 수 있는 딸자식 얼굴을 보러 급히 올라온 게였다.

"약을 써도 안 되니까. 항암제로 사용되는 엄청 독한 약을 썼어요. 약을 먹었다 하면 다 토해 뱉어내는 거예요. 몸에서 못 받아내서. 남편 기억에도 그땐 분명 고비였는데, 사람이 잇

어먹고 사니까 사는 것 같네요. 오래되기도 했고, 아파서 떠올리기 싫어서 그런지 모르지만, 기억을 못하겠어요. 그때는 분명히 힘들고 고통스러웠는데. 진료비 기록 같은 거 보면, 되게 힘들었구나."

다행히 고비는 넘겼다. 보다 못한 남편이 신장 이식을 결심했다.

사람의 제 역할

남편의 신장을 이식받았다. 주변에서 그런 남편이 어디 있냐고 했다. 이렇게 '금슬 좋은 부부는 행복하게 오래오래 살았습니다'로 끝나면 좋을 텐데, 현실이 그럴 리 없다. 그렇다고 배신으로 점철된 막장 드라마 같은 사연이 있는 것도 아니다. 그저 일상이 있다. 신장을 떼어준 남편에게 최선애씨는 이 마음을 품는다고 했다. "고맙고 미안하고 죄스럽죠." 한집에서 같이 살아가는 이에게 죄스러움을 느낀다. 그런 마음으로 열흘을 살고, 한 달을 살고, 1년을 살고, 10년을 산다.

'남들보다 조심해야 하는 몸'은 그런 마음을 품고 사는데 하얀 가운을 입은 의사는 이렇게 말한다.

"앞으로 공주처럼 사셔야 해요."

평생 면역억제제를 먹어야 하는 그에게 무리하지 말라고 하는 조언이지만, '공주처럼' 살 수 있는 여자가 얼마나 된다고. 듣는 사람 입장에서는 농담인지 놀리는 건지 모를 이야기가 된다.

"공주처럼 사셨어요?"

"그게 안 돼요. 저도 아픈데 이제 또 시부모님이 아프시니까. 아프면서도 부모님을 모시고 병원을 다니고 그랬어요."

아들딸 많은 집안의 막내며느리였다. 자매형제의 숫자와 관계없이 보통 돌봄이란 집에서 '쉬고' 있다고 생각되는 사람에게 책임이 몰리게 되어 있다.

"결혼한 후에 아프니, 집안도 편하지 않았죠. 친정은 건강했던 딸을 데려가서 환자로 만들어놨다고 하고, 시가에서는 몸이 안 좋은 며느리가 집안에 들어왔다고 하고."

이것은 그의 남편이 해준 말. 몸이 안 좋은 며느리가 들어와 '제 역할'을 못 하고 산다는 말을 들을까봐 오히려 선애씨는 앞장서 집안 대소사를 챙겼다.

"결혼했을 때부터 아팠다는 것 때문에 제가 스스로 눈치를 많이 봤던 거 같아요. 먼저 알아서 하고, 이런저런 말 나올까봐 되게 열심히 했던 거 같아요. 최근에 아버님 돌아가시기 전날까지도 제가 간병을 했거든요."

아픈 몸으로 인해 커진 부채감을 다시 아픈 몸으로 메꾼다. 아프지만 아픈 사람으로만 살 수 없다. 며느리, 엄마, 아내의 역할이 있다. 어디까지가 도리이고 어디까지가 내 마음 편하려고 하는 일인지, 정확히 구분할 수 없는 채 계속 움직였을 것이다. 그런데 요즘은 안 한다. 아니 덜 한다고 했다.

"저 없으면 아무 일도 안 될지 알았는데, 되더라고요."

대체할 노동력은 있기 마련이다. (그 노동력은 집안의 다른 여성의 것일 가능성이 크다.)

"신장을 준 고마운 남편분이지만, 결혼 생활이라는 게 참 그런 것 같아요."

"너무 고마운 사람이긴 한데. 누가 시키지 않아도 내가 스스로 그런 생각을 하잖아요. 강요는 아니지만 왠지 해야 할 것 같고."

"맞아요. 마음을 덜려고 하신 것도 잘하셨고, 지금은 안 하시는 것도 잘하신 것 같아요."

"남편은 이참에 그냥 집에 있으라 하는데. 내가 그건 아닌 거 같아서 조금이라도 벌자고 나오고 있어요."

집에서 '노는 사람'이라서 봉양과 돌봄을 도맡아 한다고 했지만, 최선애씨는 살림이라 불리는 노동을 손에서 놓아본 적이 없다. 월급 받는 일도 틈틈이 계속했다. 지금도 9시 출근해서 5시 퇴근하는 삶을 살고 있다. "집에만 있으면 더 우울해져요, 사람이." 하지만 3개월, 6개월, 11개월 기간제 일자리가 선애씨의 주 구직처였다. 오래 일할 사람을 뽑는 자리는 스스로 제쳐둔다.

"갑자기 몸이 안 좋아지면 피해를 주게 되니까요. 3개월짜리 뽑는다고 하면 가서 일하다가 몸이 괜찮으면 재계약을 하고, 아니면 못하는 거고. 그렇게 일을 정말 많이 했거든요."

경력이 되지 못하는 단기 일자리를 전전했다. "앉아서 하는 일이라 괜찮아요"라고 했지만 세상에 괜찮은 일이 어디 있다고. 관공서라지만 비정규직. '안 아픈 사람들' 사이에서 일한다. 일의 속도부터 연차 사용 횟수까지, 대놓고 비교하는 사람은 없어도 괜히 속으로 셈을 하게 된다.

"누가 아픈 사람을 쓰겠어요. 건강한 사람을 쓰지."

그래서 더 아프다는 이야기를 하지 못했다. 당장 자신이 그만두어도 피해가 되지 않을 단기 일자리를 전전했다.

그렇게 '안팎'으로 눈치를 보는 동안 그가 하는 일만 점점 늘어났다. 집에서는 돌봄이 늘고, 밖에선 안 아픈 사람인 척하느라 그가 더 신경 쓰고 챙겨야 할 일이 많아진다. 그런데도 여전히 자신은 '제 역할'을 하지 못하는 사람이다. 그가 체감하는 아픈 사람에 대한 세상의 시선이다.

나의 삶은 복잡하다

아픈 이후로 피하는 게 많아졌다. "여행은 별로 안 좋아해요." 이렇게 말했지만, 매일 같은 시간에 챙겨 먹어야 하는 약과 금세 피곤해지는 체력이 그가 여행을 좋아하지 않게 된 이유였다. 스스로 포기하고, 알아서 눈치 보는 삶. 고마움과 죄스러움을 함께 가져가야 하는 삶. 그가 한때 반도체 회사에서 일한 덕분에 받은 삶이다.[8]

그래서 불행한가. 그렇게 쉽게 재단할 수 있는 것이 아니다.

삶은 복잡하다.[9] 최선애씨의 체념은 주어진 현실을 인정하고 그 안에서 '속 끓이지 않고' 살아가는 방법을 터득한 현명함이기도 했다. 일이건 돌봄이건 눈치를 보며 앞장서는 까닭은 단순히 부채감만으로 설명할 수 없다. 자기 책임을 다하려는 마음이 일상을 유지시킨다.

"진짜 아들이 어렸을 때, 아기도 아프고 나도 아프고, 몸은 점점 심해지고. 집에는 둘만 있으니까. 12층 아파트에 살고 있던 시절인데, 여러 번 뛰어내리고 싶었던 적이 있었어요. 여기서 떨어지면 내가 죽을 수 있을까. 그즈음 집에 전화가 몇 번 걸려왔는데 제가 받으면 뚝 끊겨요. 그때는 누가 장난 전화하냐고 짜증을 냈는데, 나중에 남편이 자기가 걸었다고 하더라고요."

혹시 '그런 선택'을 할까봐 남편이 집에 전화를 한 것이다. 베란다에 서서 아래를 내려다보는 최선애씨와 직장에서 일하던 중 문득 전화기를 들고 집 번호를 누르는 남편. 처음 이 이야기를 들었을 때, 나는 (이미 지나간 일이라 확신했겠지만) 어차피 '그런 일'은 일어나지 않았을 거라 생각했다. 그 선택이 나쁘기 때문이 아니다. 사람들은 묘하게도 자기 책임감으로 움직인다. 지옥 같은 날들 속에서도 자신이 해야 할 것, 보살펴야 할 대상을 떠올린다.

《엄마, 달려요》라는 그림책이 있다.[10] 그 책에는 산재 사고로 아버지를 잃은 아이가 나온다. 사고 이후 자꾸만 낯선 사람들이 찾아오고 엄마는 그들과 심각한 이야기를 나누고, 집은

먹구름이다. "엄마의 머리 위로 먹구름이 생긴 것 같았어요."
엄마는 자녀를 챙길 여유가 없어 보인다. 끼니를 놓친 아이가
한 행동은 키우는 고양이의 밥을 만드는 일이었다. 굶주린 아
이는 자신과 마찬가지로 돌봄을 받지 못하고 있는 고양이부
터 챙겼다. 생각해보면 당연한 일이다. 배고프고 지친 몸을 이
끌고 들어와 제 배 속부터 채우는 사람은 없다. 혼자 살거나
일방적으로 돌봄을 받아온 사람이 아닌 이상, 집에 다른 배고
픈 이가 없는지 둘러본다. 공동체는 그런 서로 간의 돌봄으로
유지되고 있음을 한 장의 그림에서 본다.

당장이라도 절망으로 뛰어내릴 것 같은 사람들이 타인에
대한 책임감으로 자기 삶을 만들어가는 것을 곧잘 본다. 최선
애씨에게는 갓난아이가 있었다. 여기까지 생각이 미쳤을 때,
이 또한 어머니의 책임을 맹신하는 것은 아닐까 하는 의심이
들어 나는 떨쳐내듯 가벼이 물었다. 마지막 질문이었다.

"어렵사리 낳은 자식은 좀 다른가요?"

"평범하게 자라는 게 최고인 것 같아요. 20년 전이긴 하
지만, 애를 낳고 키우는 건 참 어려운 일 같아요."

공주의 무상노동

공주처럼 살 수 있는 조건을 조금도 만들어주지 않는 세상에
서 아픈 사람에게 공주처럼 살아야 한다고 말한다. 대접도, 보

호도 아니다. 사적인 공간에서 홀로 가만히 있으라는, 아픈 몸을 배제하고 유폐하는 이 사회의 속성을 가벼이 포장한 말일 뿐이다. 동시에 '책임지지 않겠다'는 선언. 한 사람이 사회 구성원으로 살아가는 데 필요한 조건을 책임지지 않으려 한다. 심지어 최선애씨의 병은, 당선된 대통령마다 와서 금자탑을 상찬하고, 무재해 기록에 감탄하고, 리본 커팅 세레모니를 한 그 사업장에서 만들어졌다. 그런데도 사회가 책임지는 것이 없다.

산재 신청이라는 그 유일한 보상마저 더디고 소극적이다. 루푸스 진단은 2000년에 받았다. 직업병임을 눈치챈 것은 2015년. 산재 신청을 하고 결과를 얻는 데 5년이 걸렸다. 2020년이 되어서야 직업병을 인정한 근로복지공단은 요구하는 것이 많았다.

"저는 산재가 되면 다 해결이 되나 보다 했는데, 그런 게 아니더라고요. 의사 소견서(진로계획서)를 받아야 하고. 그걸 2년에 한 번씩 계속 제출해야 한대요. 의사 선생님은 그게 뭔지 몰라요. 여러 번 설명을 해서 겨우 받았거든요."

몇 달을 기다려 몇 분을 겨우 얻어낼 수 있는 것이[11] 대형병원 의사 진료 면담이다. 그 짧은 시간에 의사에게 서명을 해달라고 서류를 잔뜩 안긴다. 이게 무엇이냐고 묻는 의사에게 산재 보상 제도가 무엇이며 어떤 서류와 서명이 필요한지 설명해야 한다. 운이 좋아 한 번에 의사가 납득한다 해도, 이제 원무과로 가서 이 상황을 반복해야 한다.

"공단에도 전문의가 있으면 신장 이식을 한 사람은 평생 면역억제제를 먹고 계속 치료를 받아야 한다는 것을 더 잘 알 텐데, 계속 자료를 원하더라고요."[12]

게다가 치료 비용의 보상마저 온전히 받을 수 없었다. 20년간 받아온 수술, 검진, 진료, 약 제조에 든 비용은 영수증이 없으니 지급할 근거가 없다고 했다. 의료 영수증 보관 기간은 5년이다.

"처음 아플 때는 누가 이게 산재라고 생각하고 아프나요. 병 고치는 데 정신이 없지. 영수증 그런 걸 어떻게 신경을 쓰겠어요. 그런데 그때 돈이 제일 많이 드는 거잖아요. 지금은 병원비래도 약값 정도 드는 거고."

의료진은 공주처럼 지내라 하지만, 국가는 그가 '복지의 여왕'[13]은 아닌지부터 의심했다. 이런 말은 그렇지만, 국가는 양심도 없다. 국가 경쟁력이라는 반도체 산업. 그 경쟁력을 높이기 위해 최선애씨와 같은 이들의 삶이 희생되었다. 고등학교 졸업도 하지 않은 나이의 여성 노동자들을 거대한 사업장에 모아둔 데는 다 이유가 있다. 아니 목적이 있다. 그 목적에 맞춰 일을 했고, 그 대가로 손상을 입었다.

끝이 아니다. 손상을 입은 몸으로 가사 일을 하고 가족을 돌봤다. 그렇게 재생산의 기본 단위라는 가정이 유지됐다. 모두 그의 노동에 빚진 일이다. 선애씨의 노동은, 많은 여성들의 노동이 그렇듯 한 번도 제대로 보상받지 못했다.

오퍼레이터로 태어나서

황유미는 영정 사진으로 만났다. 국내에 알려진 첫 반도체 직업병 피해자. 사망 당시 나이 스물셋. 병원에서 돌아오던 길, 아버지가 운전하던 택시 뒷좌석에서 세상을 떠났다.

생전에 찍은 영상에서 황유미는 말했다.

"그때는 제가 정말 죽는 줄 알았어요."

항암치료로 깎은 민머리와 투병으로 인해 수척해졌을 몸. 영상 속 그는 참 작았다. 고등학교 졸업 후 2년간 반도체 회사에서 일했고, 1년간 투병 생활을 했다. 그것이 생의 전부였다. 이렇게 글로 적고 나니 너무 짧다. 스물셋. 그를 전혀 모르는 사람마저 속상하게 만들 작은 숫자다.

10년 전, 속초에 있는 황유미의 집, 아니 정확히는 황유미 아버지의 집에서 돌아와 글을 썼다.

"그에겐 딸이 있다. 반도체 회사에 입사해 집을 떠난 지 2년 만에 딸은 백혈병 환자가 되어 돌아왔다. 항암치료로 벗겨진 머리와 핏기 없이 창백한 딸의 얼굴이 낯설었다. 아버지 황상기씨는 생각했다. '왜 우리 딸에게 이런 일이 생긴 걸까.'"[14]

딸의 죽음 하나를 붙잡고 증거를 내놓으라는 세상에서 버텨온 그의 아버지 황상기를 누구보다 먼저 만났다. 황유미의 영정 사진을 보며 아버지를 많이 닮았구나 생각했다. 황상기, 그가 없었다면 국내 반도체 직업병 문제는 알려지지 않았거나 지금보다 더 더디게 말해졌을 것이다. 그러니 내 글의 주인공은, 당연하게도 그가 되었다. 그는 딸이 삼성에 들어간 이유를 이리 말했다.

"유미가 특별나게 공부를 잘하지는 못했었고, 그러다 보니까 전문대학 이런 데 가서 어떤 기술을 배워가지고, 자기가 노력만 하고 먹고살 수 있다. 그래서 그렇게 하라 했어요. 가서 돈 벌고 자기 돈 번 걸로 동생 대학교 보내고, 자기 결혼할 밑천 번다고 이야기를 하더라고요."

나는 속초 집에서 황유미가 남기고 간 다이어리를 보았다.

"입사 초반엔 퇴사하고 싶단 생각을 정말 많이 하면서 정말 많이 울었다. 맨날 울고 엄마한테도 퇴사하고 싶다면서 계속 울었다. 그러면서도 엄마 때문에 퇴사하지 못하고 참고 일했다. 차라리 친구들처럼 대학이나 갈걸. 싫은데도 참고 일하는 건 엄마한테 미안해서이다. 엄마가 대학 가라고 했는데 끝까지 우겨서 이 회사 왔는데, 엄마한테 미안해서 퇴사 못 하겠다. 슬픈 책이라도 읽고서 아주 펑펑 울고 싶다."

회사 다니며 겪는 많고 많은 날 중 하나였을 것이다.

"반도체에서 일했던 여성들이 다 효녀에 모범생은 아니었을 거잖아요. 그런데 그렇게 이야기되고 있는 거죠."

누군가 말했다. 그 말에 고개를 끄덕였다. 글을 쓰는 나조차 느낀 답답함이었다. 그러나 나는 효녀인 반도체 오퍼레이터 여성들을 너무 많이 알고 있었다. 열아홉 살 때로 다시 돌아가도 반도체 기업 입사를 고민할 것 같다고 말하는 사람들. 꿈속에서마저 클린룸에서 도망치지 못하는 사람들. 꿈에서도 걱정한 것은 가족의 기대와 무일푼으로 시작하기에는 너무도 각박한 고졸 인생이었다.

'효녀'가 많은 것은 당연한 일이었다. 가족에 대한 책임감이 큰 사람이 아니었다면 하루아침에 변해버린 환경을 입 꾹 다물고 감내하진 못했을 것이다. 멀리 떨어진 낯선 도시. 부모, 자매, 친구도 곁에 없다. 그곳에서 기숙사 생활을 하며 하루 8시간에서 12시간 주야간 교대근무를 했다. 그들은 여느 회사보다 사원들에게 많은 시간을 내놓길 원하는 곳에서 일했다. 안정적인 수입은 매력적이라, 덜 자고 덜 쉬는 것쯤은 넘기면 된다고 여겼다. 그러나 일하는 사람이 계약서에 도장을 찍어 맞바꾼 것은 몇 시간짜리 잠이 아니었다. 일하는 사람도 모르지 않았다. 아무리 '어리다' 한들 모를 리가 없었다. 나의 현재를 저당 잡히고 있다는 사실을. 다만, 미래를 위해서라고 생각했다. 미래를 위해 현재를 내준다. 나름의 교환이라 여겼다.

그들이 상상하는 미래에는 가족이 있었다. 원가족이건 내가 새로이 만들 가족이건, 그들은, 아니 우리가 사는 사회는 '가족'을 매개로 안정과 행복이 존재할 수 있다고 믿는 곳이었다. 그렇게 '효녀'는 만들어졌다.

'어린' 여자들의 취업

오퍼레이터로 태어난[15] 사람은 없다. 하지만 이 사회가 오퍼레이터 자리에 들어갈 특정 정체성을 정해두었을 때, '오퍼레이터로 태어난' 사람들이 만들어졌다.

현재 모 기업 직무구분을 보면 이러하다. 오퍼레이터란 "반도체 장비를 통한 제조 또는 제조 지원 업무"를 하는 이로, 자격요건은 고등학교 또는 전문대 학력 소지자로 전공 무관, 다만 학사 이상 학위 소유자 지원 불가. (현재는 고3 학기 중에 입사하는 일은 없어 보인다.) 지원 불가 성별을 적시하진 않았지만, 오퍼레이터는 대다수가 여성이다. 구직 상담 사이트를 보니, 남성일 경우 메인터넌스(장비 보수)로 지원하라는 조언을 해놓았다.

고졸(전문대졸), 여성, 생산직. 이것이 전자산업(반도체) 오퍼레이터의 대표 특징이다. 취업난이 점점 심해지니 누군가 불만조로 올린 글을 본다. "왜 오퍼레이터는 여자만 뽑는 건가요?" 답이 달린다. "여자들이 그 업무를 더 잘한다고 판단되기 때문이죠." 질문한 사람도 아닌데, 내가 괜히 '왜?'라고 되묻게 된다.

"명절도 없이 일하는, 먼지 하나도 허용치 않는 현장 근로자들의 치밀하고 섬세한 손길이 이뤄낸 우리 산업계의 예정된 기적이었다. …… 장(張) 양(오퍼레이터)의 청순함은 반도체의 불량률 0으로, 일을 즐기는 근면함은 세계 최대의 매출로, 그리고 매일의 현장 토론은 세계 최초의 256메가 D램 개발로 이어지고 있다."[16]

1994년 기사이다. 기사에는 청순하고 근면하고 섬세한 손길을 지닌 오퍼레이터가 등장한다. "불모지에 가까웠던 한국의 D램 산업을 세계 1위에 올려놓은 뒤에는 여성의 세밀한 손놀림이 있었다."

세월이 지나도 논조는 변하지 않는다. 아래는 1990년대 후반 일본의 노무라증권연구소에서 내놓은 분석 자료의 일부를 2003년 국내의 한 언론사에서 옮겨 적은 것이다.

"여성은 한국 반도체 산업을 세계적 수준으로 끌어올린 1등 공신이라는 평가를 받았다. 실제로 삼성전자, 하이닉스, 동부아남전자 등 주요 반도체 업체의 여성 인력 비율은 50%에 육박하고 있다."[17]

이 논리는 이건희 회장이 사망하자, 그의 업적을 칭송하고 추모하려는 언론에 의해 재등장한다.

"'섬섬옥수 손재주와 섬세성에 있어서 우리 국민을 따라올 나라는 없어.' 삼성이 전자에 올인해야 한다는 철학과 신념이 벌써 그때부터 다져지고 있었던 것이다."[18]

섬섬옥수가 남성이나 노년의 손을 의미하진 않을 것이다. "여성들은 단조로운 일에 대한 인내심, 민첩한 손놀림 및 시각의 날카로움이 있다는 인식"[19]은 깊고 단단해, 그래서 다 여자다.

모토로라, IBM, 인텔 등 외국 반도체 기업이 한국에 들어와 제조 사업장을 세워도, 삼성, 하이닉스 등 한국 반도체 기업이 아시아 각지에 사업장을 세워도, 언제 어느 곳에 전자부품 제조 공장이 세워져도 그곳에서 일하는 말단 생산직은 '여성'이다.

그들을 '오퍼레이터로 살게 하는' 세상이 있다. 이것은 단지 그들이 여자여서만은 아니다. 지역과 불평등이 더해진다.

"취업을 결정했다고 하더라고요. 그래서 '니는 대학은 안 가나?' 그랬더니 대학교 가면 취직할 데도 없는데, 거기는 대기업이라고. 자기는 거기 갈 거라고. 3년 동안 열심히 공부도 하고 결석도 안 하고 아프지도 말아야 한다고. 결석도 지각도 안하고 모범생이었어요. 그렇게 2학기 때 갔어요."

취업할 곳이 없다. 서울 외 지역일 경우는 더욱 그렇다. 모반도체 기업 오퍼레이터들은 "동료들 중에 전라도 출신이 진짜 많았다"는 말을 하는데, 지역별 채용 비중을 알 순 없지만, 전라도 출신이 많은 것은 지역 발전의 불균등 때문일 거라 예측된다. 공업도시가 있는 경상도 지역보다 취업할 곳이 더 마땅하지 않았던 것이다.

"지방에서 온 애들이 엄청 많았어요. 완도, 부산, 충청도, 전라도. 전라도 애들이 되게 많았어요. 수원 애들도 한두 명 있었고. 전국에서 온 애들. 서울 애들은 없었고요."

이 책에서 '서울'이라는 지명이 40여 번 나오는데, 위의 구술을 제외하고는 모두 대형병원에서 치료받기 위해 서울로 갔다는 내용이다. 병원을 포함해 모든 인프라가 집중된 서울. 그 서울에 사는 사람을 반도체 오퍼레이터 중에서는 찾을 수 없었다.

성별(과 더불어 남성 형제와의 권력 차이)과 지역의 불균형, 그리고 가족이라는 '경제적' 자원의 격차. 이 모든 불평등이 그들을 반도체 오퍼레이터로 살게 했다. 당시만 해도, 그 자신이

할 수 있는 최선이자 최고의 선택 중 하나였다. 동네에서 취업 잘한 누구 집 딸로 소문이 났을 것이다. 학교장 추천에 서류전형, 면접까지 통과해 대기업에 들어갔다는 것은 본인들의 자부심이기도 했다. 연수원에서 지내는 3주 동안 그 자부심은 유지되기도 깨지기도 했다. 내가 이런 엄청나고 거대한 회사에 들어왔구나 하는 주입된 자각을 하지만, 동시에 사회가 이런 곳이구나 깨닫는다.

한 이가 신입사원 교육(연수) 경험을 말해줬다. 6시부터 일어나 종일 교육을 받는 빠듯한 일정이었는데, 한 날은 선배들이 와서 몇 명의 이름을 부르더니 탈락자라고 하더란다.

"애들이 자기는 열심히 했는데 왜 탈락이냐고 막 울고. 근데 그게 쇼였던 거죠. 그주에 생일이었던 애들이었어요. 생일 파티를 그런 식으로 해준 거예요."

그에겐 추억이었지만, 그 에피소드를 들은 나는 울면서 항변하는 신입들의 모습을 떠올렸다. "내가 열심히 했는데 왜 탈락이냐고." 그 신입들은 탈락되지 않기 위해 이후에 더 열심히 했을 것이다. 다들 열심히 한다. 그로부터 앞서 소개한 기사에 나온 것처럼 '청순하고 근면하고 섬세한 손길'이 완성된다. 아니다. 아직 부족하다. 기숙사 생활 관리(기숙사 사감), 청결-복장 검사(미스 클린) 같은 통제가 더해져야 한다. 미스 클린이란, 클린룸에 들어가는 작업자의 청결 상태를 점검하는 여성 상사를 말한다. ("항상 장갑을 끼니까. 손톱이 건조해서 다 갈라지고 아파요. 그래서 매니큐어를 바르는 건데, 투명한 것도 못 바르게 했어. 그런 것도 다 터치를 하니까. 미스 클린에게 걸리면 혼나는 거예요.")

인터뷰를 하면서, 회사 생활이 학교와 비슷하다는 말을 종 종 들었다.

"회사 생활이 고등학교의 연장이었지. 학교처럼 반(조)도 있고, 기숙사 생활도 하고. 학교 같다 이런 이야기를 많이 했 어요."

"숙제 검사하고. 영어(설비 용어)를 익혀야 하니까. 만날 깜 지 쓰고. 연필로 막 쓰면 시꺼메지잖아, 깜지 그거. 못 외우면 (사수) 언니에게 혼나고. 우리가 졸업을 빨리하려던 이유가 공 부하기 싫은 것도 있었는데. 여기 와서 또 공부를."

"갓 입사했을 때는 출근하면 라인 다 돌면서 선배들한테 인사해야 했잖아요. '안녕하십니까. 몇 기 김땡땡입니다' 이 렇게."

"그래도 언니들이 많이 챙겨줘서 다녔지. 여기선 밥을 누구 랑 먹느냐 이것도 중요한 거야, 학교 점심시간처럼. 그게 다 라인."[20]

반도체만이 아니다. 1990년대 '여초' 직장문화를 물으면 많 이 듣는 답변이다. "학교 같았어요."

한국의 직장문화가 군대(질서)와 비슷하다는 이야기가 많 다. 남초 직장에서 '군대문화'는 모두에게 익숙하기에 잘 통하 는 노동 통제 방식이다. 학교라는 공간 또한 마찬가지다. 교사 와 학생의 위계질서가 분명한 곳이다. 군대, 학교, 감옥, 병원 은 하나같이 규율을 가르쳐 사회가 필요로 하는 사람을 만드는 공간이다. 군대와 학교는 서로 연결되어 있다.

"선생님 역할은 직장(님)이 하지. 조장 언니가 반장 같은 거였고."

기업이 '어린' 여자를 뽑는 이유이기도 하다.

기업과 가족의 협업

지금도 삼성전자에는 가족의날(일명 철쭉제)이 있다. 다른 전자산업 기업들도 이와 비슷한 날이 있다. 이날엔 임직원의 가족이 사업장(일명 '삼성시티')에 초대된다. 워터파크가 생기고, 퍼레이드까지 펼쳐지는 큰 행사다. 지금은 어린 자녀들 위주의 행사이지만, 1990년대까지만 해도 젊은 비혼 직원들이 많았기에 부모님들이 주가 되는 행사였다고 한다. 아들딸이 잘 커서 이렇게 좋은 회사에 들어갔다는 것을 보여주는 날이었다. 회사가 부모들에게 자녀를 우리가 잘 돌보고 있으니 염려하지 말라고 안심시키는 자리이기도 했다. 참여자들이 의도하진 않았지만, 이 행사는 기업과 가족의 묘한 공모가 이뤄지는 자리였다.

기업이 가족을 활용한 사례는 많다. 자동차 생산공장은 '아빠가 일하는 멋진 곳'으로 조립라인을 가족들에게 개방하기도 했고, 타이어 제조업체의 경우 오히려 분진 날리는 일터 환경을 숨김없이 보여주어 아내들에게 '고생하는 우리 남편'이라는 생각을 강화시켰다.[21] 그리고 반도체·전자 기업은 '자랑스러운 효녀(효자)'의 이미지를 만들어낸다. (앞서 군대, 감옥, 학교가 통제와 규율의 공간이라 했지만, 근대화의 규범과 규율을 가르치는 첫 번째 공간은 '가정'이다.) 여성 노동자는 타지의 직장에서도 누군가의 딸이라는 위치성을 떨치지 못한다. 그렇게 오퍼레이터들은 젊디젊은 모습으로 박제된다.

그리고 놀랍게도, 이 '어린' 여자'아이'들은 몇 년 지나지 않아 나이도 많은데 회사를 나가지 않는 사람이 된다. 앞서 언급한 기사에 나온 모 오퍼레이터는 이런 포부를 밝혔다.

"내년 말쯤 장 양은 반도체처럼 속이 꽉 찬 남자를 만나 반도체처럼 영원히 깨지지 않는 가정을 꾸미고 싶다. 그때쯤이면 자신은 반장, 즉 '유니트'로 승진해 있을 게다."[22]

'반도체 같은 남자'를 만났는지는 몰라도, 반장으로 승진하는 꿈은 이루지 못했을 것이다. 조장은 대부분 연차가 있는 여성의 몫이지만, 반장은 그렇지 않았다. 반장의 성별은 대부분 남성, 학력은 초대졸 이상. 결혼하고 회사를 계속 다닐 수 있는 사람도 적었다.

박제된 소녀

우리도 이들을 박제시키긴 마찬가지였다. 착하고 모범생이었던 누군가의 딸. 집이 가난해서 대학에 가지 않았을 뿐 집안을 책임지려 하던 철든 딸. 이것이 지난 10년간 반도체 여성 피해자들에게 따라붙은 이미지였다. 내가 황유미에 대해 쓴 첫 글에서, 그가 아닌 그의 아버지를 주인공으로 한 것도 같은 이유였다. 내게 황유미는 아버지의 우산 아래 있는 어린 딸이었다.

이제야 말하지만, 그들을 '좋은 딸'로만 묶어둔 것 같아 기록집을 내고 늘 마음 한구석이 불편했다. 나 자신도 '착한, 누군가의 무엇'으로만 규정되는 것이 싫은데, 더는 항변도 못 할 사람들의 인생을 평평하게 만들어 세상의 공분을 구한 것은 아닌지. 반도체 '소녀'라는 이미지를 만드는 데 나 또한 일조한 것은 아닌지.

젊은 여성을 클린룸에 유폐하고 '근면하고 순한' 노동자로 통제한 것은 기업과 가정의 무의식적인 공모만은 아닐 것이다. 우리가 사는 이 공동체가 여성을, 아니 자원 없는 여성들을 '오퍼레이터로 태어나게' 한 것은 아닐까. 그런 후회를 지니고 있을 즈음, 2세 질환과 유산, 난임 등의 문제를 제기하는 이들을 만나게 되었다.

10년 전, 내가 영정 사진이나 병실에서 만났던 파리한 소녀의 모습이 아닌, '생활인'의 모습으로 등장한 이들을 마주한 것이다. 공부하기 싫어서 상업고등학교를 갔다고 '쿨하게' 말하고, 일 마치고 동료들과 회사 후문에서 맥주 마시는 게 삶의 낙이었다고 하고, 연봉이 적지 않으니 제법 괜찮은 '신붓감'이라는 걸 알고 있었다고 하고, 세상사 돌아가는 것 모르고 엔지니어 동료에게 헐값에 넘긴 삼성 주식을 아까워하고, 재테크에 골몰하기도 하는 그런 생활인들이었다. 자녀가 아프다고 눈물짓고 있는 사람의 이미지는 찾을 수 없었다. 때론 울겠지만, 사람들 앞에서 눈물만 흘리고 있는 사람은 없다. 내 앞에 있는 여성들은 (임금)노동과 돌봄(노동)을 멈추지 않는 사람이었다.

그렇다고 당차고 멋지기만 한 사람들은 아니다. 키가 크지 않은 아픈 자녀를 걱정하며 "아들은 187, 딸은 168"이 이상적인 키라는 말로 내 마음을 불편하게 만들기도 한다. 세상이 가진 편견과 통념을 그들도 고스란히 드러낸다. 그들의 부모가 그들에게 '바라는' 삶이 있었던 것처럼, 지금 그들도 자녀에게 '바라는' 삶이 있다. 그것은 여전히 "곰 세 마리가 한집에 있어"의 동요 같은 삶이다. 그들의 자녀도 날씬한 엄마 곰과 듬직한 아빠 곰, 귀여운 아기 곰이 한집에서 화목하게 살아갔으면 한다. 자녀들의 삶을 그 동요와 근접하게 만들기 위해 노력한다. 그 노력에 돌봄이 있고, 산재 신청이라는 선택이 있음을 안다.

이건희 전 회장이 혁신과 변화를 이야기하면서 "마누라와 자식 빼고 다 바꿔라"라고 했을 때, 그것은 과장이나 웃자고 하는 소리가 아니었다. 기업의 이윤을 극대화하는 데 곰 세 마리 같은 정상가족이 필수가 되어야 하기에, 모든 것을 다 바꾸어도 그것만은 손댈 수 없다는 강조였는지도 모르겠다. 기업과 가족의 역사가 너무 유구하다.

더 낮은 곳에서 더 위험하게

SK하이닉스, 삼성 등 대기업 반도체 생산라인은 대부분 자동화됐다. 이제 "불량을 꺼내려고 설비를 인위적으로 열어 그 안에 고개를 처박고" 일하고 "런 박스를 들고 발에 땀 나도록 돌아다니던" 일은 옛날이야기라고 했다. 다행이다. '20년 전이나 지금이나 똑같습니다'라는 말을 듣는 것보다는 나으니까.

1999년에 최선애씨가 퇴사를 한 까닭도 자동화에 있었다. 그가 근무하던 라인이 인원 감축에 들어갔다. 여기는 반자동화로 변경될 것이라 소수 인원만 필요하다고 했다. 관리자가 사원을 한 명씩 면담해 퇴사를 권유했다. 선애씨는 이를 거부했다. 3라인은 교체 작업에 들어가고, 선애씨는 '신설 라인'으로 옮겨갔다. 자동화 라인이었다. "더 힘들었어요. 거기는 물량을 그만큼 더 많이 뽑아야 했거든요."

자동이라 일이 쉽고, 반자동이라 일이 덜 쉽고, 수동이라 일이 어렵고. 이렇게 자로 딱 재듯 나눌 수 있는 게 아니었다. 기계가 해결하지 못하는 업무, 기계를 작동시키는 데 추가로 투여되는 잡무, 자동화에 따른 수량과 속도의 증가, 라인 변경에 따라 새로이 적응하고 정립돼야 할 동료 관계. 이 모든 것이 노동의 강도를 결정한다. 이런 것들이 고려되지 않으면 현장에서 일하는 사람이 '독박'을 쓰게 된다.

그 반자동 라인도 몇 년 지나지 않아 자취를 감췄다. 2010년 삼성반도체 사업장을 탐방 취재한 언론사 기자들이 알려준 소식이었다. 반도체 클린룸에서 일하다가 희귀병에 걸렸다는 '소문'을 일축하기 위해 삼성이 굳게 닫혀 있던 클린룸을 언론사에 개방한 것이다. 이때 개방된 곳은 피해자 제보가 속출한 기흥사업장 3라인이 아닌 5라인이었다. 삼성전자 측은 "3라인은 지난해 3월 OLED라인으로 변경"되었기에 "3라인과 설비 및 공정이 가장 유사한 라인"인 5라인을 공개한다고 했다. 기자들의 탐방 이후 '먼지 한 톨 없는 클린룸' 같은 제목을 단 기사들이 한동안 올라왔다.

"오퍼레이터들이 각 공정마다 웨이퍼를 손수 이동시키는 5라인과 달리 자동물류이동 시스템을 도입했다. …… 공정도 상당 부분이 자동화됐기 때문에 라인이 100% 풀가동이 되고 있는데도 직원들은 거의 찾아볼 수 없었고 내부도 조용했다."[23]

지금도 삼성전자가 홍보용으로 유튜브에 올린 영상을 보면 하얀 클린룸 천장에 달린 레일[24]이 웨이퍼 박스를 운반하고 있다. 여전히 그곳은 하얗고 차갑고 '클린'해 보인다. 영상은 내내 상하좌우로 분주히 이동하는 설비들을 비춘다. 사람은 거의 등장하지 않는다. 마치 이제 클린룸에는 사람이 존재하지 않는다는 것을 보여주려는 듯.

"요즘은 오퍼레이터가 거의 없는 사업장도 있대요."

"그러면 그 오퍼레이터들은 어디로 갔나요?"

사람들은 일자리가 사라졌다고 하지만, 정확히 말하면 그 자리에서 일하던 사람들이 사라진 것이다. 그 많던 오퍼레이터들은 어디로 사라졌을까?

요즘 라인

"옛날엔 저희가 다 라인에서 근무했거든요. 어느 순간 밖으로 나오라 하더라고요. 원격을 연결해줄 테니 밖에 나와서 근무해라. 그렇게 나오면서 너희 이제 라인에서 하는 업무가 줄어들었으니 두 명 (설비) 볼 것을 한 명이 봐라 해서. 저희가 원래 입사할 때는 한 조가 30명 정도 됐거든요. 자동화되면서 10명도 안 남았어요."

삼성전자에서 근무하고 있는 오퍼레이터가 자동화가 된 이후의 상황을 전해준다.

"그 스무 명은 어디로 간 거예요?"

"퇴사하거나 전배(전환배치)를 가거나."

그때그때 사람이 필요해 보이는 라인으로 옮겨진다고 했다. 때로는 다른 지역에 있는 사업장으로 배치된다.

"회사는 다중화 다기능 이러면서, 한 사람이 여러 기능과 설비를 다루는 게 업무 능력이라고 하지만, 실제는 사람 빠진 자리를 다른 사람이 가서 메꾸는 거예요."

'현장'에 갈 곳이 없으면 엔지니어들이 있는 사무실(설비 파트)로 보낸다. 설비에 관해 배운 것이 없으니, 할 수 있는 것이라고는 보조 역할뿐이다. "우리를 그냥 '쩜오'라고 불러요. 한 사람 역할을 다 못 한다고." 반복되는 전환배치를 견디지 못하면 나가는 거다.

'요즘' 라인 상황을 말해주던 젊은 오퍼레이터는 임신한 선배들에 대한 불만도 토로했는데, 선배들이 임신휴가를 쓰는 바람에 나머지 직원들에게 일이 가중된다는 거였다. 그러면서도 자신이 임신·출산할 경우, 다시 일터에 돌아올 일을 걱정했다.

"나중에 결혼하고, 임신하고 그러면 또 어느 부서에 가서 어떤 일을 할지 알 수가 없죠. 왜냐하면 저희는 전문직도 아니고, 이걸 계속한다는 보장도 없고. 나중에 없어지면 또 없어지는 대로."

그렇다고 퇴사가 답은 아니다. 회사 밖으로 나갔을 때 그들을 기다리는 것은 또 다른 여자 일자리다. 20년 전, 혜주씨가 첫 번째 퇴사를 하고 현실을 깨달았다고 말하던 때와 달라진 것이 없다. ("반도체 나와서 현실을 깨우쳤죠. 반도체에서 일하던 거는 나가서 써먹을 데가 없어요.") 혜주씨가 퇴사를 한 2000년 당시, 성별 임금격차는 41.7퍼센트였다. 남성이 월급 100만 원을 받는다면 여성은 60만 원을 받는다는 이야기. 2020년 성별 임금격차는 32.3퍼센트. 격차는 조금 줄어들었으나, 수십 년째 여성의 월급이 남성의 3분의 1 수준이다.[25]

그런데 '여성이라서 낮은 임금을 받는다' 이 현상의 원인을 분석했더니 여성이라서 낮은 임금을 받는다는 답이 나왔다는 연구가 있다.[26] 남성과 여성의 시급 차이가 5,273원이라고 할 때(2021년 기준), 이 중 1,765원은 왜 이런 차이가 나는지 설명이 된다. 가장 큰 이유는 근속연수이다. 대개의 경우 여성의 근속이 짧으니까. 그런데 3,508원의 차별은 설명되지 않는다.

이 "설명되지 않는 차별"의 비중이 매년 상승하고 있다고 했다. '여성이라서'라는 이유 말고는 설명할 수 없는 부분이다.

이 연구를 진행한 김난주 연구위원은 한 인터뷰에서 이런 말을 했다.

"금복주에 왜 기혼 여성이 없냐고 물으면 '우리는 50년 동안 없었다'고 답할 거다."[27]

금복주라는 주류 제조업체가 언급된 것은, 이 회사가 2016년 결혼한 여성 직원들에게 퇴사를 강요해 고소를 당한 전례가 있기 때문이다. 1957년 창립 이래 금복주에는 기혼 여성 직원이 단 한 명도 없었다고 한다. 애초의 나의 질문, '오퍼레이터는 왜 다 여자인가'의 답도 그리 다르지 않을 것이다. "원래 다 여자였다."

'원래 그런 일'이란, '설명되지 않는 차별'이란, 성차별의 다른 이름일 뿐이다. 그리하여 반도체 회사를 그만둔 오퍼레이터들이 가게 되는 곳은[28] 널리고 널린 여자 일자리. 대게 비정규직, 하청·외주·파견업체 직원이라는 이름이 붙는 곳이다.

하청업체 직원 정경선 이야기

2012년 3월, 반올림에 이런 제보가 들어왔다.

"반도체 제조 회사입니다. 이 회사 직원은 총 30명밖에 없는데 암에 걸린 직원이 총 5명입니다. 정확하진 않으나 이 중

3명은 2년 사이에 발병되고 나머지는 3년 전후로 모두 발병된 것으로 압니다. 산재를 요청했으나 거부를 했고, 보상받을 수 있는 방법을 찾다가 여기까지 오게 되었습니다."

'익명 제보 게시판'에 글을 남긴 사람은 정경선(가명)씨의 아들이었다. 유방암에 걸린 어머니를 대신해 제보를 한 것이다.

정경선. 당시 50대 초반. 대기업 협력업체인 반도체 부품 제조업체에서 근무했다. 5년을 일하고 몸에 이상 증세가 보여 퇴직한 직후 유방암 진단을 받았다. 암에 걸린 이가 경선씨만이 아니었다. 제보에 따르면, 정직원이 20명(임시·파견직은 10여 명)이 채 안 되는 회사였는데 5명이 암에 걸렸다. 이상한 일은 여기서 멈추지 않았다. 회사는 아픈 사람들을 잘랐다.

"나이 많이 먹은 아줌마들, 일할 데 없는 아줌마들, 벌어먹고 살라고 써줬더니 나이 먹어 아픈 줄도 모르고 산재 신청을 했다. 그런 거죠."

배은망덕하다. 진짜 이렇게 말하고 해고했다. 후에 근로복지공단 역학조사[29]가 들어오고, 숱한 법 위반이 문제가 되자 회사는 아예 폐업을 해버린다. 동료들은 경선씨의 부추김 때문에 직장을 잃었다고 그를 원망했다. 세상이 이상하게 돌아간다. 근로복지공단도 정경선씨의 암과 업무와 연관성을 인정하지 않았다. 경선씨는 공단의 결정에 불복해 행정 소송을 했다. 2017년에서야 법원 판결이 확정된다. 그가 유방암 진단을 받은 지 6년 후였다.

법원은 "다소 '비정상적'인 작업환경을 갖춘 사업장에서 근무"하는 동안 각종 유해화학물질, 야간·교대근무, 엑스레이 방사선 등에 노출되었음으로 질환과 업무 사이에 "인과관계가 있다고 봄이 상당하다"고 보았다.

'비정상적'인 작업환경이란 이런 것을 가리켰다.

"사람이 공기로 숨을 쉬잖아요. 숨을 쉬는데 연기(흄) 때문에 공기 자체가 나쁜 거예요. 제발 '썩션(환기)' 좀 해달라 하면 구조상 할 수 없다. 문을 열어달라 그러면 보안 때문에 할 수가 없다."

이들에게 주어진 것은 면 마스크와 고무장갑뿐. 환기가 안 되는 작업장에서 사람이 실신하는 일도 벌어졌다. 그래도 달라지는 것은 없었다. 그렇게 안 되는 것은 많고 주어지는 것은 없는 '비정상'적인 일터에서 사람들이 암에 걸렸다. 산재 신청 과정에서 경선씨가 일터에서 산화에틸렌[30]에 노출되었을 가능성이 있다는 사실도 밝혀졌다. 현재 알려진 대표적인 유방암 위험요인이 산화에틸렌, 교대근무, 전리방사선 피폭이다.

"나이 먹어 직장 생활하지 말아야겠다."

오십 줄도 되지 않은 그가 직장 생활을 하며 얻은 교훈이라고 했다. 결혼하고 한참이 지나 다시 일을 구하려니, 그사이 세상이 아주 야박해져 있었다.

"마흔일고여덟 살 때 이것저것 시작했어요. 아줌마들이 하는 거."

그는 결혼하기 전에도 반도체 회사를 다녔다. 모토로라(코리아). 1967년 광진동에 세워진 사업장이 반도체 기업 모토로라의 첫 해외 생산기지였다.

"집이 천호동이라 회사와 가까워서 원서 내고 시험 보고. 그 당시는 지금보다도 좋았죠. 훨씬 좋았지. 외국계 회사고. 페이(월급)도 그렇고. 그때는 말하자면, 촌구석에 살던 사람이 도시로 온 거나 마찬가지. 우리나라에 없던 최신 시설이었으니까."

철마다 옷 맞춰 입고, 휴일에는 클래식 음악다방을 찾아가던 월급쟁이 생활은 그리 오래가지 못했다. 입사 5년 차에 결혼을 앞두고 회사를 그만두었다. '가정주부'로 살다가 마흔 후반에 다시 찾은 일은 1980년대 자신이 일했던 환경과 비교해도 형편없었다. 세월이 흘렀는데 일터는 과거에 머물러 있었다. 세상이 거꾸로 돌아가는 게 아니라면, 자신의 나이 탓이라 생각했다.

"우리나라는 나이가 일단 오십이 넘었다고 하면, 그 사람 자체를 안 봐요. 나이부터 보니까. 요즘은 청소하는 사람도 (구인할 때) 나이부터 보는데."

그래서 찾은 곳이 파견업체라 했다. 말이 파견이지, 인력알선업체였다.

"나이 먹어서 갈 데가 없어가지고. 파견업체에서 처음에는 이 회사로 보냈죠. 계약 기간은 3개월. 무조건 연말에는 계약을 끝내야 한대요. 그런데 회사에서 일이 많으니까 그 아줌마들 다시 쓰겠다고 연락이 와서 아예 그 회사에 들어가서 일을 한 거죠. 그때 같이 간 사람이 열몇 명인가로 기억하는데,

중간에 다니다 그만두고. 꾸준히 다닌 사람은 없던 걸로 기억해요."

5년 넘게 일했다. 자랑이 없는 성격으로 보이는데, 스스로 일을 잘한다고 칭할 정도로 손이 빠르고 성실했다. 입사 1년 만에 반장을 맡았다. 하지만 그에게 돌아온 보상은 고용유지밖에 없었다. 회사는 사람을 충분히 뽑지 않았다. 처음 그가 이곳에 온 것처럼 회사는 3개월짜리 파견 인력에 의존했다.[31] 그러다가 일이 몰리면 사람들을 집에 못 가게 했다. "24시간 이상 근무도 해봤어요." 하청을 맡긴 기업이 물량을 맞추지 못한 협력업체와 재계약을 체결할 리 없다. 무리한 납기일을 말 없이 따른다. 그럴 수 있는 까닭은 "관리자들에게 대들지 않고 그냥 알아서" 일하는 직원들이 있기 때문이다.

"사표를 가지고 다녔어요. 지금보다 더하면 내가 그만두겠다. 진작에 그만뒀어야 하는데. 그 사람들도 (나한테) 그랬을 것 같아요. 진작 그만두지, 나이도 많은데."

'나이가 많은 사람을 고용해줬더니 회사에 남아 문제를 일으켰다.' 회사의 말이었는데 경선씨에게도 각인된 모양이었다. '더럽고 치사해서 그만둔다'는 말은 그 사람에게 더럽고 치사했을 만한 일이 수차례 있었다는 것을 짐작하게 한다. 내가 돈 벌려고 와서 이런 일까지 당해야 하나. 월급 받아 사는 사람들이 하는 의문이었다. 일하는 사람들은 그 안에서 자신의 발언력을 높이려 이런저런 협상이나 '버팀'을 해보는데, 협상의 자원이 없을수록 부당한 일을 겪을 가능성도 컸다.

"배운 것도 기술도 없고 젊지도 않은 사람들이, 말하자면 사회에서 퇴출당한 사람들끼리 거기서 자기 목소리를 얼마나 내겠어요."

협상 도구가 없다고 여긴 그는 '사표'를 자신을 지키는 무기로 삼았다. 이보다 더 부당한 일을 당하기 전에 그만두자. 면마스크, 고무장갑 그리고 사표 한 장으로 일터에서 자신을 지켰다. 전부 얇디얇은 보호구였다.

목소리도 못 내는 사람이라고 자신을 지칭해놓고 경선씨는 산재 신청을 했다. 직장 다녀본 사람들은 알겠지만, 회사를 상대로 산재 신청을 하기가 쉽지 않다. 산재 신청은 고사하고 사나흘 병가 신청마저 작은 마음 먹고 하는 일이 아니다. '시끄러워지자' 회사는 폐업을 선택했다. 이를 두고 동료들은 경선씨에게 빗나간 원망을 쏟아냈다. 그래도 그는 산재 신청을 취하하지 않았다. 회사의 태도가 내내 경선씨의 뇌리에 남았다. 나이 들어 이런 대우를 받는가 보다 자신을 다독여도 봤지만, 아무래도 화를 낼 사람과 사과를 할 사람이 뒤바뀌었다. 성실하게 일했고 착실하게 나이 들어갔다. 나이가 든 것이 죄가 아니라 '나이를 빌미로' 자신을 값싼 취급하는 사회가 잘못이라고 말하고 싶었다. 이건 꼭 이겨야지, 경선씨는 그런 마음을 품었다고 했다.

결론이 중요해

일로 인해 병이 들었다. 많은 서러움을 겪었다. 그래도 가정주부로 있었을 때보다 회사 다닐 때가 더 좋았다.

"내가 벌고 내가 하고 싶은 걸 그 돈으로 하니까 좋았지. 전에는 돈 주는 거 받아 썼으니까. 경제적으로 능력을 갖고 있다는 게 좋은 거지."

돈벌이의 매력이 이런 거다. 그래서 놓질 못한다. 하지만 자원 없는 사람의 돈벌이는 고됨과 모욕을 동반한다. 기술 좀 배워놓을걸, 그게 후회가 되어 양재 기술을 배우기도 했다.

"나는 이걸 해야겠다는 게 없었어요. 그게 내가 사는 방식이었어요. 2남 2녀 맏딸이었는데, 뭔가 이뤄야겠다 그런 게 없었어. 그저 결과보다 과정을 중요하게 생각했거든요. 열심히, 최선을 다하면 결과는 별로 중요하지 않다. 그런데 지금 보니까 그게 아니야. 결론이 중요하더라고. 나는 매 순간 최선을 다해 사는 그런 인생을 살았는데……"

경선씨는 인생을 뒤돌아보니 과정은 중요하지 않다고 했다. 노력하며 살아온 '과정'이 배신당했다고 생각하는 듯했다. 그렇지만 '후회한다'고 말하진 않았다. 다만 "지금 보니까 결론이 중요해"라고 말했다. 그런 사람이었다. "예전엔 현모양처가 꿈이었지"라며 웃는 사람. 지금은 혼자 사는데 "젊었을 때 남자친구라도 하나 만들어놓을걸" 말하는 사람. 10년이 지난 지금 돌아보니, 참 젊던 시절이었다. 그러나 이 사회에서

'나이 든 값싼 노동력'으로 취급받느라 자신이 젊은 줄도 몰랐다. "결론이 중요해"라고 말하는 지금. 그는 지금 어떨까.

아프다. 유방암은 치료를 받았고, 치료 비용은 산재보험으로 처리했다. 그러나 유방 제거 수술 후유증으로 따라온 팔 통증으로 인해 더는 일을 할 수 없게 됐다. 배우던 양재도 그만두었다. 50~60대 여성에게 남은 일자리라고는 몸 쓰는 일밖에 없는데, 일을 구하긴 더 힘들어졌다. 일도 없이 홀로 지내는 삶은 외롭고 우울하다고 했다. 우울증은 유방암 투병 때부터 조짐이 보였다.

회사는 책임지지 않고 문을 닫고 사라져버렸고, 정부는 충분하지도 않은 보험급여를 주고 책임을 다했다고 한다. 이제는 결과를 중시하며 살고 싶다고 그렇게 투병 이후 후회 섞인 마음을 다잡은 그였지만, 어떤 다짐도 혼자 이룰 수 있는 건 없다. 자원을 내주지 않는 사회에서 그는 오늘 하루도 고단하게 삶을 다잡아가고 있다. 지금보다는 더 아프지 않도록, 더 외롭지 않도록, 더 우울하지 않도록 애쓰는 중이다. 아프다고 끝나는 삶은 없고 공짜로 밥 먹여주는 삶도 없으니, 어쨌거나 그는 지금도 삶의 과정을 만들어가는 중이다.

보이지 않다

'20년 전이나 지금이나 똑같습니다'라는 말을 듣지 않아서 다행이라 했는데, 더 이상한 말을 들었다.

"20년 전보다 지금이 더 못한 거 같아요."

이 말을 어떻게 해석해야 하나. 이런 현상을 지칭할 용어는 많다. 신자유주의, 불안정노동, 노동의 유연화, 비용의 전가. 빈번하게 사용되는 말이니 익숙하다만, 과거보다 못하다는 것은 심하다. 경선씨가 일한 분야는 사양 산업도 아니다. 삼성 전자는 애플에 이어 두 번째로 큰 매출을 자랑한다. SK하이닉스 또한 세계 10위권 안에 들어가는 규모와 매출을 자랑한다. 반도체 산업으로 국력을 높이고, 국격을 높이고, 모든 걸 다 높였다고 한다. 높아지지 않은 것이 있긴 있다.

더 낮아진 일하는 사람에 대한 처우는 대기업 바깥 공단에 만 있는 것이 아니었다. 대기업 내부에도 20년 전이나 지금이 나 비슷한 사람들이 있다. 생산라인이 자동화되었다고 하지 만, 반도체 생산 현장을 쓸고 닦는 청소 노동자에게 자동화란 어떤 소용도 없다. 설비 클리닝 작업을 해야 하는 하청업체 직 원에게도 자동화는 의미 없는 단어이다. 수동으로 설비를 멈 추고 그 안에 들어가 청소를 한다.

이들에겐 해당하지 않는 것이 많다. 한 기사에서 지적한 대 로, "2019년 안전보건공단이 반도체 노동자 20여만 명의 암 발병률을 일반인과 비교한 역학조사를 발표할 때도 청소 노 동자 이야기는 없었다".[32] 청소 노동자들도 방진복을 입고 클 린룸에 들어가 하루 8시간을 일한다. 일의 특성상 건물 곳곳 으로 움직여야 하고, 모든 종류의 설비를 접한다. 오퍼레이터와 엔지니어가 주로 일하는 공간인 팹(FAB, fabrication facility) 층뿐 아니라, 그 아래 오폐수 배관이 있는 알피(RP, return plenum) 층도 오간다. 화학물질에 노출되기 용이하다. 그러나 산재가 인정된 것은 단 한 건. 2022년에 이르러서야 반도체 사업장에서 일한 청소 노동자의 유방암이 직업병으로 인정되었다.

직업병 제보 자체가 적다. 2022년 현재, 반올림에 직업병을 제보한 청소 노동자는 14명이다. 이 중 삼성반도체와 삼성디스플레이에서 일한 5명의 청소 노동자가 산재 신청을 했다. 유방암, 췌장암, 피부암, 백혈병. 이것이 이들의 병명이다.

이 중 직업병을 유일하게 인정받은 손 모씨. 그는 7년 9개월을 삼성디스플레이 탕정사업장에서 일했다. 8년 가까운 세월 동안 그가 속한 용역업체가 3번이나 변경됐다. 2년에 한 번꼴. 이유가 무엇인지는 느낌이 온다. 2년 이상 기간제로 일한 사람은 직고용해야 한다는 법(비정규직 보호법안)을 피하고자 하는 것이다. 기업은 이들의 근속을 인정해야 할까봐 조심하면서도, 용역업체 직원인 청소 노동자들에게 사내 안전 업무까지 맡겼다. 일명 화학약품 배관 누출 신고 업무.

2013년 삼성반도체 화성사업장에서 불산 누출 사고(이때 사망한 이와 전신화상을 입은 4명도 설비정비 업무를 하던 협력-하청업체 직원들이다)가 난 이후로 청소 노동자들에게 주어진 업무였다. '테스트 종이'를 들고 다니면서 배관에서 액체가 새어나오거나 바닥에 흐르면 그 종이로 색 변화 등을 관찰한 다음 원청 기업(삼성 등)에 신고해야 한다.

이 안전(?) 업무를 하는 사람의 안전은 아무도 신경 써주지 않았다. 정부 산하 연구기관(산업안전보건공단)마저 이들을 추적 조사할 생각을 하지 못했다. 원래 이 사회에서 청소 노동자들은 보이지 않는 존재이다. 거리는 늘 깨끗한데, 그 거리를 치우는 사람은 보이지 않는다. "청소 작업복의 비밀이 뭔 줄 알아? 우리를 투명인간으로 만들어준다는 거야." 나는 이 영화(《빵과 장미》) 대사를 자주 인용하는 편인데, 아무리 반복해 읊어도 자꾸만 놓치는 영역이 있다. 투명인간의 몸에도 화학물질이 침투한다는 당연한 사실을 잊었다.

보이는 사람과 보이지 않는 사람을 가르는 것이 위계이다. 위험은 더 낮은 곳으로 흐른다는 말은 익숙하다. 그러나 우리는 더 낮은 곳이 어디인지 종종 잊는다. 보이지 않기 때문이다.

6부

우리가 동의한 미래

"지금 내가 생각하는 건 아득한 내일이
아니다. 마주 서 있는 지금이다."

—김혜진, 《딸에 대하여》

싸우는 사람들의 이동

"삼성은 산업단지나 시·군·구나 읍·면·동 지자체에서 선발한다. 멀리 떨어진 지역에서 살고 있는 구직자는 지원서 파일을 보내고, 시·군·구(공식 거주지)에서 면접을 볼 수 있다. 직원으로 뽑히고 나면, 신규 노동자들은 하노이로 가서 몇 주 혹은 한 달간 연수를 받는다. 처음에는 2년짜리 근로계약을 맺는다."[1]

시·군·구 단위에 대구시 달서구 같은 한국 지명을 넣어도 어색할 것 같지 않은 이 구술은 베트남 옌퐁 지역에서 온 것이다. 이 연구(인터뷰)가 진행되던 2020년, 삼성베트남은 베트남 전체 수출액의 20퍼센트를 기록했다. 삼성은 베트남에서 매해 700억 달러 이상의 매출이익을 올리고, 삼성베트남에 11만여 명이 근무하는 걸로 알려져 있다.

보고서에 따르면, 참여한 삼성전자 옌퐁지구 직원 45명 모두 근무 중 실신과 어지러움을 겪은 경험이 있으며, 이는 사업장에서 흔한 일이라 했다. 심지어 유산은 "젊은 사람이라면 매우 정상적인" 일로 보고된다.

"우리 중 일부는 2개의 생산라인 끝을 계속 왔다 갔다 해야 하고, 일부는 일하는 내내 서 있어야 한다. 젊거나 비혼인 여성에게 이는 별일 아니지만, 임신 3개월째인 노동자에게는 아주 어려운 일이다. 계속 서 있거나 하루 종일 왔다 갔다 해야 하기 때문에, 많은 사람들이 유산으로 고통받는다."[2]

기혼 여성들은 거주지에서 서너 시간 떨어져 있는 공업지구로 오기 위해 어린 자녀와 떨어져 기숙사 생활을 한다. 기숙사 생활은 친척들도 현관까지만 방문이 가능하는 등 통제가 있고, 방 하나에 보통 6~8명이 기거한다. 기숙사와 공장을 오가는 생활이 반복되고, 회사에서는 시간과 속도 통제가 계속된다.

"생산량을 증가시키지 못하면 혼나거나 비난받는다. 만일 우리가 충분한 생산품을 만들어내지 못하면, 그들은 우리에게 소리 지르며 혼낸다. 나는 이미 최선을 다했는데, 뭘 더 해야 할지 모르겠다."[3]

2013년 삼성은 브라질 노동자들에게 핸드폰 한 대를 32초마다 조립하라고 지시했다(이 일로 브라질 정부는 삼성전자에 노동법 위반 혐의를 적용하고, 1,200여억 원) 상당의 피해 배상금을 요구하기도 했다). 전 세계 어디서나 일어나는 일이며, 평행이론을 방불케 한다.

"내가 기계를 조직하는 동안 기계도 나를 조작하는 거 같아요."[4]

중국 폭스콘 노동자들은 핸드폰 하나를 조립하는 데 25초에서 30초가 소요된다고 했다. 폭스콘은 애플 아이폰의 최종 제조업체다.

"저는 손톱이 길다고 벌점을 받은 적도 있어요. 이외에도 정말 많은 게 있어요. 벌칙이 한 번이라도 있으면 월 상여금을 못 받죠."[5]

세계 곳곳에서 규율과 통제가 돈을 만들고 있었다. 자본이 이동한다는 것은, 자본이 이윤 추구를 하는 방식이 확산되고 복제된다는 것을 의미했다.

값싼 그곳의 환대

국내 전자산업의 해외 진출은 오래된 일이다. 엘지전자는 평택 스마트폰 생산라인 가동을 중단하고, 베트남 하이퐁으로 물량과 설비를 이전했다. SK하이닉스는 중국 우시에 D램 메모리 생산라인을 확장하고 있다. 1990년대 미국과 유럽이 한국, 대만과 같은 '아시아 신흥 공업 국가'에 반도체·전자 공정을 외주화한 것처럼 한국 기업의 생산기지가 베트남, 중국, 헝가리, 브라질 등지에 세워지고 있다.

더 값싼 비용을 찾아 떠난 것임을 모르는 사람이 없다. 비슷한 일이 국내에서도 계속되고 있다. 구로나 성수 등 서울 공단 지역에 있던 생산업체들이 10여 년 전부터 꾸준히 수도권 인근이나 '지방'으로 옮겨갔다. 정부가 수도권 과밀 억제 정책을 펼치며 이전하는 기업에 각종 세제, 금리 우대 혜택을 주기 때문이기도 하지만, 가장 중요한 이유는 '그곳'에서 더 값싼 인력을 발견했기 때문이다. 바로 이주노동자였다.

이전까지 도심의 공장들이 비싼 부지를 지키고 있던 이유는 하나였다. 부지 임대료로 나가는 손실을 메워줄 값싼 노동력이 바로 옆에 있었기 때문이다. '집 가까운 직장'이라면 적은 임금을 감수하는 사람들. 바로 도시 기혼 여성이었다. 집

가까운 직장에 다닐 수 있다면 복지건 임금이건 무엇이건 포기하고 저임금 노동자가 됐다. '일과 가정의 양립' 때문이었다. 그런데 세상 물정 모르는 20대 초반 여성 노동자보다, 가정이라는 굴레에 갇힌 기혼 여성 노동자보다, 자신이 나이 먹은 탓으로 돌리는 노년 노동자보다 더 값싼 노동력이 해외에 있었다.

비용 절감의 욕구가 국경을 넘게 했다. 그리고 그곳엔 무한한 환대가 있었다. 2007년 삼성이 베트남에 투자 의지를 내비치자마자 "베트남 총리 직속으로 삼성 태스크포스(TF)팀을 즉각 구성"하고 "베트남 정부는 법인세법이 허용할 수 있는 최고 면세 혜택을 삼성에 부여"하기로 했다고 국내 언론은 소식을 알렸다.[6] 그러나 환대에는 대가가 따르게 마련이다. 매출과 수익이라는 숫자가 환호와 함께 기록된 뒤에 대가는 일하는 사람의 병든 몸에 새겨진다.

30년 전 IBM이 자국 내 강화된 독성물질 사용 규제를 피해 한국을 비롯해 아시아 등지로 자본을 이동시킨 것처럼, 한국 또한 각종 직업병과 유산, 난임, 2세 질환을 베트남 등 아시아 국가로 수출하는 중이다.

알 권리

자본의 이동도, 기술의 변화도 빠르다. 그런데 일하는 사람이 피해를 알아채는 일만 느리다. 기업의 각종 방해가 아니더라도, 암과 같은 질환은 잠복기가 있어 피해를 자각하는 데 시간이 소요된다. 수년이 지난 후에야 알게 된다. 그때가 되면 많은 것이 달라진 후다. 책임을 물어야 할 기업마저 사라지는 경우도 있다.

대만에 진출한 미국 전자 회사인 RCA가 사용한 독성물질이 1,000명이 넘는 주민과 노동자에게 암세포를 안겨줬다. 물론 유산과 사산 문제도 있었다. 사건은 간단했다. "기업은 화학 폐기물을 우물에 버렸다. 당시 노동자들은 지하수를 마셨고, 관리자들은 생수를 사 마셨다."[7] 이 사실을 알았을 땐 이미 RCA는 대만에서 생산라인을 철수한 후였다. 그런데 RCA는 미국 인디애나 공장에서 환경오염이 문제가 되자, 1970년대 해외로 공장을 옮긴 역사가 있다. 그곳이 바로 대만이었다.

대만의 피해 당사자들은 RCA의 모기업인 미국 제너럴 일렉트릭(GE)과 GE의 프랑스 자회사인 톰슨(현 테크니컬러 SA), 그리고 대만 정부를 상대로 한 법정 투쟁을 수십 년간 지속했다. 그러는 사이 책임을 져야 할 기업들은 이전-매각-인수-해체 등의 과정을 거치며 사라졌다. 책임도 함께 공중분해됐다. 이런 일은 첨단기술 산업에서 드물지 않다. 기술 변화가 빠른 만큼 설비와 공정은 물론, 생산 주체(기업)의 변신마저 신속한 것이다. 게다가 선진 기술을 가질 만큼의 자본력을 지닌 기업은 국가보다 힘이 센 경우가 많다. 그들이 몰고 오는 위험은 크고 빠르고 방대하다.

그렇기에 (사전에) 알 권리가 강조된다. 기술의 사회적 책임을 위한 국제운동(ICRT)의 코디네이터 테드 스미스는 "솔벤트를 쓰냐고 물어보면 아니라고, 우리는 클리너를 쓴다고 대답"[8]하는 노동자들을 만나왔다.

"우리는 어떤 화학물질을 사용했는지, 안전한 대체재가 있는지까지도 확인할 수 있는 알 권리가 필요합니다. 화학물질의 종류와 양은 너무도 방대해서 새로운 물질이 나올 때마다 노동자나 대중이 그 정보를 안다는 것은 엄두조차 내기 힘듭니다.[9] 대중의 알 권리는 사용자가 보장해야 합니다."

ICRT는 기업의 사회적 책임 중 하나로 정보 공개(알 권리 보장)를 말해왔다. 제39차 유엔인권이사회는 알 권리에 대해 더 강한 어조로 말했다. 사업주들이 사용 화학물질의 이름과 그 건강 영향을 사전에 알려주지 않는 것은 "인체 실험과 다를 바 없다". 사업주가 노동자에게 제대로 정보를 소통하지 않는다면 법적인 사기 혹은 기만으로 볼 수 있으며, 이는 "'강제노동'으로도 간주"될 수 있다.[10]

그러나 한국 정부는 반대의 행보를 걷고 있다. 2022년 반도체 특별법이라 불리는 '국가첨단전략산업 경쟁력 강화 및 보호에 관한 특별조치법'이 국회를 통과했다. 이 법에는 기술 유출을 막기 위해 반도체를 포함한 첨단산업의 정보 공개를 더 엄격하게 처벌한다는 내용도 포함됐다. 국가가 보호한다는 기술 정보에는 반도체 생산에 쓰이는 화학물질 종류(와 노출도, 인체에 미치는 영향)도 있었다. "과학기술 패권국이 되기 위한 도약의 첫 단추"라고 자찬한 국회는 반도체 유해물질 정보가 공개되지 않을 시 일하는 사람이 자기 자신을 보호할 방안이나 보완책이 있는지에 대해선 말을 아꼈다.

국경을 넘는 지식

클린룸은 비밀스럽지 않은 적이 없었다. 첨단산업이라는 신화로 현실을 가리고, 영업기밀이라는 이유로 닫힌 문은 견고했다. 덕분에 반도체 공장에서 무슨 일이 벌어지는지 아무도 알 수 없었다. 전 세계 반도체 산업에서 벌어지는 노동/환경 보건 투쟁 사례를 모은 책인《세계 전자산업의 노동권과 환경 정의》[11]는 그 비밀의 문을 열고 들어갈 수 있는 우회로가 하나 있다고 했다. 다른 국가의 반도체 사업장 사례와 대응 경험을 공유하는 것. 바로 국제 연대를 말한다.

자본의 국제적 이동에 맞서 국제적 연대망을 구축해야 한다. 전자산업의 환경오염과 직업병 피해에 관한 국제 연대는 그렇게 시작됐다. 일하는 사람들과 이들에게 연대하는 사람들이 국경을 넘어 문을 두드렸다. 기업의 성문은 열리지 않았으나, 피해를 당한 노동자와 주민들이 나와 함께했다.

"국제 연대는 국경을 넘어서 자본주의의 문제를 고민케 한다. 대만의 RCA 사건은 지난 세대 노동자의 일로 취급되곤 한다. 그들에게 발생한 일들은 대만이 진보적 생활로 진입하기 위한 '필연적 희생'이라고 인식돼왔다. 하지만 한국의 반도체 직업병 활동은 이런 관념을 타파해준다. 최상류 대기업은 인재들을 모았고 노동자들은 옛 세대에 비해 학력이 높았다. 그런데 자본가와 정치인의 지배(또는 공모) 아래 노동자의 건강은 여전히 희생양이 되고 말았다. 국제 연대는 국경을 넘어서 자본주의의 문제를 고민케 한다." (리우니엔윤, 대만 타보이[12] 활동가)

국제 연대를 통해 각국의 노동안전보건 활동가들은 미래에 닥쳐올 위험에 대해 경고한다. 다른 나라에서 벌어진 사건과 대응 활동은 이곳에서 미처 보지 못한 피해에 대한 경각심을 일깨우기도 하고, 끝났다고 생각한 문제를 다시금 환기시키기도 한다. 15년 전 ICRT를 비롯한 국제 활동가들이 IBM 기업 사망 자료를 분석한 연구를 한국에 전하며, 이 결과치가 한국 반도체 노동자들의 사안과 유사함을 알린 것처럼 말이다. 그리고 10여 년 후, 한국에서 2세 질환 직업병을 인정하는 법 개정이 있었다는 소식을 들은 RCA 직업병 당사자는 이런 메시지를 보내왔다.

"과거를 생각하면, 우리는 이런 (생식 질환) 이야기를 하는 것이 익숙하지 않았습니다. 그때는 내가 전문가도 아니라는 생각에 자신이 없었지요. 지금 생각하면 우리의 유산, 사산, 월경 중단은 결국 같은 이유 때문일 것입니다. '현재 투쟁하고 있는 대만의 여성 노동자들도 나와 비슷한 고민을 하고 있을까?' 생각합니다. 아마도 우리도 스스로 나서야 문제가 해결되리라 봅니다."[13]

국경을 넘어 싸우는 사람들의 경험과 지식이 공유된다.

상식을 만드는 사람들

한 날은 산재 신청 당사자와 직업환경의학과 교수가 면담을 하는 자리에 함께했다. 글을 쓰기 위해 나도 그가 일한 공정을 이해할 필요가 있었다. 면담을 바탕으로 근로복지공단에 보낼 서류를 만든다고 했다. 스무 고개 같은 질문으로 채워진 면담을 마무리하며 김현주 교수는 마지막에 이렇게 말했다.

"저희에게 충분히 말씀해주셨으니 자료 건네주시고, 잊어버리고 잘 지내시면 됩니다."

최선을 다해보겠다거나 걱정하지 말라거나 하는 말이 아니라, 잊어버리고 지내라니. 비슷하지만 다른 말이었다. 후에 그를 만나 물었다. 무슨 의미였느냐고.

"당신은 당신이 할 수 있는 최선을 다했다. 결과는 우리 사회적 합의의 수준에 달린 것이지 당신 책임이 아니다. 이런 의미로 한 말인데. 이건 상담을 하면 일반적으로 하는 말이에요."

사회적 합의 수준이라. "당신 잘못이 아니다." 나 또한 이 말을 2세 질환 직업병 당사자들, 아니 거의 모든 산재 피해 당사자들에게 하지만 막상 이들이 일상으로 돌아가면 무용한 소리였다. 그의 일상이 우리의 사회적 합의 수준으로 결정되기 때문이다. 상식은 사회적 합의 수준을 드러내는 지식이다.

2세 질환 피해 가족들이 모였을 때 반올림 활동가는 이제는 "반도체 직업병이 상식이 되었다"고 말했다. 반도체 직업병이 허언이나 괴담처럼 여겨지던 시기가 지나, 그 질환에 따른 절차와 제도가 마련되었다는 의미였다. 동시에 그 말은 우리가 2세 질환 직업병 문제도 이 사회의 상식으로 만들어보자는 제안이기도 했다.

그래서 김현주 교수가 산재 신청하는 이들의 억울함을 말했을 때, 나는 '어떻게'를 물었다.

"상담하러 오는 사람들은 억울한 마음이 있어요. 억울함이 이제 병이 되잖아요. 지금까지도 억울했는데 산재 판정을 기다리는 긴 시간 동안, 그 억울함이 마음을 해칠 수 있잖아요. 그러니 맡겨두고 잊으라 하는 거죠."

"억울한 걸 어떻게 아세요?"

우문이었으나 이것이 나의 상식이었다. 나는 의사들이 환자의 심정을 모른다고 의심해오고 있었다.

"억울한 사람들이 오니까요."

직업환경의학. 직업환경에 의한 유해요인에 노출되어 발생하는 손상과 질환의 예방과 치료를 다루는 의학 분야이다. 직업의학과 의사와 진료·면담하는 사람들은 보통 산재 신청을 원한다.

"예전에 중견기업에 다니면서 월급도 상당히 받는 사람이 산재 신청을 하겠다고 왔어요. 무릎을 다쳤는데 산재 처리해주겠다던 회사가 중간에 말을 바꿔서, 이 사람이 노동조합 통해서 찾아온 거예요. 그런데 내가 보기에는 산재 신청을 하는 게 이득이 없어 보였어요. 산재가 되어도 경제적으로 이익도 없어 보이고, 그 병이 합병증이나 후유증이 남을 것 같지도 않았어요. 이게 또 산재를 인정받기가 어려워 보이는 거예요. 작업을 53가지를 돌아가면서 했더라고요."

그런데도 그는 산재 신청을 하고 싶다고 했다.

"왜 하려고 하시냐, 그랬는데 억울해서 한다. 산재를 한다니까 회사가 자신을 꾀병 환자로 모는데, 내가 열심히 일해온 것이 부정당하는 느낌이라 너무 화가 난다. 그런 이야기를 하더라고요."

두 달 후 노동조합은 53가지 작업(동작, 사용 도구, 중량물 등)의 사진을 찍어서 왔다. 각 작업에 대한 상세한 설명서까지 같이 담겨 있었다. 산재 신청을 한 그는 억울했으나 운이 좋은 사람이었다. 노동조합이 있었고, 산재 승인과 고용을 맞바꿀 필요가 없는 정규직이었다. 세상엔 억울한 사람은 많으나, 억울함을 풀 수 있는 사람은 적었다.

그럼에도 난관이 있었는데, 이제 53가지의 업무와 무릎 질병의 인과관계를 찾아내야 했다. 노동조합이 제공한 자료를 분석해 업무관련성을 입증하는 것이 직업환경의학과 전문의인 김현주의 몫이었다. 그런데 기존 산재 인정 사례를 보면, 질병판정위원회는 작업의 지속 시간이 한두 시간 이상은 되어야 인체에 손상 영향을 미친다고 판단했다. 이는 노동자가 하나의 작업을 장시간 지속적으로 수행한다는 인식을 전제로 하는데, 현실의 일터는 달랐다. 현실에는 교과서에는 담기지 않는 여러 변수가 존재했다.

"후에 현장에 다녀보니까, 그런 작업이 많더라고요."

현장과 이론 사이엔 간극이 있다. 이 간격을 메우는 역할이 연구자에게 주어진다. 김현주는 앞서 진행된 외국의 조사·연구에서 단시간에 나눠 진행되는 동작들이 특정한 신체 부위에 부담이 될 수 있다는 근골격계질환 관련 연구 결과들을 확인한다. 이를 토대로 53가지의 업무가 분석되고, 업무관련성 평가서가 작성됐다.

"단지 당사자의 억울함을 풀어준다는 의미를 넘어, 내가 이걸 돌파해서 사회적 인식을 바꾸는 데 기여해야 되겠구나, 그런 의미도 있었어요."

이후 산재는 승인됐다.

세상 속의 과학

일터를 아는 방법은 우선 일터를 직접 보는 것이다. 서류 속 수치로 환산된 공간이 아닌, 실제 존재하는 누군가의 일터.

"현장을 가보면 돼요. 그러면 현장의 분위기를 알게 돼요. 작업환경측정결과서 같은 문서들 속에는 (유해물질) 노출이 보이지 않거든요. 수치로만 보이니까. 그런데 현장에 가면 직관적으로 알게 되는 게 있어요."

그리고 사회로 들어가야 한다. 김현주는 자신이 쓴 글에서 "전문가들이 노동자들의 질병과 업무 사이의 인과관계를 판단할 때 요구되는 것은 자연과학적 지식과 경험뿐 아니라 '지금 여기의 노동'을 이해"[14]하려는 자세라고 한 바 있다. 이때 '여기의 노동'이란 단지 물리적 공간인 일터에서 파악할 수 있는 노동을 의미하진 않을 테다. 이 사회에서 노동(을 하는 삶)이 어떻게 구성되고 있는지 사회로 들어가 볼 때에야 '여기'라는 노동의 위치도 알게 된다. 일터에서 사용되는 특정 물질이 특정 부위에 몇 퍼센트의 손상을 가져올 가능성을 판단하는 것만으로 전문가의 역할은 끝나지 않는다. 산재가 상식이 된다는 것은 산재(제도)를 이해하는 사회적 인식 수준의 변화와 연결된다. 그 인식의 변화를 만들어가는 것이 과학(을 업으로 삼는 이들)의 몫이기도 하다.

2000년대 말, 김현주가 삼성디스플레이 온양사업장에서 발생한 직업병 문제로 역학조사 평가위원회에 참석했을 때, 화학물질 혼합과 온도 변화에 따라 생성되는 '부산물'의 존재는 상식이 아니었다.

"특정 유해물질 자체를 취급하진 않는데 공정에 대한 설명을 죽 보니까, 고온에서 부산물이 발생할 수 있을 거 같더라고요. 역학조사 평가위원회에 가서 '직접 취급하지 않더라도 부산물로 나오는 유해인자도 있는 것 아니냐, 이런 확인되지 않은 문제점들이 있는 거 아니냐' 제기를 했죠. 사람들이 받아들이질 않았죠. 부산물의 존재가 학문적으로 이야기되었지만, 국내 작업환경측정 제도에 있어 평가 대상이 아니었던 거예요. 나중에 들으니, 누가 저를 가리켜서 연금술사라고 불렀다고 하더라고요. 무에서 유를 만든다고. 비과학적이라는 의미였겠지요."

연구와 측정 조사의 부재라는 현실 문제를 '밝혀진 바 없음'

이라는 말 뒤에 숨어 회피하려는 태도였다. 그는 이 일을 계기로, 반도체 직업병 관련 의학 소견서 등을 작성하기 시작했다. 사람도, 정보도 부족한 상황이라 여럿이 모여 공부를 시작했다. 그렇게 '전자산업노동자건강연구회'라는 이름으로 직업의학과 의사들이 매달 셋째 주 토요일에 세미나를 진행했다.

"우리 애들이 그때 중학생이었는데, 주말마다 엄마가 나가는 것을 싫어했죠. 주중에도 바빠서 얼굴을 못 보니까."

그도 직장 생활과 양육을 병행하는 사람이었다.

"전공의 때 임신을 했는데 그때 전공의는 출산휴가가 1개월이었어요. 당시에도 역학조사 등을 하고 있었고, 설문지 더미 무게만 해도 만만치 않은 거예요. 그 무거운 설문지 더미를 들고 5층을 계단으로 오르내렸어요. 하지만 당시 임신한 의료진에게 중량물 취급 금지 이런 건 통하지도 않을 이야기였고. 제 몸이 그러니까 임신한 여자들만 보이더라고요. 임신한 여성들이 안전하고 건강하게 사는 거, 정말 필요한 일이다, 몸으로 알았죠."

그렇게 여성 노동에 관한 관심이 커져갔다. 학부생들과 세미나를 하며 공부를 했지만, 막상 현장에 가니 '더 실질적인 것'이 필요했다.

"색연필 공장에 간 적이 있어요. 가니까 여성 노동자들이 다리가 아프다, 저리다고 하는데 건강검진에 있는 매뉴얼대로 술 먹냐, 담배 피우냐, 이런 것만 조사 항목에 들어가는 거예요. 답답해서 동료들하고 《노동과 페미니즘》[15] 책을 같이 읽었어요."

답답한 마음에 외국 원서를 찾아 읽기 시작했다. 이때 캐나다의 노동보건학자인 캐런 메싱의 책(《반쪽의 과학》[16])을 발견했다고 한다. (이후 그는 캐나다로 건너가 캐런 메싱과 함께 연구작업을 진행한다.) 그 책에는 대규모 제조업 남성 노동자들의 전통적인 직업병뿐 아니라 다양한 분야에서 일하는 여성 노동자들이 겪는 새로운 유해인자로 인한 건강 문제가 담겨 있었다. 업무상 재해의 판단 기준이 남성의 신체나 남성 노동자 중심의 산업에서 발생하는 산재를 중심으로 한다면, 여성 노동자의 직업병은 드러날 길이 요원하다. 판단 기준(과 그 기준을 만드는 지식)을 변화시키는 일이 필요했다.

돌아보면, 김현주가 반도체 여성 노동자들의 문제를 접했을 때는 산업재해에 대한 상식이 막 이동하던 시기였다. 그는 온양사업장 직업병 사건의 자문을 맡게 된 연유를 근무하던 병원이 천안에 있어서라고 했다. "내가 소속된 지역사회에서 일어난 일이니 이 정도는 지역사회 구성원으로서 역할을 해야겠구나, 그렇게 생각했어요." 천안과 온양은 가까웠고, 처음에는 같은 병원 동료 교수에게 사건 자문 요청이 들어왔다. 그 교수가 너무 바빠 자신이 일을 덜어줄 겸 그 사건을 맡은 것이라 했다. 당시 동료 교수는 '한국타이어 산재' 사건을 상담하고 있었다.

2006년과 2007년, 한국타이어 직원 15명이 돌연사했다. 이를 계기로 조사를 해보니, 1996년에서 2007년 사이 사망한 한국타이어 노동자가 전국에서 93명이었다(이는 정규직만 집계된 수이다). 암부터 원인불명의 돌연사까지 사인은 다양했다. 사망 원인 중 하나로 벤젠이 꼽혔다. 발암물질이다. 비교적 최근인 2021년에도 한국타이어 대전공장에서 33년 일한 이가 백혈병으로 직업병 판정을 받았다.

당시 대통령이던 이명박의 사돈 기업으로 알려진 한국타이어였기에 여러 명이 사망한 사건마저 직업병으로 인정되기가 쉽지 않았지만, 그럼에도 사람들은 '일터가 병들게 했다'는 사실은 의심하지 않았다. 한국타이어나 중공업 생산 현장 같은 곳에서 노동자들이 장기간 열악하고 어렵고 위험한 환경에서 일한다는 인식이 있었다. 대부분 '가장'의 위치에 있는 노동자들이었고, 이들이 '가족'을 위해 이런 일을 감수한다는 것은 보편적인 서사였다. 그 일터에서 사람이 다치고 병드는 일은 '상식'으로 받아들여졌다. 그런데 새로운 서사를 가진 직업병이 등장한 것이다. 일터로 상징되는 공장(제조업체)이 아닌, 캠퍼스라 불리던 반도체 클린룸에서 아픈 노동자가 '등장'했다. 첨단기술 산업-20대 여성 노동자-10년 이내 근속-반복 작업. 이들이 지닌 특성 어디를 봐도, 당시 '직업병'의 통념과 비슷한 것은 없었다.

김현주 교수에게 젠더 형평성은 자신의 문제이기도 했다. 똑같이 공부하고 생활하는데도 여성 의료인에 대한 차별이 존재했다. 노동 현장에 가니, 여성 노동자의 현실은 총체적 난국이었다. 둘이 분리될 수 없는 문제이기도 했으나 노동권와 건강권, 그 어떤 것도 제대로 보장받지 못했다. 그리고 임신·출산은 그 자신에게도 '모성보호'라는 얄팍한 법의 보호를 받지 못한 경험을 안겨주었다.

"의학자로서 '젠더 형평성'에 관심을 가졌고, 동시에 아이를 낳는 경험을 하면서 임신한 여성들이 적절한 보호를 받지 못하는 것에 문제의식을 가지게 되었죠. 이렇게 분리해 나눌 순 없지만, 우리는 젠더 형평성과 모성보호가 둘 다 필요한 나라인 거예요. 한국은 뭐든 압축되어 빠르게 성장하느라 두 가지를 모두 챙기지 못한 거죠."

그에게 지식은 권리와 연결된 것이었다. 새로운 지식을 구성해 그로부터 사회적 합의 수준을 변화시키고, 그 지식이 사회의 상식, 아니 보편적 권리가 되게 하는 것이 전문가의 역할이라 여겼다. 그리고 그 일은 자신의 잃어버린 권리를 말하는 사람들의 '상식'에서부터 출발한다.

"제 안에서 이 두 문제가 통합되어 활동으로 펼쳐진 건, 이번 2세 질환 직업병 문제가 계기였죠."

"어떻게 계기가 되었나요?"

"당사자들을 만나게 됐으니까요."

그것은 시작이다. 사람을 만나고 작업실 책상에서 밤을 지새우고, 그 결과를 사회로 가지고 나간다.

"연구자들이 태아산재보험이 법으로 통과되어야 하는 이유와 중요성에 대한 어필을 많이 했어요. 학술대회나 포럼을 통해 노동보건 전문가의 사회적 역할을 환기시키면서도 전문가 영역에서만이 아니라 정책의 영역에도 제안을 한 거죠. 학술 대회나 포럼에 고용노동부 담당자나 국회의원들을 초청해 그들에게 일정한 역할을 요구하는 방식 등을 꾀했어요. 각자가 각자의 역할을 다한 게 아니라 모두가 200퍼센트씩을 했다고 봐도 될 것 같아요."

산재보상보험법안이 개정되는 과정, 아니 이 사회의 상식이 만들어지는 과정에 여러 사람들의 몫이 더해졌다.

"사실 그렇게 해도 안 될 때가 있어요. 그 과정을 만드는 사람들은 지치지 말고 필요한 일을 꾸준히 하는 수밖에 없는 거 같아요. 그래서 제도가 마련되거나 법이 통과되면, 앞으로 다른 사람들은 우리보단 조금 더 지치지 않고 길을 갈 수 있겠구나. 그런 마음인 거죠."

일하는 사람들의 상식

이 사회는 '산재'를 모른다. 아니 산재에 관심이 없다. 작은 사업장의 관리자는 산재라면 질색을 하고("제가 '산재 신청하겠습니다' 했더니, 그 사람[관리자]이 단박에 하는 말이 '회사 그만둘 생각이세요?'"), 큰 사업장은 고용노동부 지침에 따라 안전관리요원 몇 명 두고, 행정적 서류 챙겨 보고하고 승인받는 과정을 반복하면서 안전관리를 다 했다고 착각한다. 필요에 의한 자아도취다.

일하는 사람들에게도 산재는 자신의 문제가 아니다. 나에게 사고가 일어나기 전까지는 나와 무관한 일이다. 노동조합 활동가들은 조합원들의 동의나 참여가 잘 이뤄지지 않아 일터에서 노동안전보건 사업은 후순위로 밀린다는 말을 종종 한다. 중대재해가 발생하고 인명피해가 있고 나서야 사람들은 눈을 돌린다.

일터는 산업재해 문제와 떼려야 뗄 수 없는 장소이지만, 동시에 산재 소식이 가장 전해지지 않는 곳이기도 했다. '반도체 백혈병'이라는 타이틀로 뉴스가 나오고 산재 관련 법이 개정되어도, 반도체 회사에서 일하는 사람들이 그 일을 자신과 관련된 문제로 받아들이지 않았다.

반도체 노동자들은 늘 '몰랐다'고 했다. 정확히는 '내 문제'가 아닌 줄 알았다는 말이었고 '어찌할 수 있는 문제가 아니니' 신경 쓰지 않았다는 말이기도 했다.

"그럼 언제 이게 산재가 될 수 있겠구나 싶으셨나요?"

"노동조합에서 게시물 같은 걸 부착했더라고요. 그때 알았어요."

반도체 엔지니어로 일하는 이였다. 그가 뉴스도 보지 않고 살아가는 사람일 리 없었다. 그가 노조 게시물에서 본 것은 직업병이라는 세 글자가 아니라 가능성이었다. 자신의 병을 직업병이라 의심해도 괜찮다는, 행동을 취해도 괜찮다는 근거를 얻은 것이다. 회장이 나서서 "우리가 인정하지 않는 것은 노조가 아니라, 노조의 필요성"[17]이라고 말하던 기업에 노동조합이 생겼다. 저 짧은 대화만으로 노조의 필요성을 느끼게 된다.

반면 노동조합이 직업병 문제를 인식하는 시작점은 일하는 사람들이다.

"생식독성 문제에 대해 주목했던 계기는, 현장이에요. 현장에서 일하는 조합원들이 물어봐요. 이건 어떤 거냐, 저건 왜 그러는 거냐. 그게 사실 시작인 거죠."

공공운수노조(정식 명칭은 '민주노총 전국공공운수사회서비스노조') 조성애 노동안전보건국장의 말이다. 공공운수노조는 제주의료원이 소속되었던 산별노조이다.

"제주의료원에서 간호사들이 유산을 했는데도 쉬지 못하고 바로 출근한다는 이야기가 자꾸 들리는 거예요. 임신한 노동자도 교대근무에 투입되고. 병원에서 간호사 인력이 없으니까 그런다고. 우리 노조 소속 병원 사업장 모임이 있어서 다같이 만났을 때 문의를 해보니까, 다른 병원들보다 문제가 훨씬 심각하다고. 그럼 조사를 한번 해보자 해서 설문조사부터 들어간 거죠."

우리가 예상한 대로 조사 결과는 심각했다. 이 과정은 이후 제주의료원 산재 신청까지 이어진다. 이렇게 법정 소송이 길어질지도 몰랐지만, 솔직히 이길 줄도 몰랐다고 했다.

"법의 체계가 너무 공고하잖아요."

이길 수 없을 거라 말했지만, 판결을 이끌어내기 위해 온갖 방법을 찾았다.

"몰랐는데 독일 재해보상법에서는 태아가 (산재 보상) 청구권을 취득할 수도 있더라고요. 그렇게 연구자분들을 통해 다른 국가의 법 제도도 알게 되고, 이게 가능성이 있는 일이구나 알게 됐죠. 여러 전문가들이 많이 도와주셨죠."

이현주 교수를 비롯한 연구자들이 내준 지식에 힘입어 법정 소송을 해나갔다. 일터의 탄압과 지역사회의 시선 속에 갇혀 움직일 수 없는 당사자들을 대신해 노동조합이 3심까지 법정 소송을 끌고 간 것이다. 이후 2세 질환 문제를 해결하는 데 '반올림'도 참여했다. 그렇게 새로운 동력이 들어오면서 법 개정까지 이뤘다.

"10년을 다 같이 고생을 한 거예요. 제주의료원 대법원 판결이 있은 지 1년이 되던 날에 국회 앞에서 기자회견을 했어요. 그사이 법이 바뀌질 않으니 국회 앞에 간 거죠. 그런데 백도명 교수님이 그날 오신 거예요. 오늘이 정년이라, 마지막 강의를 하고 온 거래요. 10년 전 제주의료원 역학조사를 했던 분인데, 10년이 지나 교수 생활 마지막 날에 제주의료원 판결 이행 촉구를 알리는 기자회견에 온 거지요. 감회가 새롭더라고요."

조성애 국장에게 그 소회를 물었다.

"10년이 긴 시간이긴 하지만, 그 시간 동안 우리 스스로도 인식의 변화가 이뤄진 것 같아요. 여성 노동자에게 굴레처럼 씌워진 '엄마'의 무게와 낙인의 틀을 깨는 거. 그거를 함께 나눌 수 있었던 게, 더 잘했어야 했다는 아쉬움이 있지만, 의미가 남네요."

2010년에도, 2020년에도 꾸준히 목소리를 내는 사람들이 있었다. 아쉽다는 것은, 무르익지 않았다는 말일 뿐이다.

"10년 전에는 들리지 않던 목소리가 이제는 들리게 된 것이 아닐까 해요. 시대에 따라 들리지 않는 목소리가 있다고 생각해요. 시대가 변하고 있고, 그 변화된 상황에 따라 예전보단 존중받으며 목소리들이 다시 나오고 있는 것 같아요."

이 말은 내가 그에게 건넨 것이다. 각자의 자리에서 시대의 상식을 만들어내는 사람들을 지켜본 나의 소회였다.

우리의 삶이 넓어지도록

이 책의 초고를 쓴 후 반올림 활동가들과 만났다. 당사자에게 이야기를 들어도, 전문가들의 이론을 빌려도, 어딘가 부족하다고 느껴질 때가 있다. 그럴 때면 활동가들을 찾아간다. 나와 다르게 사건 안으로 들어가 함께 걷는 사람들. 가는 길의 방향뿐 아니라 속도와 보폭, 걸음걸이마저 신경 써야 하는 사람들이다. 조심스럽다고 걸음을 멈추거나, 기록자인 나처럼 거리를 두고 지켜보는 일이 가능하지 않는 사람들. 하지만 그 수고로움에 감탄하며 이들과 자리를 가진 것은 아니다.

원고 검토는 그저 이야기를 나눌 구실이었다. 이들이 2세 질환 직업병 문제를 자신의 활동으로 이고 지고 오기까지 떠올린 생각, 그 고민을 듣고 싶었다. 어려워도 멈추지 않고 고심하던 시간이 이후 활동의 단초가 된다고 믿기 때문이다. 이 책 또한 우리가 걸어가야 할 길목에 놓이길 바라기에, 그 단초를 모아 전하는 것으로 글을 마무리한다.

'문제'를 삼는 과정

조승규: 이 책의 프롤로그 제목을 보며 이거다 싶었거든요. '문제가 되지 못했던 문제들'이었고, 굉장히 중요한 문제인데 당시에는 산재(승인)도 가능하지 않았으니까. 어떻게 이걸 '문제'로 여겨지게 만들 것인가. 그 고민을 많이 하며 활동을 해온 것 같아요. 그래서 지금은 많은 사람들에게 '문제'

로 여겨지게 되었냐 하면 아직 거기까진 못 간 거 같아요. 여전히 남은 과제이겠지요.

이상수: 생각보다 (2세 질환) 추가 제보가 이어지고 이러진 않는데. 저는 그게 자연스럽다고도 생각해요. 법 제정으로 돌파구를 냈다고 해도 쟁점 자체의 무거움은 개개인(당사자)들에게 다 그대로 남아 있는 거니까요.

조승규: 맞아요. 2세 질환 직업병 문제가 굉장히 복합적이잖아요. 산재라고 인정받는 게 가장 주요한 해결책이지 않을까 했는데, 법 개정이 되고 나니까 또 그렇지도 않더라고요. 고려해야 할 문제가 많은 거죠. 여성 노동의 문제이기도 하고, 재생산권의 문제, 질환과 장애 정체성의 문제이기도 하고, 또 한국의 '정상가족' 영향을 많이 받기도 하고요. 하나만 말할 수 있는 문제가 아니더라고요.

이종란: 가부장 사회에서 한 발짝 떼기 어려웠던 문제들이었는데, 앞서거니 뒤서거니 하면서 당사자들의 용기로 또 한 번 진전을 이룬 거잖아요. 지금은 균열을 막 낸 참이고, 이제부터 그런 운동이 되도록 해야 하는 게 아닐까 해요.

이상수: 기대가 돼요. 2세 질환 직업병 문제가 복잡하고 복합적인 만큼, 다양한 맥락에서 넓게 이야기할 수 있겠구나. 그

자체가 길을 넓히는 일이 될 테니까.

권영은: 말하기가 조심스럽긴 하지만, 우리가 만난 피해자들은 아이를 너무 갖고 싶어 했고 그것이 가능하지 않아 마음고생을 했고. 우리가 지금 이것을 문제로 삼아 알리고 있지만, 또 한편 난임이나 장애를 '문제'라 말하는 방식에 고민이 드는 거예요. 우리 역시 '정상성'의 기준에서 문제제기하고 있는 것은 아닐까. 우리가 조금은 더 자신 있게 우리의 삶에 이런 것도 가능하지 않느냐, 말할 수 있어야 하지 않을까.

이종란: 드라마를 봐도 다 정상가족. '엄마'의 역할이 너무나 중요하게 나오고. 문화 매체를 봐도 그렇고, 돌봄시스템도 다 가족 중심이고. 하지만 반올림 활동을 하며 만나온 사람들은 치료받는 과정에서 가족이 해체된 경우도 많고, 가뜩이나 아픈 사람들이 '내가 패배자야'라는 인식을 끊임없이 다양한 경로로 인식하게 하잖아요.

조승규: 여성 노동자의 임신과 출산, 건강권 문제 자체가 별로 알려진 바가 없기 때문인데, 이게 자칫하면 모성이나 (정상)가족으로 이야기가 흘러갈 수 있잖아요. 사건을 잘 설명하면서도 우리의 인식을 확장시킬 수 있는 언어가 있으면 좋겠다. 그런 측면에서 우리가 재생산권이라는 개념을 가져온 것도 있고요.

희정: 저는 책을 쓰면서 재생산권이라는 말을 대중적으로 풀어내는 게 어려웠어요. 2세 질환 직업병 사건만큼이나 현실에선 재생산권이라는 말도 생소하잖아요.

권영은: 재생산권이라는 것이 아직 획득된 권리가 아니니까. 그래서 현실에서 재생산권이 '아이를 낳는 것이 권리'인 것처럼 여겨지고, 모성보호와도 잘 구분이 안 가고. '미혼(비혼)이 무슨 재생산권이야' 이러잖아요. 반도체 여성 노동자들도 그런 거죠. 20대 여성들을 기숙사에 모아놓고 생활 통제를 하고. 이들이 연애할 자유, 성적인 권리를 누릴 수 있는 사람이라는 것을 인정하지 않은 거죠. 그렇게 다방면으로 우리 몸에 대한 권리가 박탈당해왔던 거고.

이후의 삶

희정: 우리가 지금 제기하고자 하는 권리가, 단지 임신-출산하는 몸에 귀속된 문제가 아니라면, 저는 공동체에서 개개인이 '어떤 삶'을 살아갈 것인가와 연결되는 권리라 생각해요. 그런데 우리가 곁에서 보는 당사자들의 삶은 권리와는 거리가 멀죠. 반올림도 15년 이상 된 단체이고, 당사자들과 같이 나이 먹었다고도 볼 수 있잖아요. 일하다 아픈 이들의 '이후의 삶'에 대한 고민이 있는 것으로 알아요.

이종란: 당사자들을 보면 질병으로 인한 고통만큼 경제적 고통이 뒤따르죠. 이중 삼중으로. 가족이 짊어져야 하는 짐도 커지니, 앞서 이야기한 대로 해체되기도 하고. 뒤따라오는 우울증이나 심리적인 문제도 실은 사회가 책임져야 하는 문제인데, 현실에서는 (산재에 따른) 후유증은 제대로 이야기되지 않고 있어요.

산재 문제를 처음 접했을 때는, 산재보험을 무슨 신줏단지처럼 생각해왔던 것 같아요. 당사자들이 산재 인정이 되면 치료비와 생계비 걱정 없이 살 수 있겠구나 싶었어요. 그런데 산재를 인정받기까지도 어렵지만, 인정 후에 산재보험 급여를 받기 위한 행정적 절차가 너무 당사자에게 복잡하고 불합리한 게 많은 거예요.[18]

조승규: 이분(당사자)들의 삶을 생각하면 우리가 할 수 있는 게 너무 적다는 생각이 들어요. 이건 사회가 함께 해결할 문제라. 산재보험 제도 개선이 필요한데, 이게 이상(理想)이 아니라 한국사회에 이미 존재하는 건강보험 수준으로는 만들어야 한다고 생각해요.

지금 당사자들이 겪는 산재보험 절차 문제 중에 행정적인 수준의 개선만으로도 충분히 해결될 수 있는 것들이 있거든요. 하지만 국가가 건강보험 수준으로 공공 노동력을 투입하고 있지 않은 거예요. 아픈 노동자들은 이 제도를 활용하는 게 너무 힘들어서 그 자체로 병에 걸릴 것 같아요.

이종란: 또 하나, 산재 피해자들도 적정한 일자리를 갖는 것이 필요하다고 생각해요. 노동이 전부여서가 아니라, '일'로 자신의 가치나 존재 의미를 찾고 사회와 관계를 맺는다는 의미로. 그런데 한국에서는 산재 당사자들이 '일할 수 있다'라는 판정을 오히려 너무 쉽게 받고 있죠. 산재 휴업급여는 '(의학적으로 볼 때) 취업이 가능한가' 하는 의사 판단으로 결정되는데, 일부 의사들은 너무 쉽게 판단해요. 암 3기, 4기 환자도 취업 가능하다고 보는 경우도 있어요. 산재 제도를 잘 모르는 의사도 적지 않고요. 현실의 직장은 아픈 사람들이 일할 수 있는 곳이 아닌데, 조금만 몸이 회복되면 근로복지공단은 회복되지 않은 사람들을 일터로 돌아가라고 강요하고. 정작 당사자들은 예전같이 일할 수 없기 때문에 일도 못 하고 산재보험도 끊기는 경우가 숱하죠. 직업병 당사자들의 삶을 괴롭게 하는 요인 중 하나가 '노동능력'인데, 우리 사회는 그 능력이라고 하는 것을 무엇으로 판단해야 하나.

이상수: 제가 삼성에 다닐 때, 진단명이 나오지 않는 어지럼 증세가 계속 있었고, 다른 이유들과 겹쳐 회사를 그만둔 건데. 제가 작년에 다시 몸이 아프니까 그때 생각이 나는 거예요. 삼성에 다닐 때 지금 같은 몸이라면 어땠을까. 얼마나 더 버틸 수 있었을까. 내가 젊어 회사를 다녔을 때, 늘 우울해 보이던 부장급 상사들. 정말 사람이 먹고살기 위해 저렇게 일하는구나. 그렇지만 반올림에서는 그런 몸 상태가 배려받

으니까, 나 자신의 자책만 해결하면 되는 거예요. 내가 조금 더 괜찮은 상태였다면 할 수 있었던 여러 가지 일들의 아쉬움, 이런 거를 해결하면 되는 거지. 그걸 넘어서 모멸감이나 이런 걸 주는 건 없었거든요. 이런 조건이면 아픈 사람들도 일하면서 살 만하겠다. 그렇지만 기업은 그렇지 않잖아요.

권영은: 제가 임신·출산 과정에서 겪은 감정도 비슷한 거 같아요. 코로나19 시기에 병가나 이런 게 많아지니까 '아이를 아빠 직장에 데려갔어요' 하면, 마치 그 회사가 엄청 관대하고 자유로운 것처럼 이야기하지만, 사실은 아픈 사람이나 자녀를 돌보기 위한 휴가 등 기본적인 쉴 권리도 제공되고 있지 않은 거잖아요.

이상수: 반도체 독일 설비가 좋은데 단점이 하나 있었어요. 휴일에 서비스가 안 돼요. 독일 출신 엔지니어들이 일하지 않으니까. 그런데 퇴직하기 직전에 보니까 독일 엔지니어가 휴일에도 나와 일을 해. 자국에서는 허용되지 않는 일을, 동아시아가 반도체 산업에서 강세를 보이니까 한국에 와서 하고 있는 거죠. 그런 측면에서 한국 자본이 잘되는 게 전 세계 노동자들에게 재앙일 수 있겠다. 우리는 국내 기업이 세계로 진출한다 그러면 환호하지만, 삼성이 말하는 그 미래가 막 그렇게 밝고 이런 거는 아니라는 생각이 들거든요.

이종란: 우리가 말하는 미래의 노동은 무엇일까 싶을 때, 장애 운동을 하는 분들이 그렇게 이야기를 하잖아요. 중증 장애인에게 일자리를 제공하라고 할 때, 그 일자리라는 게 우리 사회에서 말하는 그런 일반적인 일이 아니라, 권리를 주장하는 것도 하나의 노동이고 공동체에서 의미를 만드는 일이기에 국가로부터 노동의 대가를 받아야 한다. 그러면서 '권리중심공공일자리'라는 것이 생겨났잖아요. 산재 노동자의 일을 고민할 때도 이런 식으로 노동의 개념을 전환해야 하지 않나, 생각이 들어요.

권영은: 우리는 새로운 질문을 받는 중인 거 같아요. 장애인들에게 노동은 무엇인가. 산재를 입은 노동자에게 노동은 무엇인가. 누가 노동할 능력이 있고 없는가. 그렇다면 그 능력이라는 것은 어떤 기준에서 정해지나. 그런 새로운 질문들로부터, 우리가 무엇을 노동이라고 부르고 있나를 봐야 할 것 같아요.

이종란: 이야기를 나누면서, 우리가 훨씬 더 소규모 단위의 공동체를 많이 만들어야 되겠다는 생각이 들어요. '정상적인' 가족 구성에 벗어난 사고를 해야 한다고 했을 때, 이미 우리에겐 1인 가구가 된 당사자들이나 활동가들이 많고, 그 사람들이 섬처럼 떨어져 지내는 것이 아니라, 이들을 연결시킬 수 있는 무언가가 필요하겠다. 엄두가 안 나지만 협동조

합, 공동체 주택과 같은 조금은 관계 맺음이 더 가능한 공간에 대한 고민이 들어요.

권영은: 당사자들의 마음과 보이지 않는 어떤 면들을 보듬을 수 있는 활동들이 계속 있었으면 좋겠다는 생각이 들어요. 글쓰기 모임이건 책 읽기 모임이건, 아니면 2013년에 저희가 시도했던 반도체 여성 노동자 건강권 모임 같은 것들이.

희정: 책 전반에서도 돌봄에 대한 얘기가 나오는데, 돌봄이라고 하는 게 단지 내 아이를 케어한다는 의미만이 아니잖아요. 고립되고 각자도생하고 섬처럼 존재하는 사람들이 어떻게 연결되고 서로에게 기댈 수 있게 할 것인가의 문제라면, 그런 측면에서 이런 고민과 시도들이 소중하다는 생각이 들어요.

용어 설명, 그리고 나가며

권리중심공공일자리

직업병 취재를 한 초창기, 이런 글을 썼다.

"노동은 그런 것인가."

목만 움직이는 인형처럼 마트로 들어가는 고객들에게 연신 고개 숙여 인사하던 서비스업 노동자를 본 후 쓴 글이었다. 사람들이 벌을 받듯 일을 했다. "성격이 나쁜 건 아닌데, 다 우울한 표정을 짓고 있던" 대기업 부장부터 노년의 마트 문지기까지, 자신의 것이 아닌 노동을 하고 있었다. 이후에도 노동에 관해 많은 말을 했다. 숱한 말들이 시간과 함께 흘러간 지금, 더는 '노동이 그런 것인가' 묻지 않는다.

내가 사는 사회는 노동을 구분했다. 어떤 노동은 자꾸만 애정이라 불렸다("그들은 그것을 사랑이라고 말하지만, 우리는 부불노동이라 말한다"[19]). 어떤 노동을 누리기 위해서는 '자격'이 필요하다고 했다. 어떤 노동은 자꾸만 쪼갰다(긱노동, 마이크로 워크[20] 등). 이 모든 것이 이윤을 위해서라고 했다. 이윤을 만들어내는 것이 노동이라고 말하는 세계에서는 이윤을 만들어야 하기에 노동이어서는 안 되는 노동이 생겨났다. 그리고 노동에 적합하지 않은 몸도 발명됐다.

기이한 현실에서 '노동할 수 없는' 몸이 되어 작은 집에서 혼자 늙어가는 사람들이 있다. '취약한' 몸으로 쪼개기 일자리에 만족하며 그곳에서 보람을 찾는 사람들이 있다. 그리고 아픈 자녀가 '노동능력'을 갖춘 사람으로 자랄 수 있을지 불안해하는 이들을 만났다. 이 세계의 건강한 육체와 건강한 정신에 적합하지 않다고 판정된 사람들의 걱정과 우울은 당연한 일이다. 이들을 더 가까이에서 지켜본 사람들은 말한다.

"이것도 노동이다."

취약하게 살아가는 일 자체가 노동이다. 어려운 이웃을 도와달라는 호소가 아니다. 2020년 서울시를 시작으로 지자체들이 도입한 '권리중심공공일자리'는 장애-인권 활동의 오랜 요구이자 결실이었다.[21] '비장애인' 중심의 일의 세계에서 장애를 지닌 이들은 노동능력이 없다고 평가받거나 재활의 대상이 되기 일쑤였다. 그러나 권리중심공공일자리는 이들에게 생산성 중심의 일자리가 아니라 권익 옹호(시위, 퍼포먼스 등), 문화예술(창작 활동), 인식 개선(교육·강의 등)과 같은 활동에도 노동이란 이름을 붙여 노동권을 보장하고 대가를 지급한다.

노동이라 여겨지지 않는 일을 노동이라 하는 권리중심공공일자리는 그 존재 자체로 '무엇이 노동인지'를 제기하는 질문이 된다. 이윤을 생산하는 것이 (가치 있는) 노동이라 말하는 사회에서 자꾸 다른 것을 만들어내기 때문이다. 권리중심노동을 두고 내가 살아갈 권리를 만드는 노동이라 불렀다.[22] 생소해 보이지만 우리는 이미 그런 노동을 하고 있다. 내가 '노동이 그런 것인지' 더는 묻지 않게 된 이유는, 노동이 무엇인지 알기 때문이다.

우리는 노동이 무엇인지 안다. "살아가고 의미 있게 존재"[23]하기 위해 애를 써왔고, 그 애씀의 대부분이 노동이었기 때문이다. "우리의 삶과 세계는 수많은 사람들의 노동이 연결된 거대한 협업을 통해 재생산된다."[24] 노동은 의존이자 관계이다. 노동을 통해 생산되는 것은 결국 삶이다.

정상가족

국내 비친족 가구는 2000년 15만 9,000가구에서 2017년 30만 9,000가구로 증가했다. '곰 세 마리' 동요가 무색하게도 2020년 평균 가구원 수는 2.3명이다. 가족의 형태는 변하고 있다. 생활동반자법 이야기가 나오고 있는 요즘이다. 2019년 흥미로운 보고서가 나왔다. '산업재해보상보험 제도(산재보상 유족급여)는 다양한 가족을 포함하고 있는가?'라는 질문을 던지는 연구보고서[25]는 이리 말하고 있다.

"산업재해보상보험법의 목적 중 하나는 '근로자의 업무상의 재해를 신속하고 공정하게 보상'하는 것이다(산업재해보상보험법 제1조). '공정한 보상'이란 당연히 반차별적인 보상도 포함된다."

산업재해보상보험법은 남성 생계부양자와 피부양 가족 모델을 기초로 한 제도로 다양한 가족 형태를 반영하고 있지 못하는데, 기존의 협소한 가족 틀에 맞춰 "실제 생계를 같이해온 사람의 생활을 보장"하지 않는다면 이것은 차별적인 보상이라는 말이다.

산재 제도를 두고 모순과 차별과 불합리를 말하기 시작하면, 고구마 줄기처럼 주렁주렁 달려온다. 그 많은 문제를 제치고 '정상가족' 중심의 산재보상보험법의 한계를 언급하는 이유는, 아픈 사람을 돌보는 것은 (피가 섞인) 가족이라는 관념이 오히려 당사자들의 삶을 옥죄고 있기 때문이다. 가족이 해체된 당사자들이 있다. 그리고 가족이 있다는 이유만으로 사회적 지원을 제대로 받지 못하는 당사자들이 있다. 가족이 없기에 자신을 스스로 돌보는 일마저 가능하지 않다고 생각하는 당사자들도 있다. 이들에게 실질적으로 필요한 돌봄시스템에 대해 생각하면 마음이 무거워진다. 내가 쉬이 말할 수 있는 문제가 아니다.

다만 막연히 생각한다. 정상가족, 그다음에 올 것을. 정상가족이라는 개념을 대신해 오는 것이 상품화된 돌봄서비스나 대리 가족이 아니었으면 한다. 정상가족의 다음에 올 것은 새로운 사회여야 하지 않을까.

재생산권과 돌봄

《어린이라는 세계》에서 좋아하는 문구가 있다.

"사회가 여성에게 '아이를 낳아라'라고 말하면 안 되는 것처럼, 우리도 '아이를 낳지 말자'라고 받아치면 안 된다. 사회가 아이를 가질 자격이 없으니 주지 않겠다고, 벌주듯이 말하면 안 된다. 이 말은 곧 사회가 자격이 있으면 상으로 아이를 줄 수도 있다는 뜻이 되기 때문이다. 인간은 그런 것이 아니다.

어린이는 그런 존재가 아니다."[26]

그 누구도 그런 존재가 아니다. 나는 누군가의 재산도, 전리품도, 보상도, 대가도 아니다. 내가 그런 존재가 되지 않기 위해 아이를 낳지 않을 권리를 말한다. 동시에 "어린이는 그런 존재가 아니다"라는 말을 한다. 나의 성적 권리와 타인의 의료 지원을 받을 권리를 말한다. 그와 나의, 우리의 모든 선택이 자기결정권에 기반하길 원한다. 그래서 재생산권(성·재생산 건강 및 권리)이라는 말을 곱씹는다.

1979년 UN총회에서 여성차별철폐협약(CEDAW)을 공식 채택하면서부터 재생산권이 등장했다. 이후 재생산권은 "임신과 출산의 여부와 시기 및 빈도와 관련한 개념뿐만 아니라 성관계의 여부와 시기 및 대상에 대한 여성 스스로의 자유롭고 책임감 있는 결정권을 의미하는 성 건강 및 권리 개념"(1996년 제4차 세계여성회의, 베이징)으로 확장된다.[27]

'스스로의 자유로운' 결정. 장애인 커플이 자녀를 낳지 않겠다고 선택한 것이, 동성 애인이 있는 이가 비혼을 선택한 것이, HIV 감염인이 임신중지를 선택한 것이 자유롭기만 한 결정이라고 확신할 수 없는 것처럼, 우리의 많은 선택도 그러하다. 주변에 어떤 자원이 있는지, 어떤 제도와 지원이 마련되어 있는지에 따라 전혀 다른 결정을 하게 된다.

다른 결정이란 배제와 인정(누가 어떤 권리로부터 배제당했는가)의 문제이고, 이때 배제와 포섭의 잣대를 가르는 것은 국가(라는 이름의 사회)이다.[28] 안전하고 자유로운 결정을 할 수 있는 권리를 말할 때, 권리의 명명은 많은 것들을 소환한다. 인정, 지원, 책임. 이 모든 문제를 쥐고 소환되는 것은 공동체이다.

살아간다는 것은 '혼자 살 수 없음'을 깨닫는 일이다. 하지만 이 사실—'개인'이 수많은 관계의 자장 속에 존재하고, 그 사이로 숱한 의존과 돌봄이 오고 간다는 것—은 근대가 발명한 오롯한 '개인'이라는 두터운 장막에 의해 쉽게 가려진다.

직업병 당사자들이 있다. 취약하고, 공동체에서 고립되었을 가능성이 상대적으로 큰 사람들. 가족의 돌봄에 의존하거나 가족의 해체를 겪을 가능성이 큰 사람들을 본다. 그러나 이들은 '불행'으로 명명되지 않는다. 하루하루 취약해지는(당연히도 나이가 들어가니까) 우리의 삶도 불행이 아니다. 타인의 삶을 경유하여 넓어진 상상력과 서로에게 기대어 끌어올린 사유로부터, 일하다 아픈 사람들의 자리에서 다른 이야기를 해보려는 사람들이 있다. "그 자체가 길을 넓히는 일이 될 테니까." 지금보다 더 나은 세계는 "인간의 취약함을 사유하는 데서 출발"[29]해야 한다고 믿는다. 그런 의미에서 우리는 시작 지점에 있다.

반올림에서 반도체 2세 질환 직업병 문제를 다룰 계획이라는 이야기를 들었다. 그때는 기록할 생각 없이 멀리서 지켜보기만 했다. 연구자, 의료·법률 종사자, 그리고 활동가들이 주기적으로 모여 세미나를 했다. 국내 자료가 부족하다는 말이 있었지만, 기초·실태조사 등을 차근차근 진행해온 연구자들이 있었다. 보고서, 논문 등으로 발표된 자료들 덕분에 이 책을 쓸 수 있었다.

책 작업은 이렇게 시작됐다. 어느 날 반올림 권영은 활동가가 연락을 해왔다. 피해 당사자들의 이야기를 기록하고 싶다며 두꺼운 제본집을 건네주었다. 그 제본집에는 그간 반올림이 산재 신청을 지원해온 이들과의 인터뷰 내용이 담겨 있다. 반올림 활동가들과 노노무(노동인권실현을위한노무사모임)

소속 김유경 노무사가 품을 내어 기록했다고 들었다.

그곳에서 이 문장을 발견했다.

"나 때문에 우리 애들이 아픈가봐. 그런데 나는 사람들이 이런 거 몰랐으면 좋겠어."

사람들이 몰랐으면 좋겠어. 이 말을 보고, 2세 질환 직업병 문제를 기록해야겠다고 생각했다. 이 문제가 '나의 잘못'이 아님을 모르는 사람이 없었으면 좋겠다고 생각했다. 이후 직업병 관련 회의, 세미나, 토론회 등에 참관했다. 그러면서 제주의료원 사건 이전부터 국내 여성 노동자들의 무월경 증상 등 문제를 발견하고 연구하고 싸운 이들이 있음을 알게 됐다. 이 것은 아주 오래전부터 '있어 온' 싸움이었다. 시민사회대책위와 노동조합들의 크고 작은 싸움이 없었다면, 이 책은 나올 수 없었다. 반올림이 2세 질환 산재 신청을 준비하던 과정은 지금도 인상 깊다. 이 사안을 지원하는 노무사·변호사들은 조금이라도 더 설득력 있는 근거 자료를 만들기 위해 숱한 회의를 했다. 산재 신청 당일까지 '초안, 수정1, 수정2, 최종' 등의 파일명이 붙은 각종 서류가 단체 메신저 방에 분주히 올라왔다. 지금까지 직업병 인정 싸움마다 이런 애씀이 있었을 거였다.

개인의 책임이 아니라는 말을 하기 위해 문제를 문제로 알리는 사회적 언어를 만들어야 했다. 그 언어를 획득하기 위해 반올림은 오랜 시간 함께해온 노동안전보건 분야 단체들은 물론, '정상성'에 대항하는 장애인 권리 운동, 재생산권 정의 운동 영역의 단체들과 교류했다. 각국의 상황과 위치를 이해하는 가운데 협조를 아끼지 않는 국제 연대를 지켜보는 일도 나의 시야를 넓혔다.

그런데도 늘 '구체'가 아쉬웠다. 실제 여성 노동자들이 어떤 조건에서 갈등과 협상을 반복하는지. 이 현실을 공공운수노조(제주의료원 사건)를 비롯해 노동조합을 통해 엿볼 수 있었다. 자신의 사안을 말하는 것만으로 버거웠을 텐데, 십수 년 전 반도체 일터의 풍경을 애써 떠올려준 인터뷰이-당사자들에도 깊은 감사를 전한다. 이들이 인터뷰 때마다 이야기한 "나와 같은 일을 다른 사람은 겪게 하고 싶지 않다"는 바람이 책에 제대로 담겼는지, 책을 마무리하는 순간까지 걱정으로 남는다. 책에 많은 것을 담지 못했다. 고마움도, 변화의 근거도, 우리가 동의하는 미래도. 그것은 책 밖에서, 이 책을 만들어준 이들에 의해 채워질 일이다.

2022년 9월

기록노동자 희정

프롤로그

1   신고자 수는 2021년 7월 환경부 발표를, 피해 추산자 수는 환경보건시민센터
    보고서(《전국 가습기살균제 피해조사》 374호, 2021.7.)를 참고했다.

2   1984년 12월 3일, 인도 보팔에서 발생한 가스 유출 사고. 살충제 공장에서
    메틸 이소시아네이트, 포스진 등 유독가스 40여 톤이 유출되어 4,000여 명이
    사망했다. 이후에도 1만 5,000여 명이 후유증으로 사망했다고 알려져 있다.

3   유공(현 SK케미칼)이 만들어 판매한 가습기살균제의 광고 문구. 1995년 신문
    지면을 통해 광고했다.

4   취재한 내용은 《삼성이 버린 또 하나의 가족》(희정, 아카이브, 2011)이라는
    기록집에 담겼다.

5   '월경'이라는 용어가 더 적합하겠다. 생리는 월경이라는 용어를 '생리 현상'
    이라는 이름으로 감추는 표현이지만, 일상에서 익숙하게 사용되는 까닭에 이
    책에서는 월경과 생리, 두 용어를 함께 사용하도록 한다.

6   대만 반도체 노동자들의 목소리를 잠시 빌려왔다. 한국 반도체 노동자들처럼
    대만 노동자들도 직업병 문제를 겪고 있다. 김명희, 〈더러운 산업 반도체 진실
    2, "날아온 참새가 기절하는 기이한 공장, 정체가 뭘까요?": 웬링 투(타이완
    국립정치대학 교수) 인터뷰〉, 《프레시안》, 2011.12.9.

7   삼성전자와 반올림 중재판정 이행 합의 협약에 따라 삼성전자 대표이사 명의로
    발표된 사과문 일부.

8 　일명 '삼성전자 반도체·LCD 산업보건 지원보상위원회'. 보상위원회는 2019
　　년 1월, 400건에 걸쳐 142억 원의 보상금을 2020년 5월 말까지 지급했다고
　　밝혔다. 2018년 7월, 삼성전자와 반올림이 조정위원회의 최종 중재안을
　　받아들인 결과였다. 삼성전자는 500억 원 규모의 산업안전보건 발전기금도
　　한국산업안전보건공단에 기탁했다.

9 　6개 반도체 사업장을 대상으로 지난 9년 동안 일한 전·현직 직원 20만여 명을
　　추적 조사한 결과가 2019년에 발표됐는데, 반도체 노동자의 백혈병 발생 위험은
　　일반 국민 대비 1.19배, 전체 노동자 대비 1.55배였다. 비호지킨림프종(혈액암)
　　은 일반 국민 대비 1.71배의 발병률을 보였다. 전체 노동자와 비교해서는 발병
　　위험이 1.92배 높게 나와, 2배 가까이 높은 발병 위험을 보였다.

1부. 목소리들

1 　diffusion. 섭씨 800도에서 1200도 이상의 고온에서 웨이퍼를 가열해 산화막을
　　형성하는 과정

2 　run box. 반도체를 만드는 토대가 되는 동그랗고 얇은 기판인 웨이퍼가 담긴
　　박스. 웨이퍼를 설비나 공정으로 이동시킬 때 사용한다.

3 　'기형'이란 사물의 구조, 생김새 따위가 '정상'과는 다른 모양을 하고 있는 걸
　　말한다. 정상과 비정상을 구분 짓는 용어이기도 해서 사용을 지양해야겠지만,
　　일정하게 증상과 질환을 설명하는 의학적 용어(유전자의 이상이나 발생 과정 및
　　발육의 이상에서 생긴 결과)로 쓰이고 있어 이 책에서는 작은따옴표로 표시하여
　　사용하고자 한다.

4 　김보경, 〈[반도체 아이들의 가려진 아픔] 식도폐쇄, 무신장증…반도체 아이를
　　아십니까〉,《셜록》, 2021.7.19.

5 　유영,《열무와 알타리》, 호우야, 2021.

6 　안미선, 〈저는 지금 돌보고 있습니다〉,《백조》 8호, 2022.11, 164쪽.

7 　사구체신염(신장의 사구체에 일어나는 염증성 질환)의 일종이다. 발병자 중 50
　　퍼센트가 서서히 만성 신부전으로 진행할 수 있으며, 20~50퍼센트는 고혈압을
　　동반한다고 알려져 있다.

8 　반올림은 2015년 10월 7일 삼성전자 본사 앞(강남역 8번 출구)에서 농성을
　　시작했다. 이 농성은 삼성의 사과와 보상을 약속받고 2018년 7월 25일, 1,023일
　　만에 끝이 났다. 이때 만들어진 지원보상제도가 '삼성전자 반도체·LCD 산업보건
　　지원보상위원회'이다.

9 　2000년 삼성전자 반도체 전 사업장은 해외 재보험사로부터 무재해를 기록한
　　보상으로 보험료 10억 원을 환급받았다.

10 무재해 1배수(목표)란 해당 사업장에서 특정한 기간 동안에 재해자가 발생하지 않는 것을 말한다. 업종과 규모에 따라 사업장에 지정된 1배수의 목표 기간이 다르다. 예를 들어, 50인 미만 석탄광업 무재해 1배수 목표 기간은 140일, 200~299인 사업장 교육서비스업 무재해 1배수 목표 기간은 416일이다.

11 김수정씨가 일한 포토 공정은 반도체 웨이퍼에 회로를 새기는 일이었다. 흔히 포토 리소그래피(Photo Lithography)를 줄여서 포토(Photo) 공정이라고 한다.

12 세계보건기구 산하 국제암연구소는 화학물질의 유해성을 1군, 2A군, 2B군으로 나누고 있는데, 1군은 사람 및 동물을 대상으로 한 연구에서 암을 일으킨다는 충분한 증거가 있는 확정적 발암물질이다.

13 김수정씨의 재해발생경위서에서 일부 내용을 가져왔다. 이슬아, 조승규 노무사 작성.

14 유엔 유해물질 및 폐기물 관련 인권 특별보고관.

15 1988년 삼성전자는 삼성반도체를 흡수 병합했다. 현재 반도체 생산은 삼성전자 DS 부문에 속해 있는데, 이 책에서는 이해를 돕기 위해 편의상 반도체 제조 사업장이 소속된 기업을 '삼성반도체'라 부르고자 한다. 2012년에 삼성디스플레이(LCD)가 삼성전자에서 분사했으나, 2012년 이전 입사한 피해자들의 상황을 설명하는 경우에는 삼성전자 LCD사업부라 부르겠다.

16 곽노필, 〈반도체업계 생산직 여사원 구인 경쟁〉, 《한겨레》, 1994.5.31.

17 Epoxy Molding Compound. 에폭시 수지 성형물. 반도체 주요 구성 요소들이 손상되지 않도록 덧씌워 보호하는 봉지재이다.

18 미선씨의 걱정은 과도하지 않다. 《건강할 권리: 건강 정의와 민주주의》(김창엽, 후마니타스, 2013)에 따르면, "41만 가구가 의료비를 마련하기 위해 전세금을 빼거나 재산을 처분했다. 13만 가구는 치료비를 충당하느라 빚이 늘었다"고 한다. 이는 2013년 1월에 발표된 한국개발연구원 정책 자료를 참고한 내용이다.

19 김보성·김향수·안미선, 《엄마의 탄생: 대한민국에서 엄마는 어떻게 만들어지는가》, 오월의봄, 2014, 86쪽.

20 "유족들이 입 밖에 절대로 내지 않는 말이 있어요. 아무리 입 안에 맴돌아도 그 말은 안 해요. '너도 한번 당해봐'라는 말이에요. '시신 장사 하냐'는 말을 들으면 '당신도 한번 겪어보세요'라는 말이 여기까지 올라오는데도 있는 힘을 다해서 참아요. 자신의 윤리로는 할 수 없는 말이라서요. 그 이유는 자기가 겪고 있는 게 너무 고통스럽기 때문이에요. 어지간히 고통스러워야 너도 한번 겪어보라고 할 텐데, 인간으로서 그 말만은 차마 못 하겠는 거예요. …… 저는 이것보다 숭고한 인간의 마음은 없다고 생각해요." 이슬아×정혜윤, 《깨끗한 존경: 이슬아 인터뷰집》, 헤엄, 2019.

2부. 무지와 증명

1   생식기능, 생식능력, 태아의 발생 및 발육에 유해한 영향을 주는 물질.

2   가임기 여성 직장인 중 3퍼센트가 생식독성물질을 다루는 것으로 추정된다.
숫자로 보자면, 10만 6,669명이다. 고용노동부가 우송대 산학협력단에
연구용역을 맡긴 〈자녀 건강손상에 대한 산재 보상 방안〉 보고서(2018.12.10.),
한국산업안전보건공단의 〈작업환경 실태조사〉에서 확인한 사업장별·물질별
취급자 분포 자료와 건강보험공단 자료를 종합한 결과다. 여기서는 가임기
여성을 16세부터 40세 이하라고 규정했지만, 단지 이 연령대만을 임신의
가능성과 권리가 있는 집단으로 볼 수 없다. 또한 유기용제에 의한 신체적 영향은
유기적이기에 생식독성에 영향을 받을 가능성이 있는 여성 노동자 수는 '최소' 10
만 명 이상이라 하겠다.

3   한양대학교 산학협력단(김인아 외), 〈생식독성물질 취급 근로자 인권상황
실태조사〉, 국가인권위원회 연구용역보고서, 2016.11.24.

4   위의 조사에 따르면, 생식독성이라는 말을 들어본 적 있다고 응답한 이가
금속제조업 종사자는 16.9퍼센트, 보건의료업 종사자는 26.6퍼센트였다. 직장
내 생식독성과 관련한 안전보건 자료나 정보 제공을 받았다고 응답한 이가
금속제조업 종사자는 22.6퍼센트, 보건의료업 종사자는 27.1퍼센트이고, 최근
3년 이내 직장에서 생식독성과 관련해 교육을 받았다고 응답한 이는 각각 10.5
퍼센트, 20퍼센트였다.

5   2022년 2월 기준, 국내에 사용된다고 파악되는 생식독성물질은 717개로, 이 중
44개가 노출 기준이 고시되어 관리되고 있다. 산업안전보건법 제39조, 제42조,
시행규칙 제81조에 근거한다. 44개의 생식독성은 제조 금지 물질(2종), 허가를
받아 사용 가능한 허가 대상 물질(1종), 밀폐설비나 국소배기장치(환기시설) 등
설치가 의무화된 관리 대상 유해물질(27종), 사전 교육과 일지 작성 등을 전제로
하는 특별관리 물질(6종), 노출 기준 설정 물질(43종), 허용 기준 설정 물질(6종),
도급 제한 물질(2종)이 있다.

6   한국산업안전보건공단, 〈2014년 작업환경 실태조사 결과〉.

7   물질안전보건자료(MSDS)는 화학물질에 대하여 유해 위험성, 응급조치 요령,
취급 방법 등 16가지 항목에 대해 상세하게 설명해주는 자료로 사업장 내에
비치하도록 산업안전보건법에 명시되어 있다. 그러나 MSDS는 물질당 72
개의 세부 항목을 두고 있기에 일하는 사람이 그 정보를 세세히 인지하는
것은 현실적이지 않다. 그래서 사업주가 MSDS 목록에 적시된 물질에 대한
안전교육을 시행하도록 하고 있다.

8   화학물질관리법에 따라 화학물질 관리를 위한 서식을 작성해야 한다.
화학물질을 사용하는 주체(기업, 학교, 연구실 등)는 월 단위로 유해화학물질의

주요 용도와 입고량, 출고량 등을 화학물질관리대장 서식에 따라 작성해야 한다.

9 김희윤 외, 〈성별화된 작업환경에서의 위험 인식과 지식의 재구성〉, 《환경사회학연구 ECO》19권, 2015에 담긴 반도체 엔지니어의 증언.

10 트리클로로에틸렌, 시너, 감광액, 디메틸아세트아미드, 아르신(AsH3), 황산 (H2SO4) 등 6종의 발암성 물질이 사용된 것으로 나타났다. '세정·식각' 공정에서 쓰인 트리클로로에틸렌은 백혈병, 비호지킨 림프종, 유방암 등을 일으킬 수 있는 물질이다.

11 임지선 외, 〈삼성반도체 '발암성 물질' 6종 사용 확인〉, 《한겨레21》811호, 2010.5.17.

12 서울대 산학협력단(단장 백도명)의 〈반도체 사업장 위험성 평가 자문 의견서〉 중 '삼성전자 기흥사업장 노출평가 부문 자문 의견서' 내용을 입수한 것이다. 삼성전자 기흥공장(5라인)에서 작업 중 실제로 쓰이는 화학물질은 99종. 이 중 10종은 기업도 어떤 성분인지 알지 못하는 물질이었다.

13 희정, 〈['죽음의 반도체 공장'] 피해자 열전: '가까이하면 고자 된다' 알면서도〉, 《프레시안》, 2011.11.9.

14 김희윤 외, 〈성별화된 작업환경에서의 위험 인식과 지식의 재구성〉, 앞의 책.

15 2011년 자료이긴 하나 〈전자산업 여성 노동자 실태와 요구〉(노동자운동연구소, 2011)에 따르면, 전자산업에 종사하는 여성은 13만 명으로 제조업 여성 노동자의 20퍼센트를 차지하고 있다. 전자산업은 제조업 중 여성 노동자가 가장 많이 종사하는 분야이다. 전자산업 여성들의 최종 학력을 보자면, 68퍼센트가 고졸이다. 이에 비해 남성은 69퍼센트가 대졸 학력을 갖췄다.

16 문병희, 〈삼성반도체 유해물질 기록된 '환경수첩' 공개돼〉, 《메디컬투데이》, 2010.5.17.

17 김희윤 외, 〈성별화된 작업환경에서의 위험 인식과 지식의 재구성〉, 앞의 책.

18 같은 책.

19 희정, 〈"하혈하고 생리 거르더니 백혈병"…우리가 정말 무식해서일까?〉, 《프레시안》, 2010.11.16.

20 한국산업안전보건공단 산업안전보건연구원, 〈반도체 제조 공정 근로자에 대한 건강실태 역학조사〉, 2009.

21 마야 뒤센베리, 《의사는 왜 여자의 말을 믿지 않는가: 은밀하고 뿌리 깊은 의료계의 성 편견과 무지》, 이유림 외 옮김, 한문화, 2019, 105쪽.

22 《보이지 않는 고통: 노동자의 목소리에 귀 기울이는 어느 과학자의 분투기》 (김인아 외 옮김, 동녘, 2017)의 저자 캐런 메싱은 노동자들의 건강 상태를 개선하지 못하는 것은 고용주, 과학자, 정책 결정권자가 "노동자의 입장에서 역지사지하려는 의지나 능력"이 없기 때문이라고 진단한다. 일명, 공감 격차 (empathy gap). 과학자들이 실제 현장에서 작업이 이루어지는 방식을 모르기

때문에 열악한 노동환경의 건강 영향을 부적절하게 평가한다는 것이다.

23 캐런 메싱, 《보이지 않는 고통》, 40쪽.

24 희정, 〈번호 안내원들, 골병을 '직업병'으로 인정받기까지〉, 《일다》, 2021.12.28.

25 김향수, 〈1990년대 직업성 경견완장해의 사회적 호명과 젠더〉, 《페미니즘 연구》 제16권, 한국여성연구소, 2016.4.

26 김향수, 〈성별화된 만성통증의 서사: 사회적 낙인과 서사 전략을 중심으로〉, 《한국여성학》 제36권 2호, 한국여성학회, 2020.6.

27 2018년 국가통계포털(KOSIS)에 따르면 100인 이상 기업 604곳을 대상으로 조사한 결과, '생리휴가 제도가 있다'고 응답한 사업장은 64.4퍼센트였다. 대리급 이상 여성 직원 중 19.7퍼센트의 사람만이 생리휴가를 사용했다고 응답했다. 같은 해 유한킴벌리가 한 조사에 따르면, 생리휴가를 사용해본 적 있다고 응답한 여성이 16퍼센트였다.

28 2019년 문화체육관광부의 조사에 따르면, 상용직 노동자의 연간 연차휴가 사용일 수는 평균 10.9일이며 소진율 기준으로는 72.4퍼센트로 나타났다.

29 공인혜, 〈연차 쓸 때 부담되는 직상 상사의 '말말말'〉, 《디데일리》, 2019.5.2.

30 서한솔, 〈생리는 부끄러운 것이었다〉, 《한겨레》, 2018.2.26.

31 캐런 메싱, 《반쪽의 과학: 일하는 여성의 숨겨진 건강 문제》, 정진주 외 옮김, 한울아카데미, 2012, 135쪽.

32 2010년 이후 스막룸(smock room, 방진복 등을 갈아입는 공간)에 화장실이 생기는 추세라고 한다.

33 한국노동안전보건연구소, 〈여성 노동자 일터 내 화장실 이용 실태 및 건강 영향 연구〉, 2021.3.

34 같은 글.

35 임인택, 〈'반도체 아이들'의 눈물(상): 2세 선천성 질환 증가추세…정부 차원 상세한 조사 필요〉, 《한겨레》, 2014.11.12.

36 Cam Simpson, "American Chipmakers Had a Toxic Problem. Then They Outsourced It", *Bloomberg Businessweek*, 2017.6.17. 기사가 언급한 화학물질은 에틸렌글리콜에테르(EGE)이다. 이에 삼성은 자신이 사용하는 물질은 에틸렌글리콜에테르가 아니라 에틸렌글리콜이라고 반박했다. 그러나 에틸렌글리콜 역시 동물실험(설치류)에서 생식장애 위험이 확인된 물질이다. 근로복지공단 질병판정위원회는 에틸렌글리콜을 사용한 여성 노동자의 불임을 산재(직업병)로 인정했다.

37 적절한 의료서비스를 받을 수 있었다면 살 수 있었을 사망자 비율인 '치료 가능한 사망률(amenable mortality rate)'을 보면, 경북 영양군에 사는 사람이 서울 강남구에 사는 사람보다 그 확률이 3.6배 높다.

38 더불어민주당 김성주 의원, '어린이 공공전문진료센터 입원 환자' 분석. 2020.

39 "아이들은 전국 방방곡곡에 있지만 전문 어린이 병원이 규모 있게 갖춰진 곳은
사실 서울대병원밖에 없어요. 아이들은 체구가 작아 성인에게 쓰는 기구나
설비를 병용해서 쓸 수 없기 때문에 병원들에서 투자를 하지 않습니다. 그러니
어린이 응급환자가 들어왔을 때 실제로 수술할 수 있는 병원이 별로 없고 ……"
백영경, 〈병원의 존재 의미를 묻다: 대담 최원영〉, 백영경 외, 《다른 의료는
가능하다: 한국 의료의 커먼즈 찾기》, 창비, 2020.

3부. 목소리의 길목

1 김향수, 〈시민과학연대를 통한 1990년대 여성 노동 안전보건운동〉,
시민건강연구소, 2021.

2 정식 명칭은 'LG전자부품 여성 노동자 유기용제 중독사태 해결과 모성보호
노동자 건강권 확보를 위한 시민대책위원회'.

3 차씨는 입사한 지 5개월이 지나, "냄새가 많이 나고, 어지럽다"고 이야기했지만,
관리자들은 "인체에 아무 이상 없으니 작업하라"라고 대답했다. 1995년 9월 25
일 국정감사 환경노동위원회 회의록.

4 김은아, 〈발견하기 어려운 직업병, 생식독성 질환: 2-Bromopropane 중독
집단발생〉, 《산업보건》 260권, 2009.

5 '모성보호'라는 용어는 성별 분리와 이에 따른 성차별적 질서를 유지시킬 수
있으므로, 이를 극복하기 위해 '모성권'이란 용어를 쓰자는 의견이 있다. 그러나
현행법이 '모성보호법'이라 칭해지는바, 법이나 제도를 설명할 때는 '모성보호'
라는 표현을 사용하고자 한다.

6 1983년 삼성이 개발에 성공한 64KD램 기준이다. 현재는 머리카락의 1,000분의
1 굵기라는 나노 단위로 제작되고 있다.

7 반올림과 삼성전자의 중재-합의 이후, 삼성전자 반도체·LCD 산업보건
지원보상위원회를 비롯한 반도체-전자산업 기업들의 지원보상제도가
만들어졌다.

8 2020년 기준, 근로복지공단이 업무상 질병 판정을 내리는 데 소요되는 기간은
평균 172.4일이다. 직업성 암의 경우는 평균 334일이 걸린다. 산재 인정을
받기까지 2~3년을 기다리는 일도 드물지 않다.

9 단체협약은 노동조합과 사용자가 노동조건 등에 합의한 문서이다. 이때
단체협약으로 명시된 내용은 사용자가 개별 노동자와 맺은 근로계약이나
취업규칙보다 우선한다.

10 2008년 제주의료원에는 58명의 간호사(실제 근무자)가 일하고 있었다.
제주의료원 입원 환자는 200여 명. 후에 조사해보니, 환자 대비 적정 인원

기준에서 간호사 18명이 부족한 수였다. 2009년에는 17명의 간호사가 부족했고, 그 이듬해에는 무려 32명이나 부족하다는 평가를 받았다.

11   박귀천, 〈모(母)의 업무에 기인한 태아의 건강손상에 대한 책임: 생명, 젠더, 노동에 대한 질문〉, 《이화여자대학교 법학논집》 통권 60호. 2017.

12   《의료기관 간호사의 모성보호 실태와 해결 방안을 위한 토론회》 자료집, 대한간호협회, 전국보건의료산업노동조합 주관, 2019.9.27.

13   이동수, 〈반도체 女 근로자 백혈병 사망 위험 2.3배〉, 《세계일보》, 2019.5.22. 한국산업안전보건공단 산업안전보건연구원이 2009년부터 2019년까지 삼성전자와 SK하이닉스, 엠코테크놀로지코리아, DB하이텍 등 6개의 반도체 사업장에 근무한 전·현직 노동자 약 20만 명을 대상으로 추적 조사한 결과이다.

14   은수미 의원실이 시민건강증진연구소와 함께 지난 2008년부터 2012년까지 5년 동안 건강보험공단을 통해 제출받은 '진료비 청구 자료'를 분석한 결과이다.

15   《제주의료원 산재 사건 후속 과제와 대응 토론회》 자료집, 전국공공운수사회서비스노조·의료연대본부 등 주최, 2021.5.10.

16   반올림, 〈제주의료원 대법원 판결 1년 후 무엇이 바뀌었는가〉, 2021.4.29.

17   반올림, 〈태아산재법 국회 환경노동위원회 통과에 대한 반올림 입장〉, 2021.12.2.

18   CHARGE syndrome. 초기 태아 발달기부터 발생하기 시작해 여러 장기를 침범하는 희귀질환이다. 안조직 결손, 뇌신경 이상, 안구 결함, 심장 결함, 비뇨생식기 이상, 귀 모양 이상과 난청 등의 증상이 흔히 나타난다.

19   최윤아, 〈직장 여성 5년간 유산 26만 건… 산재 인정은 단 3건뿐이었다〉, 《한겨레》, 2021.8.13.

20   성과 재생산 건강 및 권리(Sexual and Reproductive Health and Rights, SRHR). 유엔을 비롯해 국제 사회는 재생산권의 정의를 "생식기나 재생산의 기능과 발달 과정에 단지 질병이나 병약해지는 것으로부터의 자유로운 상태뿐만 아니라 신체적·정신적·사회적으로 완전히 안녕한 상태를 의미한다"고 말한다.

21   현재 산업안전보건법 산업안전보건기준에 관한 규칙 제420조(특별관리물질) 및 근로기준법 시행령 제40조(임산부 등의 사용 금지 직종) 등에서 관리되고 있는 생식독성 화학물질은 제한적인 일부 화학물질을 대상으로 규제 관리되고 있다.

22   The Regulation (EC) NO.1272/2008 on Classification, Labelling and Packaging of Substances and Mixtures(EU의 화학물질 및 혼합물의 분류, 표시 및 포장에 대한 새로운 규정).

23   Workplace Hazardous Materials Information System(캐나다 작업장 유해물질 정보).

24   최상준 외, 〈국내외 생식독성 화학물질 등의 유해인자 규제관리 실태분석 및 제도 개선 연계방안 연구〉, 한국산업안전보건공단, 2017.

25   Ching-Chun Lin, Jung-Der Wang, Gong-Yih Hsieh, Yu-Yin Chang & Pau-

Chung Chen, "Increased Risk of Death with Congenital Anomalies in the Offspring of Male Semiconductor Workers", *International Journal of Occupational and Environmental Health* 14:2, 2008.

26 "이른바 여성의 '출산력(아이를 낳을 수 있는 능력)'만을 보호하도록 돼 있고, 이 때문에 실질적으로 보호가 필요한 많은 시민들이 법의 테두리에서 배제된다." 나영, 〈성재생산권리의 관점에서 본 태아산재보험법〉, 《태아산재법 제정 의미와 과제 토론회》 자료집, 반올림 등 주최, 2022.2.15.

27 "20세기 후반 새롭게 등장한 산업의 특수한 부문에서 조립라인 업무의 특성— 손재주와 정교함을 중시하는 반복적이고 세밀한 작업—은 특히 여성에게 적합한 것으로 여겨졌다. 이런 업무들 중 일부가 극심한 '과로'를 유발하기 때문에 고용주는 주기적으로 교체될 수 있는 노동자를 뽑아 쓰기를 선호한다. 이 같은 주기적 교체는 다음 생애주기 단계로 넘어갈 수 있는 젊고 대부분 미혼인 여성으로 이루어진 집단을 고용할 때 쉬워진다." 피터 커스터스, 《자본은 여성을 어떻게 이용하는가: 아시아의 자본 축적과 여성 노동》, 박호현 외 옮김, 그린비, 2015, 14쪽.

4부. 정상 일터의 사소한 비밀

1 차엠, 〈육아도 경력이 될 수 있다면〉, 다음 웹툰리그.

2 한국여성정책연구원의 '성인지 통계'에 따르면, 외환위기가 닥치기 직전인 1996 년에 여성 평균 근속연수는 3.7년이었다.

3 류석우, 〈삼성전자, 평균 근속연수 가장 높은 부문은?〉, 《파이낸셜뉴스》, 2021.9.1.

4 《임신한 여성 노동자는 불량품인가: 30인 미만 서비스업종 모성권·성희롱 실태조사 토론회》 자료집, 한국여성노동회, 전국여성노동조합 등 주관, 2021.9.18.

5 희정, 〈롯데호텔 파업과 성희롱 집단소송(下) 사라진 230명은 어디로?〉, 《일다》, 2021.9.8.

6 롯데호텔 성희롱 집단소송 사건. 국내 최초의 직장 내 성희롱 집단소송이다.

7 장미현, 〈"일할 권리를 청구합니다": 1980년대 전반기 고용차별 비판과 여성들의 실천〉, 《사학연구》 제138호, 한국사학회, 2020.

8 하임숙, 〈모성보호법 재계 반응 "기업부담…생리휴가 폐지해야"〉, 《동아일보》, 2001.6.27.

9 〈성·재생산 권리 보장 기본법(안)〉(성적 권리와 재생산 정의를 위한 센터 '셰어') 의 제46조 일터에서의 성·재생산 권리의 보장 부분을 참조했다.

10 "공적 세계는 힘의 세계이자 긍정적 (가치 있는) 육체의 세계이며, 성과와
    생산성의 세계이고, 젊고 성인인 비장애인의 세계이다." 수전 웬델의《거부당한
    몸: 장애와 질병에 대한 여성주의 철학》(강진영 외 옮김, 그린비, 2013, 87쪽)에서
    따랐다.

11 업무상 질병에 의한 사망 유형으로는 분진 흡입에 따른 진폐증, 유해물질에 의한
    직업성 암, 과로에 의한 심장 질환과 뇌혈관 질환 등이 대표적이다.

12 고용노동부 통계에 따르면 2010년 업무상 질병으로 인한 사망은 782명, 2020
    년은 1,180명이다.

13 고용노동부 보도자료.

14 2012년 국립암센터가 의뢰해 진행된〈우리나라의 직업성 암 부담 연구〉(손민아
    외, 2012)에 따르면, 2007년 한국의 암 사망자 6만 7,112명 가운데 8.5퍼센트인
    5,691명이 직업적 요인에 의한 발병이라 분석된다. 근로복지공단으로부터
    직업병임을 인정받은 한 해 사망자 1,000여 명이라는 수치와 큰 차이를 보인다.

15 희정,《노동자, 쓰러지다: 르포, 한 해 2000명이 일하다 죽는 사회를 기록하다》,
    오월의봄, 2014, 56~57쪽.

16 "인간다움의 전형이 젊음과 건강함이라는 생각을 강화시키지 않는 방식으로
    장애와 핸디캡을 이해할 필요가 있다." 수전 웬델,《거부당한 몸》, 51쪽.

17 수전 웬델,《거부당한 몸》, 85쪽.

18 캐럴라인 크리아도 페레스,《보이지 않는 여자들: 편향된 데이터는 어떻게 세계의
    절반을 지우는가》, 황가한 옮김, 웅진지식하우스, 2020.

19 캐럴라인 크리아도 페레스,《보이지 않는 여자들》, 255쪽.

20 캐런 메싱,《반쪽의 과학》, 156쪽.

21 실비아 페데리치,《캘리번과 마녀: 여성, 신체 그리고 시초축적》, 황성원·김민철
    옮김, 갈무리, 2011

22 이현주 외,〈산업안전 정책(산재보험) 특정성별 영향 분석 평가〉, 여성가족부,
    2017.

23 독일 모성보호법(Mutterschutz)에 따르면, "임신한 여성은 고용주가 모성보호
    규정을 준수할 수 있도록 임신 사실과 임신 및 출산예정일을 회사에 알려야
    한다. 그리고 이후 회사는 관할 관청에 이 사실을 통지해야 한다. 이렇게 임신
    또는 출산 사실이 알려지면 회사는 임신 기간과 출산 후 4개월까지 고용계약을
    해지할 수 없다". 채혜원,〈독일, 법 개정으로 모성보호(Mutterschutz) 강화〉,
    한국여성정책연구원, 2017.

24 이현주,〈생식독성물질 노동자의 안전보건을 위한 국내 법제도 현황과
    개선 방향〉,《제주의료원 산재 사건 후속 과제와 대응 토론회》자료집,
    전국공공운수사회서비스노조, 반올림 등 주최, 2021.5.10.

25 〈제4차 저출산 고령사회 기본계획〉, 저출산고령사회위원회, 2020.12.15.

26 "불승인 사례 5건 중 2건은 임신 초기 자연유산이었다. 신청자는 음식점 종사자와 고객 상담원이었는데 이들은 각각 장시간 서서 일하는 노동환경, 고객 폭언으로 인한 유산을 주장했다. 질병판정위원회는 임신 초기 자연유산은 흔하고 염색체 이상인 경우가 많으며 업무 연관성이 입증되지 않았다는 이유로 불승인 판정을 내렸다." 최윤아, 〈직장 여성 5년간 유산 26만 건··· 산재 인정은 단 3건뿐이었다〉,《한겨레》, 2021.8.13.

27 반도체 메모리의 용량이 1년마다 2배씩 증가한다는 이론으로, 황창규 전 삼성전자 반도체 총괄사장이 제시해서 그의 성을 따 '황의 법칙'이라고 한다.

28 장훈교,《일을 되찾자: 좋은 시간을 위한 공동자원체계의 시각》, 나름북스, 2019, 149쪽.

29 김민준, 〈허울뿐인 '육아휴직자 고용유지율 80%'··· 모성보호 위반 심각〉, 《메디컬투데이》, 2021.10.5.

5부. 누군가의 자리, 여성

1 락카 안이라 표현한 곳은 '스막룸'이다. 클린룸에 들어가기 전 작업자들이 방진복 같은 보호장구를 착용하는 곳이다. 그런데 스막룸이 정규직용과 하청업체용이 구분되어 있다고 하니, 하청·외주업체와 청소 노동자들이 이용하는 스막룸에도 화장실이 설치되어 있는지는 모를 일이다.

2 전동수 삼성SDS 사장이 삼성 주최 토크콘서트 '열정락서'(2012.11.1.)에 강연자로 나와 한 회고이다.

3 김유경 노무사(돌꽃노동법률사무소) 작성.

4 유럽환경직업의학회(EOM), 국제해운연합(MHA)이 주최한 'How to handle imported containers safely'(2014.4.28.).

5 윤은경, 〈아이 없음의 고통: 한국 사회에서 의료화된 난임의 경험〉, 의료인류학연구회 기획,《아프면 보이는 것들: 한국 사회의 아픔에 관한 인류학 보고서》, 후마니타스, 2021, 95쪽.

6 "이젠 두 번 다시 인생을 행복이냐, 불행이냐로 나누지 않을 겁니다. ······ 인생에는 그저 의미가 있을 뿐입니다. 단지 인생의 엄숙한 의미를 음미하면 된다고 생각하면 용기가 생깁니다." 고다 요시이에,《자학의 시 2》, 송치민 옮김, 세미콜론, 2009., 289쪽.

7 신홍반루푸스. 줄여서 루푸스라고 부르기도 한다.

8 최선애씨는 삼성반도체 기흥사업장 웨이퍼 가공 공정에서 4년 7개월을 근무하고 1999년에 퇴사했다.

9 크론병 환자인 안희제는 그의 저서《난치의 상상력: 질병과 장애, 그 경계를

살아가는 청년의 한국 사회 관찰기》(동녘, 2020, 6쪽)에서 이렇게 말한다. "만약 질병과 통증이 그저 불행이라면 나의 삶은 2014년 7월의 진단 이후 돌이킬 수 없는 불행이 되어버린다. 하지만 정말 환자인 나의 일상은 불행뿐인가. 그렇지 않다. 나의 삶은 복잡하다."

10   대만 산업재해피해자협회, 《엄마, 달려요》, 천루이추 그림, 김신우 옮김, 시금치, 2020.

11   2021년 서울대병원의 외래환자 평균 진료 시간이 4분 26초라 한다. 신현영 더불어민주당 의원실이 서울대병원으로부터 2021년 1~8월 사이 외래환자 진료 시간 자료를 제출받아 분석한 결과다.

12   정경희, 〈만성질환자의 몸과 마음을 담은 사회제도 있나?: [만성질환 노동자의 자리] 삼성반도체 직업병(전신 홍반성 루푸스) 피해자 구진선 인터뷰〉, 《오마이뉴스》, 2021.4.7.

13   1976년 로널드 레이건 전 미국 대통령의 선거 연설에 등장한 단어. 레이건은 '수십 개의 가명을 이용해 정부로부터 복지 혜택을 받아서 캐딜락을 몰고 다닌다' 는 흑인 여성을 부정 수급자(복지의 여왕Welfare Queen)로 상징화하며, 감세와 복지 축소를 주장했다.

14   희정, 〈'죽음의 반도체 공장' 피해자 열전: 故 황유미씨 아버지 황상기〉, 《프레시안》, 2010.10.13.

15   《고기로 태어나서: 닭, 돼지, 개와 인간의 경계에서 기록하다》(한승태, 시대의창, 2018)에서 따온 말이다. 우리는 우리 주변의 동물을 고기로 만드는 삶을 산다고 하지만, 우리 스스로도 우리 삶을 그와 다를 것 없이 만든다.

16   박희균, 〈[얼굴 94] "불량률 0" 반도체 작업 현장〉, 《경향신문》, 1994.12.16.

17   손재권, 〈여성의 섬세한 힘이 반도체 한국 만들었다〉, 《전자신문》, 2003.7.31.

18   허문명, 〈경제사상가 이건희 탐구 23: "젓가락질 잘하는 한국인이 반도체업에 맞는다"〉, 《신동아》, 2022년 3월호.

19   김현미 외, 〈성별화된 시공간적 노동 개념과 한국 여성 노동의 '유연화'〉, 《한국여성학》 19권, 한국여성학회, 2003, 72쪽.

20   2013년 '전자산업 여성 노동자 건강권 모임' 내용 중.

21   희정, 〈일하다 병들지 않을 권리: 공장 안 유해물질에 노출된 노동자들〉, 《노동자, 쓰러지다》, 2014.

22   박희균, 〈[얼굴 94] "불량률 0" 반도체 작업 현장〉, 《경향신문》, 1994.12.16.

23   노희영, 〈삼성전자 반도체 공장, '클린룸'엔 티끌도 못 들어가게 통제〉, 《서울경제》, 2010.4.15.

24   OHT(Over head transport)라 불린다.

25   〈전자산업 여성 노동자의 실태와 요구〉(이유미, 노동자운동연구소, 2011.11.)에 따르면, 전자산업 남성 노동자 평균임금은 322만 6,000원이었다. 반면 전자산업

여성 노동자의 평균임금은 157만 9,000원으로 남성보다 49퍼센트 적은 것으로 나타났다.

26 한국여성정책연구원 김난주 연구위원이 통계청의 〈경제활동인구조사- 근로형태별 부가조사〉를 활용하여 성별 임금격차를 분석한 결과이다. 김난주, 〈세대별 성별 임금격차 현황과 시사점〉, 《이화젠더법학》 제9권 제2호, 이화여자대학교 젠더법학연구소, 2017.

27 안지예, 〈진정한 평등의 길 4 인터뷰_ 김난주, "경력단절 해결 없이 임금격차 만년 꼴찌"〉, 《시사오늘》, 2016.5.2.

28 현재 국내 전자산업은 여성 노동자를 크게 두 축으로 활용하고 있다. 대기업에서 집단으로 고용한 20대 초중반의 여성(정직원), 그리고 대기업의 하청 노릇을 맡은 부품 제조 중소업체의 중년 이상의 여성.

29 근로복지공단은 직업성 질환(산재)의 경우 역학조사를 진행하는데, 이때 역학조사란 사업장을 방문해 작업환경(사용 도구, 취급 물질 등)을 살피고 유해물질 측정과 분석을 하는 조사이다. 노동안전보건 단체들의 요구로 인해 2012년부터 역학조사평가위원회에 민간 전문가(직업환경의학회, 산업위생학회 등) 참여가 확대되는 등 개선이 되고 있지만, 여전히 정보의 비공개와 1~2년씩 걸리는 조사 소요 기간 등이 문제로 지적되고 있다.

30 국제암연구소에서 지정한 1급 발암물질이다. 인류에게 암을 유발시키는 것은 논란의 여지가 있지만, 동물과 인체에 미치는 영향을 고려해 혈액암의 1급 발암물질로 지정되었다. 산화에틸렌은 짧은 시간 노출될 경우 눈, 코, 피부 및 폐를 자극하고 심한 경우 수포, 화상 등을 일으킬 수 있다. 장시간 노출될 경우 중추신경계 억제, 알레르기 반응 등을 발생시킬 수 있다. 국제암연구소 보고서에 따르면, 담배 1개비 연기에 약 7mg의 산화에틸렌이 포함되어 있다고 한다.

31 파견법 제6조에 따라, 제조업은 파견 대상 업무에 포함되지 않지만, 일시적· 간헐적으로 인력을 확보할 필요가 있는 경우에는 3개월씩 파견 계약을 허용하고 있다. 1회 연장이 가능하기에, 총 6개월의 파견 계약이 허용된다. 그 결과 제조업 현장에서 6개월짜리 파견 사용이 횡행하고 있다.

32 최용락·이상현, 〈암에 걸린 반도체·디스플레이 청소 노동자: 반도체 청소 노동자는 '알 수 없는' 성분의 가루와 약품을 치운다〉, 《프레시안》, 2022.3.28.

6부. 우리가 동의하는 미래

1 CGFED(개발과 젠더, 가족, 환경연구센터), 〈베트남 전자산업 여성 노동자들의 이야기〉, 다산인권센터 외 번역, IPEN(International Pops Elimination Network), 2017. 이 보고서는 베트남의 시민단체인 CGFED가 박닌과 타이응웬에 있는

삼성전자 여성 노동자들 45명을 만나 조사한 것이다. 보고서는 2017년 11월 국제환경보건단체인 IPEN 홈페이지에 올라왔다. 이 보고서를 입수한 삼성은 보고서에 사실과 다른 내용이 있다며 법적 대응을 하겠다고 밝히기도 했다.

2   같은 글.

3   같은 글.

4   제니 챈 외,《아이폰을 위해 죽다: 애플, 폭스콘, 그리고 중국 노동자의 삶》, 정규식 외 옮김, 나름북스, 2021. 108쪽.

5   같은 책, 105쪽.

6   황인혁,〈젊은 베트남·저임금·감세 '한국엔 없는 3가지'〉,《매일경제》, 2013.4.23.

7   김명희,〈더러운 산업 반도체 진실 2, "날아온 참새가 기절하는 기이한 공장, 정체가 뭘까요?": 웬링 투(타이완 국립정치대학 교수) 인터뷰〉,《프레시안》, 2011.12.9.

8   김명희,〈더러운 산업 반도체 진실 1, 전쟁하는 삼성·애플, '더러운' 기업 대표 주자!: 테드 스미스 인터뷰〉,《프레시안》, 2011.12.8.

9   2013년 관계부처 합동 국가정책조정회의에 제출된〈화학물질 안전관리 종합대책〉(2013.7.5.)에 따르면, 국내에서만 유통되는 화학물질이 4만 7,000여 종이며 매년 600종 이상의 새로운 화학물질이 등록된다고 한다. 전 세계적으로 매년 2,000여 종의 신규 화학물질이 개발되는 것으로 알려져 있다.

10   공유정옥,〈알 권리를 보장하면 나라가 망한다니?〉,《프레시안》, 2018.10.9. 2018년 9월, 제39차 유엔인권이사회에서 발표된〈유해화학물질과 폐기물에 대한 인권 특별보고관 보고서(A/HRC/39/48)〉. 이에 앞서 2016년 유엔인권이사회는 정기회의에서 '유해물질 및 폐기물 처리 관련 유엔 인권 특별보고관의 한국 방문 보고서'를 공식 채택했다. 특별보고관이 한국을 공식 방문해 삼성반도체 직업병, 옥시 가습기살균제 참사 등을 조사한 후 작성한 보고서이다. 이때 특별보고관은 삼성전자 본관 앞 반올림 농성장에서 직업병 당사자인 정미선씨를 만나기도 했다.

11   테드 스미스 외,《세계 전자산업의 노동권과 환경정의》, 공유정옥 외 옮김, 메이데이, 2019.

12   TAVOI(대만산업재해노동자협의회).

13   대만 RCA 사건 피해 당사자 류허윈. 이 서면 인터뷰는 TAVOI(타보이)를 통해 진행했다.

14   김현주,〈전문가다운 전문가가 직업병 판정하라〉,《시사인》 599호, 2019.3.15.

15   조순경 외,《노동과 페미니즘》, 이화여자대학교출판문화원, 2000.

16   원제는 'One-Eyed Science'이다.

17   이건희 전 삼성 회장의 어록 중 하나이다. 소종섭,〈극비 조직 '지대위'가 노조 설립 원천 봉쇄〉,《시사저널》, 2005.9.9.

18   이종란,〈[모든 노동자를 위한 산재보험] 산재 요양·장해·유족 급여 보장 범위

넓혀야〉,《매일노동뉴스》, 2021.6.1.

19 실비아 페데리치,《혁명의 영점: 가사노동, 재생산, 여성주의 투쟁》, 황성원 옮김,
갈무리, 2013. 39쪽.

20 온라인 등을 통해 미세 작업(micro-task)이나 검수 등의 일을 하는 플랫폼 노동
유형.

21 2022년 현재, 서울시 외에도 경기도, 전라남도, 전라북도, 경상남도, 춘천시
등에서 650여 개의 중증 장애인 공공일자리가 만들어지는 등 확대되고 있다.

22 "이 일자리는 '권리'를 '생산'하며 '사회의 공공적 가치'와 '사회 변혁'을 생산한다.
권리란 단순히 선언만 되어 있을 경우, 아무런 실효성을 갖지 않는다. 그것은 법과
제도에 반영되어야 하며, 실제로 함께 살아가는 이들의 관계를 재구성하면서
전반적인 인식 틀을 바꿔낼 수 있을 때만이 의미를 갖는다." 정창조,〈'재활'
이념을 넘어, '신체의 정상화'를 넘어, 새로운 노동 개념으로〉,《2020년 IL과
젠더포럼: 일할수록 살기 힘든 사람들》 자료집, 장애여성공감 주최, 2020.11.4.,
38쪽.

23 장애여성공감 20주년 선언문,〈시대와 불화하는 불구의 정치〉, 2018.2.2.

24 차별금지법제정연대 평등정책TF 보고서,《노동/일의 세계》,
차별금지법제정연대, 2020, 19쪽.

25 천지선 외,〈산재보상 유족급여는 다양한 가족을 포함하고 있는가〉,
사회건강연구소, 2019.

26 심소영,《어린이라는 세계》, 사계절, 2020, 218쪽.

27 조성은,〈낙태죄 폐지가 말하는 '재생산권'이란 무엇인가〉,《프레시안》,
2020.11.20.

28 〈반도체 전자산업 2세 직업병 문제 한-대만 교류 세미나〉(2021.8.25.)에서
이유림(셰어 기획운영위원)의 발제 일부를 가져온다. "성·재생산 건강과 권리
관점에서 2세 산재의 문제를 논의한다는 것은, 생식(procreation) 건강의 문제를
넘어서, 노동자들이 성과 재생산을 누리고 삶을 살아가는 인간이라는 지점에서
구체적인 권리의 내용을 만들어내고, 국가·기업,·사회의 책임을 명시하는
것이다."

29 "우리는 취약함을 극복할 수 있어서 시민인 것이 아니라, 반대로 취약함을
공유하기에 시민이다. 취약함이 기본이 되는 '다른 사회'를 구상한다는 것은,
그 사회의 일원인 우리 모두의 경험과 관계가, 그리고 돌봄에 대한 사회 전반의
상식이 달라지는 것을 의미한다." 전희경〈시민으로서 돌보고 돌봄 받기〉,
김영옥·메이·이지은·전희경 지음, 생애문화연구소 옥희살롱 기획,《새벽 세
시의 몸들에게: 질병, 돌봄, 노년에 대한 다른 이야기》, 봄날의책, 2020, 64쪽.

문제를 문제로 만드는 사람들

초판 1쇄 펴낸날 2022년 10월 10일
지은이 희정
기획 반올림
사진 정택용
펴낸이 박재영
편집 이정신·임세현·한의영
마케팅 신연경
디자인 조하늘
제작 제이오
펴낸곳 도서출판 오월의봄
주소 경기도 파주시 회동길 363-15 201호
등록 제406-2010-000111호
전화 070-7704-2131
팩스 0505-300-0518
이메일 maybook05@naver.com
트위터 @oohbom
블로그 blog.naver.com/maybook05
페이스북 facebook.com/maybook05
인스타그램 instagram.com/maybooks_05

ISBN 979-11-6873-035-9 03300

이 책은 한국여성재단 2021 변화를 만드는 여성리더지원사업,
토지문화관 창작실의 지원을 받았습니다.

만든 사람들
책임편집 박재영
디자인 조하늘